国家社科基金
GUOJIA SHEKE JIJIN HOUQI ZIZHU XIANGMU
后期资助项目

竞争与合作：
粤港澳大湾区财政
行为的协调性研究

Competition and Cooperation: A Study on the Coordination of Financial Behavior in the Guangdong Hong Kong Macao Greater Bay Area

伍文中　著

中国财经出版传媒集团
经济科学出版社
Economic Science Press

国家社科基金后期资助项目
出版说明

    后期资助项目是国家社科基金设立的一类重要项目，旨在鼓励广大社科研究者潜心治学，支持基础研究多出优秀成果。它是经过严格评审，从接近完成的科研成果中遴选立项的。为扩大后期资助项目的影响，更好地推动学术发展，促进成果转化，全国哲学社会科学工作办公室按照"统一设计、统一标识、统一版式、形成系列"的总体要求，组织出版国家社科基金后期资助项目成果。

全国哲学社会科学工作办公室

前　言

　　党的十九大报告指出，要支持香港、澳门融入国家发展大局，以粤港澳大湾区建设、粤港澳合作、泛珠三角区域合作等为重点，全面推进内地同香港、澳门互利合作。2019 年 12 月中央经济工作会议也明确，粤港澳大湾区建设与京津冀一体化、长江经济带发展并列为区域发展三大国家战略。

　　2019 年 2 月 18 日，中共中央、国务院印发《粤港澳大湾区发展规划纲要》。建设粤港澳大湾区，是为了全面贯彻党的十九大精神，全面准确贯彻"一国两制"方针，充分发挥粤港澳综合优势，深化内地与港澳合作，进一步提升粤港澳大湾区在国家经济发展和对外开放中的支撑引领作用，支持香港、澳门融入国家发展大局，增进香港、澳门同胞福祉，保持香港、澳门长期繁荣稳定，让港澳同胞同祖国人民共担民族复兴的历史责任、共享祖国繁荣富强的伟大荣光。

　　粤港澳大湾区是我国乃至全世界开放程度最高、创新活力最强、经济要素流动最快的区域之一，其将成为引领世界湾区经济增长的重要引擎，成为知识创新与新技术市场应用的重要发源地。经济全球化与区域经济一体化发展这一客观背景下，要求地方政府财政行为整合协调。粤港澳大湾区协同发展已成为重大国家战略。党中央、国务院一直高度重视粤港澳大湾区的规划和设计工作。习近平总书记多次就粤港澳大湾区发展作出重要指示并提出具体要求。为实施这一伟大战略，粤港澳大湾区必须进行大量的体制机制创新。"财政乃庶政之母"，在粤港澳大湾区协同发展进程中，应积极发挥财政政策及财政行为在促进区域经济融合发展过程中的内在功效，大力促进粤港澳大湾区跨越式发展。鉴于粤港澳大湾区发展的现实需要，结合世界经济格局的重大变革，粤港澳大湾区必须通过财政资源有效整合和财政行为协调运行，才能实现未来高质量发展。

　　没有合作就没有大湾区。多年来，粤港澳大湾区以市场为主体的经济合作及以政府为主体的财政合作不断深化，在基础设施、金融服务、科技教育、生态环保、社会服务等领域合作成效显著，也为未来深度合作奠定了良好基础。历史实践证明，港澳的发展离不开祖国内地的强力支持。同时，港澳对大湾区尤其是珠三角地区发展有着不可替代的作用，尤其在现代制造、创新及金融等方面优势明显。实质上，粤港澳大湾区合作是将港澳世界级优势和珠三角地区强势发展动能结合起来，打造全球经济发展新的增长极。

客观地说，当前粤港澳大湾区财政合作广度和深度尚显不足，导致粤港澳地区的公共服务很难实现一体化供给服务体制。其主要面临诸多内外环境的制约和挑战，就外部环境而言，世界经济不确定、不稳定因素增多，保护主义倾向抬头；就国内经济环境而言，整体经济运行仍存产能过剩、供求结构不平衡等问题；就大湾区内部而言，湾区内社会制度及法律制度不同，湾区内部发展差距依然较大，同质化竞争和资源错配现象普遍存在。

新的历史条件下，区域经济将从板块化发展迈向网络化发展，每一个体行为都将深刻影响整体财政利益的调整。因此，亟待从理论上构建规范性的财政行为秩序。本书立足协同发展、多中心治理等理论，对粤港澳大湾区财政行为协调的目标定位、机制构成、模式选择等问题展开系统探讨。旨在为粤港澳大湾区可持续发展提供理论支撑，同时也力求丰富中国特色湾区经济理论。

基于此，本书在梳理政府间财政行为演进规律的基础上，探寻粤港澳大湾区财政行为协调机制及实施路径。期望通过协调粤港澳大湾区政府间财政行为，高质量促进大湾区协同发展，最终实现党中央和国务院对粤港澳大湾区的厚望。

本书的学术价值不但有助于消除粤港澳大湾区内部无序财政竞争，更重要的是有助于提高大湾区内经济要素和财政资源配置效率，拓宽大湾区高质量发展的制度空间，提升大湾区三地人民福祉。

伍文中

2023 年 8 月

目　录

第1章 绪　　论

1.1　研究背景

党的十九大报告指出，要支持香港、澳门融入国家发展大局，以粤港澳大湾区、粤港澳合作、泛珠三角区域合作等为重点，全面推进内地同香港、澳门互利合作。2019 年 2 月 18 日，中共中央、国务院又印发《粤港澳大湾区发展规划纲要》。建设粤港澳大湾区，是为了全面贯彻党的十九大精神，全面准确贯彻"一国两制"方针，充分发挥粤港澳综合优势，深化内地与港澳合作，进一步提升粤港澳大湾区在国家经济发展和对外开放中的支撑引领作用，支持香港、澳门融入国家发展大局，增进香港、澳门同胞福祉，保持香港、澳门长期繁荣稳定，让港澳同胞同祖国人民共担民族复兴的历史责任、共享祖国繁荣富强的伟大荣光①。粤港澳大湾区建设与京津冀一体化、长江经济带发展并列为区域发展三大国家战略。

粤港澳大湾区是由香港、澳门两个特别行政区和广东省九市组成的城市群，是国家建设世界级城市群和参与全球竞争的重要空间载体②。粤港澳大湾区是我国乃至世界开放程度最高、创新活力最强、经济要素流动最快的区域之一，其将成为引领世界湾区经济增长的重要引擎，成为知识创新与新技术市场应用的重要发源地。与世界上其他三大湾区相比，粤港澳大湾区实力雄厚、面积最大而且人口最多。从空间分布来看，粤港澳 11 个城市形成的城市群沿珠江口呈 M 字形分布。2021 年，粤港澳大湾区整个城市群的 GDP 总值已达到 12.6 万亿元，占全国的 11.01%。其 GDP 为

---

① 中共中央，国务院. 粤港澳大湾区发展规划纲要［Z］. 2019 - 02 - 18.
② 高起点高质量建设大湾区，为中华民族伟大复兴做出重大贡献［N］. 21 世纪经济报道，2019 - 02 - 20.

东京湾区的75%，旧金山湾区的1.8倍，和纽约湾区相差无几。粤港澳三地不但经济实力雄厚，而且三地之间经济互相耦合，多年来形成了良好合作格局。

世界各大湾区形成过程的实质，就是湾区经济发展到一定程度，形成一个单核或多核的一体化经济体。例如，纽约湾区和东京湾区呈现出明显的"单核"区域特征，而旧金山湾区则是"双核"驱动的代表。与之相比，粤港澳大湾区则明显体现出"多极化"和"均衡化"的发展态势。粤港澳大湾区设计初衷是强化广东作为全国改革开放先行区、经济发展重要引擎的作用；巩固和提升香港国际金融、航运、贸易三大中心地位；推进澳门建设世界旅游休闲中心。与此同时，世界多极化、经济全球化的深入发展，国际秩序变革加速推进，更是为粤港澳大湾区高质量发展拓展了空间①。

粤港澳大湾区将成为中国新常态下经济增长的新火车头，拥有"一国两制"特殊制度优势，具有建设全球第四大湾区的良好基础和条件。可以预见，在不久的将来，粤港澳大湾区将成为我国区域经济发展的重要增长极和经济发展的重要引擎，成为我国参与全球化与国际竞争的战略支撑点。因此，在新一轮的全球经济百年未有之大变局中，大湾区的创新动能与庞大的市场需求将为中国经济高质量发展提供不竭动力，粤港澳大湾区将成为全球重要的知识创新高地与产业科技创新中心。

世界区域经济发展实践业已证明，政府间财政合作具有区域平衡发展功效。在推进粤港澳大湾区高质量发展这一目标导向下，如何通过政府间财政合作机制，通过行动协调、信息共享、利益激励等系列保障机制，引导和促使粤港澳三地融合发展，尤其是促进港澳融入国家发展战略，尚待深入研究和探析。

基于此，本书在梳理政府间财政行为演进规律的基础上，探寻粤港澳大湾区财政行为协调机制及实施路径。本书期望通过协调粤港澳大湾区政府间财政行为，高质量促进大湾区协同发展，最终实现粤港澳大湾区高质量发展，在世界百年未有之大变局中强势突起。

1.2 研究意义

自改革开放初期阶段的经济特区至改革攻坚时期的综合配套型试验

---

① 粤港澳大湾区发展规划纲要［N］. 人民日报，2019 – 02 – 19.

区，我国在进行改革开放的时候都采用空间渐进模式。在体制转型的过程中，分权改革使得地方政府具备更强大的客观因素去追求利益。由于主观因素与客观因素，地方政府因利益冲突引致了政府间竞争。经济全球化与区域经济一体化发展这一客观背景下要求地方政府财政行为整合协调。

粤港澳大湾区协同发展已成为重大国家战略。党中央、国务院一直高度重视粤港澳大湾区的规划和设计工作。习近平总书记多次就粤港澳大湾区发展作出重要指示并提出具体要求。为实施这一伟大战略，粤港澳大湾区必须进行大量的体制机制创新。财政是政府治理的核心和基石，在粤港澳大湾区协同发展进程中，应积极发挥财政政策及财政行为在促进区域经济融合发展过程中的内在功效，大力促进粤港澳大湾区跨越式发展。鉴于粤港澳大湾区发展的现实需要，结合世界经济格局的重大变革，粤港澳大湾区必须通过财政资源有效整合和财政行为协调运行，才能实现未来高质量发展。

1.2.1　理论意义

新的历史条件下，粤港澳大湾区将从板块化发展迈向网络化发展，区域经济将从板块化发展迈向网络化发展，每一个体行为都将深刻影响整体财政利益的调整。因此，亟待从理论上构建规范性的财政行为秩序。本书立足协同发展、多中心治理等理论，对粤港澳大湾区财政行为协调的目标定位、机制构成、模式选择等问题展开系统探讨。旨在为粤港澳大湾区可持续发展提供理论支撑，同时也力求丰富中国特色湾区经济理论。

如何匡正地方政府的竞争行为，又如何从制度上的革新让地方政府由竞争转变至竞合，在经济内循环背景下，是一个亟待解决的现实难题。尤其是，未来新形势下，如何引导地方政府将竞争的目标调整到与新常态相适应的“为发展而竞争”，实现经济增长从“生产型增长”向“福利型增长”的转变，这将是我国未来高质量发展和完成“十四五”规划的重要保证。本书的学术价值不但有助于消除粤港澳大湾区内部无序财政竞争，更重要的是有助于提高大湾区内经济要素和财政资源配置效率，拓宽大湾区高质量发展的制度空间，提升大湾区三地人民福祉。

1.2.2　现实意义

没有合作就没有大湾区。多年来，粤港澳大湾区之间以市场为主体的经济合作以及以政府为主体的财政合作不断深化，在基础设施、金融服务、科技教育、生态环保、社会服务等领域合作成效显著，也为未来深度合作奠定了良好基础。历史实践证明，港澳的发展离不开祖国内地的强力支持。同时，港澳对大湾区尤其是珠三角地区发展有着不可替代的作用，尤其在现代制造、创新及金融等方面优势明显。实质上，粤港澳大湾区合作是将港澳世界级优势和珠三角地区强势发展动能结合起来，打造全球经济发展新的增长极。

客观地说，当前粤港澳大湾区财政合作广度和深度尚显不足，导致粤港澳地区的公共服务很难实现一体化供给服务体制。其主要面临诸多内外环境的制约和挑战，就外部环境而言，世界经济不确定、不稳定因素增多，保护主义倾向抬头；就国内经济环境而言，整体经济运行仍存产能过剩、供求结构不平衡等问题；就大湾区内部而言，湾区内社会制度及法律制度不同，湾区内部发展差距依然较大，同质化竞争和资源错配现象普遍存在①。

为了粤港澳大湾区长效发展，当前必须通过完善区域内公共治理模式，形成有效的财政竞争和有序的财政合作，打破三地之间狭隘的行政藩篱，逐步减少甚至消除制度差异衍生的交易成本。在理顺湾区内财政同质竞争基础上，拓宽粤港澳大湾区新的发展空间以及动能，融入整体国家发展战略，增强其国际竞争力。这其中的核心和关键是理顺粤港澳大湾区财政合作体系和推进路径，培育中国特色湾区发展模式。

鉴于此，本书基于政府间财政行为演进规律，探寻粤港澳大湾区三地政府间财政行为协调机制，尤其是如何在有效竞争基础上实现有机合作，可以为促进粤港澳大湾区协同发展提供理论支持，为精准执行《粤港澳大湾区发展规划纲要》建言献策。当然，该研究成果也可为环杭州大湾区、环渤海大湾区乃至中国台湾厦门湾区等地建设和发展提供参考。

1.3　研究现状

1.3.1　区域合作相关研究

区域发展往往是一个国家竞争力的真实体现。无论区域内还是区域外都存在争夺资源的冲动。奥斯本等（Osborne S. P. et al.，2018）发现，地

---

① 粤港澳大湾区发展规划纲要（二）[J]. 城市规划通讯，2019 - 03 - 23.

方政府利用最低要求引来更多厂商，地方政府以及官员经常会给出非常低的税率以及极具诱惑力的优惠政策来招商引资，但是这些政策如果让利过多会导致辖区经济受到影响。曾刚（2016）和李林成（2022）认为，我国协同发展的动力来自市场驱动力和政府调控力。刘海明等（2015）认为，协同发展应强调慢变量支配原则和序参量决定原则，否则难以持续。毋文文（2022）认为，协同发展应坚持慢变量支配原则和序参量决定原则。赵海峰（2020）基于大市场理论，倡导地方政府间开展跨域治理，其中地方政府合作的成本节省许诺使得当选代表获取了选举方面的收益。这些利益往往溢出到同一区域内其他民选官员，创造出合作的诱因。

关于区域合作的类型。李光武等（2022）认为，可以把区域经济合作分为互补型合作和平面型合作。其中，互补型合作又可称为产业转移型合作，合作双方遵循比较优势的原则，充分利用各自在资源禀赋、市场、科技、管理等方面的优势形成优势互补，使双方都能在合作中获得产业发展和产业升级，最终实现双方资源的优化配置。覃柳婷等（2022）认为，发展多层次、多形式、多元化的区域大市场，保证各种生产要素合理流动，优化区域资源配置。锁利铭等（2021）在分析地理位置、资源禀赋、经济发展水平和社会文化等因素的基础上发现，通过合作能够形成区域的核心竞争力，共同与区域外展开竞争，因此区域内合作具有合作的天然优势，区域内各主体也乐于采取合作方式共同对外、共谋发展。有研究早就发现，在所有经济领域展开合作，这就必然要求以消除区域壁垒和地区分割为前提，更有利于促进全方位的产业互补和升级，推动统一市场的形成，是合作的高级形态（Huggins，R. et al.，2017）。

1.3.2　政府合作相关研究

政府行为学派在研究公共服务之时，往往排除了对国家制度、国家起源、政府权力性质的研究。在他们看来，国家制度只是一种既存的客观事物，本身没有任何真实内容。任何政府组织的真实内容应当是现存政府体系内部的既有活动和基于制度架构而展开的特定行为。考量任何一个政府组织的作用和绩效，关键不在于法律法规等政府制度，而在于政府行为（Crescenzi，R. et al.，2012）。这个观点非常接近于一种观点，后者认为，政府对社会经济的诸多影响，往往源于既定政治制度背景下的政府特定行为，而非制度本身（Johannes Rincke，2009）。

先有政府合作后有财政合作。学者们（Tullock，1998；[①] Federico，2016；[②] 陈明宝，2018）[③] 一致认为，政府合作则取决于群体规模和地理位置。制度性集体行动中的群体规模有两个维度——寻求合作的机构数量；辖区的规模及异质性程度。严格地说，分权制下地方政府是个体偏好的集合体。但是，徐圆和施永莉（2021）研究发现，资本密集型项目可以推动政府间合作，因为它们符合上述多数标准。它们需要大量的资金，从规模经济中受益，易于监控产出，有相对不变的公民偏好以及较低的协商成本。尤其是，林玉妹等（2022）实证检验发现，当物品或服务的大量生产降低了平均成本时，规模经济的可节省性就得以实现。肖泽磊等（2017）实证发现，资本密集型物品和服务通常需要大量的设备和原料，而这些在集中采购时会更便宜。资本密集型物品和服务投入的高成本阻碍了许多小的政府的进入。诚如，布鲁斯特等（Brewster et al.，2015）的结论接近，他认为小的地方政府既没有税收基础的保证也不能进入资本市场，从而不能为资本密集型项目筹集到大量的初始成本。其结果是，较小的地方政府经常无力独立生产该种物品和服务。如果想要为其居民提供这种形式的物品和服务，它们要么相互之间共同工作，要么和更大的政府或私人服务者签订合约。而钟晓敏等（2018）发现，签订服务生产合约经常是小的地方政府生存的唯一途径。如果资本密集型物品和服务也便于监控服务产出，而这使得地方政府在签订合约时很容易考虑到它们。尤其是当产出不确定或者生产很复杂的时候，就很难达成生产服务合约。

政府行为理论与财政行为的关系。财政收支本身就是政府财务行为之一。政府行为理论必然影响财政收支的方方面面。公共经理论认为，由政府提供公共产品可以解决"免费搭车"问题。贝塞拉等（Becerra et al.，2008）认为，科层组织只是非人格的部门，但实际上它却拥有本身的利益、价值和权力基础。也可以认为，政府行为有效与否，固然与制度健全与否相关，更多地取决于政府官员的自我定位和约束集。当西吉耶等（Dancygier et al.，2010）进一步证实了政府及政府官员作为"经济人"，一方面不断利用权力加强对社会资源的控制；另一方面与私营部门的利益结合十分紧密，在市场经济中为追求效用的最大化而行动。刘寒波等

① Tullock G. Externalities and Government [J]. Public Choice, 1998, 96 (3/4).

② Federico F. The Political Development of Modern Thailand [J]. Journal of Social Issues in Southeast Asia, 2016, 31 (3).

③ 陈明宝. 要素流动、资源融合与开放合作——海洋经济在粤港澳大湾区建设中的作用 [J]. 华南师范大学学报（社会科学版），2018 (2)：21 - 26, 191.

（2017）研究认为，在中国的体现就是争投资、争项目成为各级地方政府部门增加本地产值的最简单、最直接的办法。尤其是，地方政府的竞争由围绕中央政府争资金、争项目、争优惠政策的竞争，逐渐转向围绕市场争取更多资金流入、争取更优秀人才、争取本地产业更快升级的竞争。伍文中等（2010）发现，"上有政策、下有对策"等地方政府行为不尽规范的问题，以及诸如"政绩工程"、形式主义等做表面文章行为，实则是政府及其官员利用财政手段"竞争政绩""竞争腐败""竞争形象"。

1.3.3 财政竞争相关研究

（1）对财政行为协调性及效应研究。有学者（Démurger，Keen S. C.，2001[1]；张晏，2007；[2]、包健等，2020）[3]发现，地方居民以及地方政府雇员和协会的政治压力经常对某项特殊物品或服务协议是否能够达成施加着影响。异质性人口在其政策偏好方面可能各有不同，以致使地方政府能够更有效地生产大多数物品和服务，而非与其他地方政府签约[4]。中外学界主要基于对财政竞争行为的批判，展开对财政合作行为的肯定。李承怡（2019）研究发现，政府间财政竞争已产生"因患寡而患不均"的区域经济差距效应，中国尤为明显。[5]诸多研究发现，政府间财政合作能"熨平"区域经济差距，具有"扶贫济困"功效。孙钦忠（2018）认为，政府间财政合作还有利于促进民族团结及社会稳定。妥宏武、杨燕绥（2020）的研究证明，财政竞争是区域协调发展的"攫取之手"，而财政合作则是区域协调发展的"援助之手"。谢国根、张凌坚（2021）坚持财政竞争必然走向财政合作，最终形成竞合共存格局。

以上研究尽管视角各异，但一致认为区域平衡发展进程中，财政行为"从竞争走向合作"是必然和必需的。国外财政合作实践早于中国。庞塞特（Sandra Poncet，2005）研究了巴西、智利针对富裕地区对特困人口的

① Démurger S. Infrastructure Development and Economic Growth：An Explanation for Regional Disparities in China？[J]. Journal of Comparative Economics，2001，29（1）：95–117.

② 张晏. 财政分权、FDI 竞争与地方政府行为 [J]. 世界经济文汇，2007（2）：22–36.

③ 包健，尉喆雅. 财政分权、政府竞争与基本公共服务供给 [J]. 财经理论研究，2020（6）：28–36.

④ 刘亚娜. 基本公共服务视角下城市群流动人口治理转型 [J]. 中国行政管理，2021（11）：148–150.

⑤ 李承怡. 预算软约束下地方政府财政支出竞争策略的空间经济效应 [J]. 经济地理，2019，39（9）：24–30.

横向财政帮扶计划，发现其提高了基本公共服务均等化水平。[1] 比特纳（Buettner，2009）实证检验了德国政府间横向财政援助机制对贫富差距具有显著的动态调整效应。[2] 国内研究较晚，如锁利铭和陈斌（2021）探索了珠三角地区政府合作的意愿和强度。张立荣和陈勇（2021）则基于区域整体性治理视角下，提出了"区域联盟"合作模式。戈登·塔洛克（Gordon Tullock，1986）、傅勇和张晏（2007）发现，竞争性财政行为造成扭曲的财政支出结构。陈抗等（2002）探讨了财政体制与地方政府间财政行为变化的内在联系，发现政府行为具有"援助之手"和"攫取之手"两种倾向，探析了地方政府财政行为的自利性特征。辛冲冲和陈志勇（2019）发现，我国地方政府的财政行为在推动经济高速增长背后，积累了大量的财政风险，尤其在政府竞争和软预算约束背景下，中国地方政府财政行为带有强烈的扩张趋势。

鉴于财政合作的积极效应，伍文中等（2022）建议将基本公共服务和区域共同开发作为政府间财政合作的先行先试领域，在"共建"的基础上实现"共享"。罗长林等（2018）建议从立法高度将其规范化。贾俊雪、梁煊（2020）坚持建立基本公共服务主导的财政合作机制，以降低收入分配差距。也有研究如郭金忠（2018）和高志刚（2019）分别以"对口援疆"为例探索了财政合作模式，并初步评估了"对口援疆"的运行绩效。

（2）财政竞争的必要性研究。严格地说，最早提及地方财政竞争的是蒂博特（Tiebout，1956)[3]。他提出了著名的"用脚投票"理论，这一理论后来被称为"蒂博特模型"。他认为，自由流动的居民将迁移到那些税收负担与支出效用令自己满意的地区。为了避免本区域有税收能力的居民流失，各个地方政府将提高公共品的质量以取悦本地居民，以此形成围绕公共品供给的竞争，这就是"用脚投票"理论，其主要是从财政收支及居民福利变动对地区未来财政影响的角度出发，分析了地方政府间财政竞争行为。此后，又有很多经济学家对"蒂博特模型"的假定进行扩充或修正，从而使得地方政府间支出竞争理论不断丰富。贝斯利等（Besley et al.，1995）将"标尺竞争"理论引入到分权框架下，从选择学派的角度

① Poncet S. A. Fragmented China: Measure and Determinants of Chinese Domestic Market Disintegration [J]. Review of International Economics, 2005, 13 (3): 409 –430.

② Buettner T. The contribution of equalization transfers to fiscal adjustment: Empirical results for German municipalities and a US – German comparison [J]. Journal of Comparative Economics, 2009, 37 (3).

③ Tiebout M. C. A Pure Theory of Local Expenditures [J]. Journal of Political Economy, 1956, 64 (5): 416 –424.

解释支出竞争的存在性及其经济社会影响。① 另外，肯和马钱德（Keen and Marchand，1997）也一致认为，改善公共支出效率、调整公共产品及公共服务结构是地方政府招商引资竞争的一种重要的途径，也就是说，地方政府间支出竞争的主要表现形式是公共产品的供给。② 随后，费雷拉（Ferreira，2011）认为按照竞争的目的，政府竞争可分为公共支出竞争、公共融资竞争和招商引资竞争。③

第一，财政竞争形式研究。何梦笔（2000）和钟晓敏等（2016）觉得财政支出方面的竞争会逐渐地代替税收竞争，从而变成地方政府之间核心竞争方式。维尔森（Wilson，2003）首次在财政竞争方面构建出标准形式的效应评估模型。④ 还有学者（Teather and Richard，2005）基于企业经营与发展以及资本市场的有效程度等层面分析财政竞争带来的积极影响。有学者（Brueckner，2017；Bucovetsky，2010）基于各种层面证明财政竞争能够造成的负面影响。李齐云（2010）觉得中国财政方面的竞争主要是为了增长而形成竞争，导致了区域非充分、非平衡发展。相比之下，汪伟全（2016）发现，劳动密集型物品和服务不需要高昂的初始资金，如果政府通过财政竞争增加物品和服务产量来大幅降低平均成本，这样，较小的地方政府可能就不能从共同供给或生产劳动密集型物品和服务中实现经济收益，陷入公共财政风险的困境之中。辛冲冲等（2019）更证实了政府财政竞争能力的异质性，能力强的大都市地区在吸引资本密集型资本流入方面更具效率。

本书认为，政府竞争诱发了财政竞争。虽然政府竞争不等于财政竞争，但财政竞争必然是政府竞争，而且涵盖了政府竞争的主要内容。产生财政竞争的原因主要是各级财政都是相对独立的，只有利益相对独立，各级政府会才有竞争的动力和可能。各政府主体的财政竞争可以划分为财政收入竞争和财政支出竞争。财政支出竞争主要是财政支出活动方向和活动规模的竞争。张学良等（2017）则认为，是一国国内地方政府为了本辖区

① Besley T., Case A. Does Electoral Accountability Affect Economic Policy Choices? Evidence from Gubernatorial Term Limits [J]. The Quarterly Journal of Economics，1995，110（3）.

② Keen M., Marchand M. Fiscal competition and the pattern of public spending [J]. Journal of Public Economics，1997，66（1）：33 – 53.

③ Ferreira G. H. F., Gignoux J. The Measurement of Inequality of opportunity：Theory and An Application to Latin America [J]. Review of income and wealth：Journal of the international association for research in income and wealth，2011，57（4）：622 – 657.

④ Wilson D. J., Gordon H. R. Expenditure Competition [J]. Journal of Public Economic Theory，2003，5（2）：399 – 417.

的利益以财政支出为手段进行的各种争夺经济资源或者经济活动的博弈，其最大的缺陷就是没有考虑税收及其他收入形式的竞争。

第二，财政竞争效应研究。既有研究一般认为财政竞争可以提高公共产品供给效率，改善社会成员福利。尤其是在分权体制下，社会成员可以通过迁移到别的辖区来对政府官员的行为施加压力，迫使其把更多的预算用在本辖区公共品供给上，来改善社会成员福利。地方政府通过多样化公共服务的竞争，能减少财政资源的浪费，会促进其他地方政府提高其公共服务多样化水平（Justman，2005）。维尔森（Wilson，2010）在税收竞争研究基础上，认为地方政府间财政支出竞争能使社会成员的福利改善。如果地方政府官员供给更多的公共品，那么税基就会增加，地方政府就会获得额外的税收收入，其理论基础就是居民生活水平的提高、生活方式的改变，对公共品的需求将越来越大，满足人们较高层次需求的公共品供给更加体现了社会福利的核心（R. H. Gordon，2005）。通过估计美国相邻州支出的溢出效应，认为地方政府之间财政竞争并不会导致辖区公共品提供不足（Andrew Leigh et al.，2011）。通过分析认为，相互独立的地方政府之间利用减税等优惠政策争夺资本的行为会扭曲地方政府的财政支出结构，极有可能导致对基础设施建设的公共投入明显多于对其他公共品的投入（Keen et al.，1997）。

国内研究把地方政府竞争看作是一个对非流动要素方面的竞争。也有人如张军等（2007）、钟晓敏等（2016）将其定义为，是地方政府为争取自身利益试图借助各种财政工具和手段，通过改变政府收支以影响资源流动的财政行为。王守坤和任保平（2008）根据空间计量模型分析1978 ~ 2006 年国内省际财政政策性表现和行为，清晰看出基于 GDP 权重的竞争省份提高或者下降的百分点预算税负情况所占比例会使得该省提高或者下降 1. 11 个百分点预算税负。夏纪军以及张晏等（2010）根据 1987 ~ 2004 年省际面板数据分析政府生产性质的支出方面空间计量情况，证实了因为地方政府方面制约的地方财政能够更好地展现辖区之间在财政竞争方面的能动性以及示范作用。同时，这种竞争程度会比很多发达地区实证情况要高很多。李永友（2015）通过经验检验证明，各地区吸引外商直接投资的公共支出竞争，考虑了转移支付因素，发现与公共服务水平、卫生服务水平呈负相关，与基础设施水平呈正相关。付勇和张晏（2007）、陈钊（2016）、陆鸣（2020）的研究一致证明了中国各省份对生产性支出的竞争性投入行为严重影响地方公共品的提供，财政生产性特征回归，虽然刺激了经济增长，但是也不可避免地造成扭曲的财政支出结构。王敏等

（2015）认为，出现这种现象的主要原因在于政治结构中"向上负责"的模式。正如席小瑾等（2017）所揭示的规律，中央通过资助提供了财政合作激励，而地方政府则通过管制鼓励竞争。当然，政府都能从竞争中获得一些直接收益，否则它们将转向合作。

1.3.4 政府间财政合作及其相关研究

（1）财政合作必要性及效应探究。财政合作的基础就是政府合作，早期政府合作源自大市场理论，这种理论认为大市场环境当中，政府之间形成合作会对资源配置起到一定的优化作用。钟晓敏和鲁建坤（2016）认为，应把"兄弟式的互助"模式的财政合作转变成具备长效以及规范特征。唐沿源（2016）认为，地方政府之间形成财政合作模式和利益冲突协调体系的完整程度有着非常直接的联系，只有构建出全面、完整的利益分享、协调以及整合体系，才可以让合作关系更为持久、深入地发展下去。牟娟和齐英（2019）通过实证检验判定了政府财政协作关系与区域经济增长的内在相关性，发现经济圈内政府间协调度越高，其经济增长率也越高。花中东（2018）认为，纵向税收方面具有非常明显的外部性质，上级政府利用行政以及政治权威来给下级政府带来财政合作压力。骆永民（2020）利用系统耦合理论证实，财政合作可以推动市场实现一体化以及推动民族团结，促进社会和谐稳定发展。高达和李格（2022）认为，如果每一个政府都管理着异质性的人口，那么就更需要政府间合作，这样能减少跨域公共服务交易成本。

（2）财政合作的路径研究。中外学界主要基于对财政竞争行为的批判，展开对财政合作模式的探讨。诶莉诺（Elinor. Ostrom，1990）以多中心治理模型为基础，分析了公共事务在财政合作的路径及方式。杨龙（2018）详细地了解到了地方政府间财政合作情况以及动力特征，在国内，地方政府在财政合作方面提出了具有探索性质的三个模式。路春城和钱莲琳以及钟晓敏（2009）等认为，应把"兄弟式的互助"模式的财政合作转变成具备长效以及规范特征的横向财政转移支付体制。汪冲（2019）认为，地方政府之间形成财政合作模式和利益冲突协调体系的完整程度有着非常直接的联系。只有构建出全面、完整的利益分享、协调以及整合体系，才可以让合作关系更为持久、深入地发展下去。杜彤伟等（2020）认为，财政合作一定会推进"协同政府"建设。财政合作是和传统形式的官僚政府以及新型公共管理政府均不一样的治理方法，利用整合、协调以及合作模式来增强公共管理能力以及服务质量。

（3）财政合作运行机制研究。潘泽清（2019）认为，要实现区域财政合作协同发展，利益补偿与分享机制至关重要，利益补偿既涉及中央政府对地方政府的纵向利益补偿，还涉及同级政府之间的横向合作的可持续性。束磊等（2021）认为，在区域协同发展过程中，有三种可供选择财政合作益分享方式，即契约型分配方式、股权型分配方式、分工型分配方式。伍文中等（2022）通过对财政合作的共同富裕效应研究，认为必须兼顾地区贡献的大小和不同区域利益诉求，重视财政合作过程中的利益分配，包括维护区内各方既得利益，发达地区应适度让利等。李龙（2020）认为，必须借助财政合作差距缩小区域公共服务的差距。锁利铭等（2021）认为，政府间横向财政合作关系的实质和首要表现就是利益关系，而能够获取利益则是欠发达地方政府愿意参加府际间财政合作的维持性动力。

1.3.5　粤港澳大湾区相关研究

（1）对湾区的相关研究。湾区（the bay area）组成结构包括海湾、岸线、邻近陆地、岛屿等。陈甬军等（2022）解释了湾区具备较强的不可替代性。尤其是，全球有众多湾区不仅拥有良好的生态环境、便捷的交通实力，同时具备开放性的社会系统、创新的产业结构，所以产生较为明显的聚集与扩散效应。早期研究，吴志强等（2015）主要关注湾区特定地理空间所产生的区域经济效益。其后，众多学者开始重视湾区经济的动态变化规律。张钱等（Zhang Qian et al.，2011）分析全球化背景下湾区政策与区域经济相互影响，尤其是湾区基础设施的可获得性研究。丛屹等（2014）认为，湾区有较强的开放性、创新性、网络性、功能性等特征，从而具有基础性动能、外源性动能、内生性动能。邓志新（2018）通过湾区对比，发现在湾区基础条件影响下，将直接改变要素聚集程度和吸引程度；内生动力则是湾区结合市场力量所产生的自发性机制，在科学技术和创新要素方面都保持较强的吸引力，这些都是推动湾区发展的本质内容。罗守贵（2022）认为，湾区外源性动力需要外部促动和协助功能形成，例如政府调控、政府规划指引等。

（2）对粤港澳大湾区战略地位的分析。蔡赤萌（2017）重点分析和评估粤港澳大湾区城市群建设战略发展意义，总结经济社会文化发展中所面临的挑战和机会，其认为在制度、法律、关税等方面有显著的异质性影响。钟韵和胡晓华（2017）、赵晓斌等（2018）整理粤港澳大湾区的基础特点，结合城市结构理论、经济增长理论等，提出粤港澳大湾区制度创新和战略发展思路。申勇和马忠新（2017）基于对世界三大湾区分析，认为应该更加提高开放层级。安宁等（2018）站在宏观政治的角度，分别从地缘文化、尺度政治、地缘政治的角度分析粤港澳大湾区发展。在应对粤港澳大湾区的区域融合和协同发展等问题时，彭芳梅（2017）直接将 TOP-SIS 评价法作用在粤港澳大湾区经济空间联系、空间结构等。陈广汉等（2012；2017；2019；2021）在我国境内较早且最系统研究了粤港澳大湾区建设进程中，香港的地位和作用、澳门的独特优势等问题。曾志敏（2018）重点分析第四次科技革命过程中关于粤港澳大湾区融合发展机会和战略思路，随后提出"创新走廊—创新环带—创新群落"发展思路。李郇等（2018）结合巨型城市区域理论进行分析，预测粤港澳大湾区后期发展格局，其认为最后将产生"两核 + 若干功能区"发展趋势。陈世栋（2018）通过大数据工具，测试分析粤港澳大湾区不同城市的联系强度，结果表明湾区内要素流动特点显著。

（3）对粤港澳大湾区未来发展前景分析。林先扬（2018）结合粤港澳大湾区科技创新发展优势、劣势、机会、挑战等，建议三地开展科技合作。郭文伟和王文启（2018）通过空间计量方案，对金融集聚对粤港澳大湾区内科技创新空间溢出效应、行业异质性进行分析，研究结果表明，湾区内政策支持、研发投入等因素能使区域科学技术创新产生显著的提升作用。马海涛等（2018）通过基尼系数的方式分析粤港澳大湾区知识网络演化等内容，结果表明湾区多中心程度呈阶段性特点。

（4）关于粤港澳大湾区存在问题及建议。毛艳华等（2019）发现广东省尤其是珠三角与港澳台地区的地缘关系越发呈现强竞争态势。朱万果（2014）、黄晓慧和邹开敏（2016）认为，三个独立的市场体系在经济制度、公民权利、生活方式方面差异较大。不容乐观的是，张少兰（2015）、孙不熟（2017）放眼于国内外，粤港澳不如京津冀、长三角，尤其是区域合作程度。杨英（2014；2019）、叶祥松（2018）建议重视区域内规划、监管治理及协同开发机制的构建。左晓安（2017）建议提供覆盖不同制度区域的公共服务，形成一套合作机制。张玉阁（2017）通过评估历史合作情况，提出了粤港澳大湾区合作的策略。黄丽华（2017）认为，广东省 9 个城市应该协调好湾区腹地内城市协作分工。

1.3.6　既有研究的不足及尚需进一步研究的问题

新中国成立以来，我国区域经济发展取得了巨大成就，大体经历了新中国成立后至改革开放前的区域经济均衡发展；改革开放至 20 世纪末的非均衡发展；21 世纪以来的区域经济协调发展三个阶段。总体来看，我国深入实施的区域发展总体战略，充分发挥了各地比较优势，使得各区域发展目标更加明确，政策体系逐步完善，形成了一批新的经济区、经济带和增长极。区域内协同发展涉及各方利益。所以，协同过程是一个多方利益博弈的过程。如何在产业协同过程中实现各方利益共赢而不是零和博弈，走出"囚徒困境"，值得研究。

既有研究从多角度探究了政府间财政行为及其效应等问题，可资借鉴之处颇多。但存在三点不足：第一，对财政合作的研究广度和深度都不及财政竞争；第二，未能基于政府间财政行为变迁的驱动力，研究未来区域间、政府间财政合作与财政竞争共存的基本架构及作用边界，尤其是未能解构该演进的驱动力；第三，既有的研究往往将财政竞争和财政合作割裂开来进行"两张皮"研究，未能将两者置于一个统一体中。因此，未来的研究必须立足于政府间财政关系及财政行为发展规律的基础上，基于高质量发展的视角，探寻粤港澳三地财政行为协调机制，并构建粤港澳大湾区政府财政行为的规范和约束机制。唯其如此，方能保证粤港澳协同发展的深度推进。

"财政乃庶政之母"。在粤港澳一体化实施进程中，应发挥财政行为的积极效应。根据区域经济一体化的运行机理，本书认为，粤港澳三地财政行为必须立足于"夯实基础、促进融合、引领发展"这一主线，加强财政行为协调，为粤港澳一体化的纵深发展"给力"。

基于此，计划开展如下研究工作：分析粤港澳三地财政行为的协调程度，探析粤港澳大湾区三地财政合作的路径、障碍、效应等问题，在此基础上构建粤港澳一体化进程中财政行为协调机制和运行平台。

1.4 研究思路及方法

1.4.1 研究思路

（1）基于制度变迁视角总结政府间财政行为演进规律，并据此展望协同发展背景下粤港澳大湾区三地政府间财政行为的动态发展趋势。

（2）借助博弈论和空间经济学探求政府间财政行为的效应及其传导机制，进而勾勒粤港澳大湾区财政行为协调运行远景。

（3）立足粤港澳大湾区特殊区域背景，设计构建粤港澳三地财政竞合行为耦合体系保障措施等。

以上思路，如图 1-1 所示：

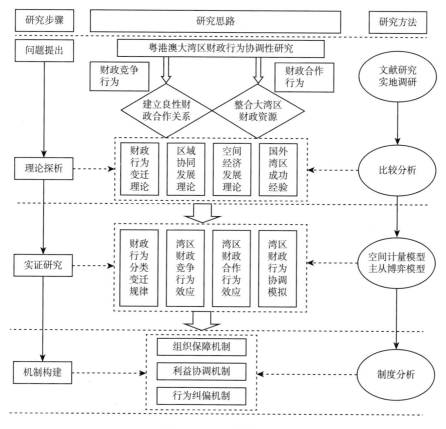

图 1-1　项目技术路线

1.4.2　研究方法

（1）空间计量分析方法。运用空间计量经济分析方法，揭示粤港澳大湾区三地财政行为对经济收敛、市场分割程度、技术收敛等效应，并结合未来粤港澳大湾区财政行为协调提出相应的合作协调机制。

（2）社会网络分析法（SNA）。拟结合粤港澳大湾区空间特征及经济区位分布，对粤港澳大湾区财政合作根据 11 个城市进行精准化的"点"分析。在此基础上，又将粤港澳大湾区作为整体进行结构性"面"上研究，这更有利于全方位解构大湾区财政合作现状、问题和未来走势。

（3）行为模拟分析方法。研究过程中，借助主从博弈模型对政府间财政竞争和财政合作行为特征和行为倾向进行模拟分析。在此基础上，动态分析粤港澳大湾区空间演变、组织变化、战略转向、整合机制、模式互动等多方面。

1.5　研究目标及内容

1.5.1　研究目标

本书基于区域经济一体化、"一带一路"、双循环、经济高质量发展等宏观背景，探讨粤港澳大湾区财政行为协调过程、机制与模式等。最终目标是尝试性构建有序且高效的粤港澳大湾区三地财政竞合机制，推动粤港澳大湾区协同发展。

1.5.2　拟突破的重点和难点

（1）财政行为演进规律及驱动力。主要解决两个难点：政府间财政行为一般演进路径和规律是什么？财政行为演进驱动力及其未来扩散形式是什么？

（2）粤港澳大湾区财政行为的作用边界。主要解决一个难点：如何通过制度创新确保财政竞争的效率，但同时又如何借助财政合作来兼顾相对公平？

（3）粤港澳大湾区财政行为协调的制度空间。主要解决两个难点：在"一国两制三地"背景下，大湾区财政行为协调阻力是什么？如何通过一种超越性制度创新，在有序竞争中实现深度合作，在深度合作中实现协同发展？

1.5.3　主要观点

（1）竞争性的政府必然催生竞争性的财政行为。财政竞争既是政府竞争的结果，也是政府竞争的手段。粤港澳大湾区协同发展呼唤着地方政府间的财政合作，财政竞争必然走向财政合作，竞争之中的合作理当成为粤港澳大湾区财政关系的基本态势。粤港澳之间财政合作的一个重要作用就是可以将财政竞争的负外部性内部化，使资源在地方政府间得到优化配置。

（2）粤港澳大湾区一体化合作战略已经由区域战略升级为国家发展战略。在这一过程中，"一国两制"不仅不是新时期粤港澳区域经济合作的障碍，理当成为推动湾区新一轮经济改革的催化剂，依然是粤港澳区域合作的试验田，是国家粤港澳区域发展战略定位的基本准则。

（3）纵观世界其他三大湾区，其经济发展的成功主要在于良性的区域竞争机制以及互利的政府合作机制，其中财政利益是主导竞争和合作程度的核心因素。湾区之间的良性竞争可以调节生产要素的合理配置。而湾区政府间财政合作可以将政府财政竞争的负外部性内部化，从而促进湾区协同发展。

（4）粤港澳大湾区深化财政合作面对的障碍，首先是运行"机制落差"的障碍。如何在两种制度、三个关税区、三个法律体系的异质城市群内，实现粤港澳大湾区财政深度合作，关键点在于真正实现"相容性利益集团"下集体行动的共赢逻辑。这其中，合理的财政压力、互相之间的资源依赖和制度交易成本最小化是成败的"试金石"。

1.5.4　研究内容

全书共 11 章，主要内容如下：

第 1 章，绪论。主要阐述选题背景和选题意义，对国内外相关研究（包括区域经济合作、财政竞争和财政合作、世界湾区及粤港澳大湾区等）现状进行综述，并介绍研究内容、研究方法与技术路线、结构安排等。

第 2 章，粤港澳大湾区：过去、现在、未来。主要总结粤港澳大湾区发展历程，即大湾区的过去、现在和将来。具体包括"粤港澳大湾区"概念的产生及发展历程、解放前的大湾区、回归前的大湾区、回归后的大湾区几个不同时间节点发展状况，并基于国家战略定位对大湾区未来发展前景进行展望。

第 3 章，异中求同：国内外湾区发展概况及财政合作经验借鉴。主要总结美国纽约大湾区、旧金山大湾区和日本东京大湾区发展概况、成功经验和先进做法、粤港澳大湾区与其他三大湾区优劣势比较分析。此处重点是总结和借鉴美国和日本湾区发展经验。

第 4 章，从竞争到合作：区域财政行为演进规律。首先对财政竞争和财政合作的概念内涵、构成要素、形式和种类等进行界定，进而揭示财政竞争和财政合作的行为效应，最后基于财政分权理论、区域经济协同发展理论、博弈理论探讨政府间财政行为演进的一般路径和规律。此章主要目的是引导后续实证研究。

第 5 章，粤港澳大湾区财政合作行为的推进路径分析。本章基于粤港澳大湾区协同发展战略，探讨如何通过财政行为深度合作促进大湾区跨越式融合发展。在探寻政府间财政行为演进规律的基础上，研究粤港澳三地财政合作的紧迫性和特殊性，进而构建粤港澳大湾区政府财政合作行为的运行机制及实施路径，促进粤港澳三地高质量、高速度发展。

第6章，财政合作促进区域协同发展的实践研究。立足财政合作在中国的实践，用案例分析来证实政府间财政合作必将成为实现我国区域协调发展"钥匙"的"中国经验"，进而对未来政府间财政合作秩序、优化政府间财政合作运行机制提出初步构想。

第7章，技术还是制度：粤港澳大湾区公共服务合作瓶颈约束及路径创新。在梳理大湾区公共服务合作历史的基础上，透析大湾区公共服务合作过程中的制度和技术瓶颈，进而就粤港澳大湾区公共服务合作提出制度和技术创新建议。

第8章，助力还是阻力：粤港澳大湾区税务合作困境及改进对策。在分析大湾区三地税制差异的基础上，分析大湾区税收合作现状及不足，并提出优化三地税收合作路径建议。

第9章，粤港澳大湾区财政合作科技创新收敛效应检验。基于粤港澳大湾区规划中构建世界创新中心的目标，检验财政合作对大湾区科技创新能力的影响。主要包括对大湾区科技创新能力空间分布分析、财政合作影响科技创新能力机理机制分析、财政合作对粤港澳大湾区科技创新收敛实证检验。

第10章，粤港澳大湾区财政合作经济收敛效应检验。主要检验财政合作对粤港澳大湾区经济增长收敛趋势的检验，以期挖掘财政合作的区域协调发展能力。内容包括财政合作促进经济收敛的内在机理和实践检验，包括中介传导机制等。

第11章，粤港澳大湾区财政行为协调运行机制构建。基于前文分析的基础上，对特定历史背景下粤港澳大湾区财政行为协调目标、竞合行为耦合路径以及协调运行保障机制进行设计和探索。

1.6 创新及不足

客观地说，本书有如下创新之处：（1）一体化的研究范式。本书既有财政行为协调性研究至少存在两点不足：第一，对财政合作研究的广度和深度都不及财政竞争。往往是在对恶性财政竞争批判之余提及财政合作这一"备胎"，而不是基于财政行为从竞争走向合作的客观规律系统研究财政合作整体架构。第二，既有研究往往将财政竞争和财政合作割裂开来，未能将二者置于一个特定区域统一体之中，综合考量两种财政行为对区域发展的整体效应。本书创新性地将财政竞争和财政合作同时置于粤港澳大湾区这一特定空间进行"一揽子"研究，避免了研究范式的片面性。

（2）多元化的研究视角。本书没有囿于单一区域财政行为的狭隘视角，而是将其置于"'十四五'规划""经济内循环"等多元化视角进行多维度研究，避免落入"就财政论财政"的窠臼。以期通过粤港澳大湾区协调发展，打造"一带一路"的桥头堡、完善"一国两制"的典范，最终实现中国制造引领世界的伟大目标。

（3）立体化的研究方法。本书既采用了平面式的世界四大湾区对比以及粤港澳湾区内的比较分析，又采用了多维实证计量分析方法，通过空间滞后模型对其空间结构成因进行解构，引入核心边缘模型，进而研究财政行为的空间交易成本等现象。

当然，也存在不足之处。例如，世界其他三大湾区财政竞争和合作资料及案例有待于进一步搜集。另外，当前国际国内经济形势下，粤港澳大湾区财政合作方式和重点尚待深入探讨。

第2章 粤港澳大湾区：过去、现在、未来

2.1 粤港澳大湾区基本概况

2.1.1 《粤港澳大湾区规划》出台历程及理由

2019 年 2 月 18 日，中共中央、国务院印发《粤港澳大湾区发展规划纲要》。这是在党的十九大精神指引下的重大决策，其不但能贯彻执行"一国两制"方针，更是立足世界政治经济百年未有之大变局之下的"定海神针"①。其对于完成"十四五"规划，推动经济高质量发展，促进构建以国内大循环为主、国内国际双循环相互促进的新发展格局，都有不可替代的促进作用。

"粤港澳大湾区"最初是民间提出的概念，后来又经历了由地方到国家规划的过程，其发展历程如图 2 - 1 所示。

2009 年，广东省提出协调发展大珠三角城镇战略。由此，粤港澳大湾区逐渐发展起来。根据相关资料、网站等进行整理分析，自 2009 年以来粤港澳大湾区发展过程如下：

(1) 2009 年，以空间布局的协调问题来分析，粤港澳政府部门把大珠三角城镇协调发展战略规划发布至澳门，跨界跟进任务一共有 4 项，例如跨界地区以及交通方面的合作、保护生态方面的合作和相关协调体系等的构建。

(2) 2010 年，三地政府为了实现跨界地区合作，共同推出了环珠三角的宜居湾区重点行动规划。

(3) 2012 年，广东海洋经济地图在广东省政府正式发布，首次清晰

---

① 粤港澳大湾区发展规划纲要 [N]. 人民日报, 2019 - 02 - 19.

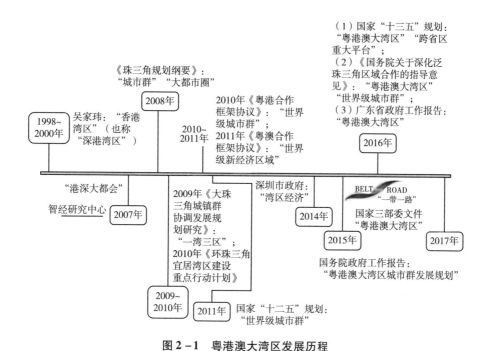

图 2 - 1 粤港澳大湾区发展历程

地指出，广东在海洋经济方面的发展应突破行政限定，以湾区来实现发展，通过湾区将附近的城府串联起来，对内地经济进行辐射，从而构建出基于湾区的经济发展战略布局。

（4）2013 年，深圳湾的超级总部基地提出该地区是湾区经济发展当中非常关键的一部分。在规划当中，秉承着"深圳湾云城市"这一理念，打造出虚拟和现实空间的巧妙融合，从而树立未来城市模范效应，以立体城市以及智慧城市为基础，构建出世界级别的滨海城市的天际线。

（5）2014 年，"湾区经济"问题第一次在深圳市政府工作报告当中被提到。在该报告中指出，深圳会依靠其地理优势，例如毗邻香港且背靠珠三角等，对深圳湾以及前海湾等多个区域进行重点培养，从而形成产业集群。

（6）2015 年，国务院提出要深化广东沿海与港澳台地区合作，尤其是与港澳毗邻的深圳前海、珠海横琴、广州南沙等区域，要充分发挥这些区域与港澳的深度合作。

（7）2016 年，广东省政府明确提出要构建"粤港澳大湾区"，同时应对珠三角城市进行升级。在这一年的年底，国家发展改革委发布推动城市群构建的工作通知，明确指出 2017 年规划当中的珠三角湾区城市群应正式启动。

（8）2017 年 3 月 5 日，国务院政府工作报告中正式出现了"粤港澳大湾区"，明确指出应构建出发展战略规划，使得港澳具备的优势充分体现出来，增强其在经济发展以及对外开放等方面的地位以及提供的功能作用。

（9）2017 年 7 月 1 日，习近平总书记在香港参加了《深化粤港澳合作　推进大湾区建设框架协议》的签署仪式，明确提出应积极将粤港澳大湾区构建成活力更高更强的经济区域、适合人们旅游和居住的生活区域、实现内地和港澳更为深入合作的模范区域，共同建设国际化的一流湾区以及世界级别的城市群。

（10）2018 年 3 月，习近平总书记前往广东参加代表团审议时提出，应把握机遇，和港澳共同推动粤港澳大湾区工作的进行及其发展，努力创造出国际化的一流湾区以及世界级别的城市群。

也就是说，虽然以前有过很多类似的概念，但是所指的层次以及范围有所不同，最大的目的均是突破区域行政壁垒，利用沟通交流以及团结协作的模式来让各个区域实现协同发展，打造竞合形态，同时还要在更广阔的区域之内做到更多的互动与交流，从而实现高效聚合。粤港澳大湾区的强势崛起，对于中国打造自己的世界级湾区，打造世界湾区经济新高地带来了新的希望。

我国是出于什么原因要在这个时间节点上进行粤港澳大湾区的规划呢？从国家层面来讲，决定将粤港澳大湾区从理论设想阶段直接推入到规划阶段的具体原因有如下几点：

第一，中国需要建立一个新的贸易支点来提升在全球的竞争能力。我国在加入 WTO 之后，通过"吸引外资"以及参与全球价值链分工，拉动了我国的经济增长。但随着全球市场更加重视知识、中间品、技术能力、资金、人才等资源的流动与优化组合，新的经济体系既要达到国际标准，同时也要能满足市场规则。

第二，以粤港澳大湾区的发展带动国内经济体制转型。由于科技能力限制，单纯依靠模仿很难在市场上获得生存空间，以及处于低潮的全要素生产率等问题，急需通过产业创新、加强科研能力等方式拉动经济产能，努力向高端价值链发展。粤港澳大湾区成立后，我国的经济格局从原来的双子模式（京津冀、上海贸易区），变成了现在三足鼎立的形式，进一步拓宽了我国经济市场的覆盖范围。

第三，粤港澳大湾区已经成为世界经济体系中最重要的增长极，粤港澳具备世界三大湾区经济体纽约湾区、旧金山湾区、东京湾区的一切发展要素，粤港澳大湾区有着得天独厚的地理优势，强大的汇集与外溢能力、开放式的经济体系、深厚的科技资源等，无论是人口、经济、科技以及产业发展都是国内顶尖水平。

第四，香港经济发展呈停滞状态，最近几年香港的经济形势不好，贫富差距明显，失业问题严重，社会矛盾不断涌现，已经影响了香港的社会稳定。需要探索一条能发挥香港优势的经济模式，提升香港的竞争优势，确保"一国两制"能够成功实践。

2.1.2 粤港澳大湾区发展历程

世界三大湾区囊括了全球的顶级城市群，湾区经济也成为强劲持续的经济发展、生态宜人的生活环境、快捷高效的交通系统和包容多元的文化氛围等的代名词。位于中国三大湾区前列的"粤港澳大湾区"（Guangdong - HongKong - Macao Greater Bay Area），在中国打造比肩纽约湾区、旧金山湾区和东京湾区等世界一流湾区之路上，被寄予厚望。

2019 年 2 月 18 日，中共中央、国务院印发《粤港澳大湾区发展规划纲要》。这说明粤港澳大湾区已被列入国家经济发展战略的一环。同时这也意味着，从 20 世纪末开始形成的"湾区经济"概念，实现了从设想到被实践的跨越。

2017 年 7 月 1 日，习近平总书记召集粤港澳的多位领导共同签署了《深化粤港澳合作　推进大湾区建设框架协议》。该举措体现了党和国家对大湾区建设工作强有力的推动。粤港澳大湾区是大珠三角最发达城市区域和全国最大的城市群之一，也是全球经济发达区域之一。粤港澳大湾区的强势崛起，对于中国打造自己的世界级湾、打造世界湾区经济新高地带来了新的希望。

粤港澳大湾区的合作经历了一系列发展过程，从前店后厂的贸易格局，发展到集先进制造业、金融中心、科创中心和现代服务业于一身的世界闻名城市集群示范区。粤港澳大湾区"9+2"的城市格局实现多层次的多地域间联动。

国务院于 2003 年分别发布《内地与香港关于建立更紧密经贸关系的安排》《内地与澳门关于建立更紧密经贸关系的安排》（CEPA：Closer Economic Partnership Arrangement）。这表示粤港澳三地合作模式也由企业层面合作转为政府之间的沟通合作，以及由"自下而上"的运作模式转变为中央共同参与的"自上而下"的双向融合模式。

粤港澳关于区域合作的探索从未停下脚步。2015 年开始在"自贸区"政策下的战略性制度性合作，国家决定设立中国（广东）自由贸易试验区，总面积达到 116.2 平方千米。

国家战略推动下粤港澳湾区的发展进程。正是在香港回归 20 周年之际，由习近平总书记见证签署的《深化粤港澳合作　推进大湾区建设框架协议》，为大湾区建设确立了行动纲领，明确了重点任务，描绘了美好蓝图。

已有多位专家指出，"粤港澳大湾区"带有明确的国家特定战略意图。换句话说，大湾区的指向性很明确，就是新一轮的针对港澳两个特区的政策机遇，希望通过"湾区经济"这个新概念进一步打破广东与港澳的行政边界，实现共融共通。

粤港澳大湾区与港澳的未来紧密联系在了一起，为港澳经济的繁荣发展提供了新的契机，维持港澳的长期稳定发展，助力港澳再次腾飞。粤港澳大湾区的目标是要打造成国际一流湾区和世界级城市群，成为世界第四大乃至第一大湾区。湾区也是中国作为崛起的大国所应有的新经济形态，以此为桥头堡应对和参与国际竞争，成为我国经济高质量发展的重要抓手。

2.1.3　粤港澳大湾区大事及重大政策梳理

（1）2017 年 7 月 1 日，习近平总书记出席《深化粤港澳合作　推进大湾区建设框架协议》签署仪式。香港特别行政区行政长官林郑月娥、澳门特别行政区行政长官崔世安、国家发展和改革委员会主任何立峰、广东省省长马兴瑞共同签署了《深化粤港澳合作　推进大湾区建设框架协议》。

（2）2018 年 10 月，习近平总书记出席开通仪式并宣布港珠澳大桥正式开通。2018 年 10 月 23 日，港珠澳大桥开通仪式在广东珠海举行。习近平总书记出席仪式并宣布大桥正式开通。他指出，港珠澳大桥是国家工程、国之重器，体现了勇创世界一流的民族志气，为粤港澳大湾区建设发挥重要作用。

（3）2019 年 2 月 18 日，中共中央、国务院印发《粤港澳大湾区发展规划纲要》。制定了大湾区建设目标、建设重点、重大制度安排等。这将进一步提升粤港澳大湾区在国家经济发展和对外开放中的支撑引领作用，保持香港、澳门长期繁荣稳定。

（4）2019 年 3 月，财政部、国家税务总局发布《关于粤港澳大湾区个人所得税优惠政策的通知》。明确规定对在大湾区工作的境外高端人才和紧缺人才，其在珠三角九市缴纳的个人所得税已缴税额超过其按应纳税所得额的 15% 计算的税额部分，由珠三角九市人民政府给予财政补贴，该补贴免征个人所得税。

（5）2019 年 5 月，广东省人民政府印发《加强港澳青年创新创业基地建设实施方案》。计划到 2025 年，广州南沙、深圳前海、珠海横琴港澳青年创新创业示范基地辐射带动效应进一步发挥，港澳青年的国家认同感、文化归属感、生活幸福感得到全面提升。

（6）2019 年 11 月，人力资源和社会保障部和国家医疗保障局公布《香港澳门台湾居民在内地（大陆）参加社会保险暂行办法》。为了维护在内地就业、居住和就读的香港、澳门特别行政区居民中的中国公民依法参加社会保险和享受社会保险待遇的合法权益，各级财政对在内地参加城乡居民基本养老保险和城乡居民基本医疗保险，按照与所在统筹地区城乡居民相同的标准给予补助。该办法有助于实现三地养老合作，配合香港和澳门推进"广东计划"。

（7）2019 年 12 月 31 日，国家税务总局发布：《国家税务总局关于〈内地和香港特别行政区关于对所得避免双重征税和防止偷漏税的安排〉第五议定书生效执行的公告》（以下简称《第五议定书》）。《第五议定书》于 2019 年 7 月 19 日在北京正式签署。内地和香港特别行政区已完成第五议定书生效所必需的各自内部法律程序，自 2019 年 12 月 6 日起生效。该办法能消除内地和香港之间重复征税问题。

（8）粤港澳大湾区 2019 年整体实现地区生产总值 11.62 万亿元；人均 GDP 已达 16.15 万元。

（9）2020 年 7 月，民航局印发《民航局关于支持粤港澳大湾区民航协同发展的实施意见》。明确了两个阶段的发展目标。第一阶段，到 2025 年，基本建成粤港澳大湾区世界级机场群。第二阶段，到 2035 年，全面建成安全、协同、绿色、智慧、人文的世界级机场群。

（10）2020 年 8 月，《国家发展改革委关于粤港澳大湾区城际铁路建设规划的批复》提出，按照科学布局、统筹衔接、创新发展、支撑引领的原则，进一步加大城际铁路建设力度，形成"轴带支撑、极轴放射"的多层次铁路网络，打造"轨道上的大湾区"。

（11）2020 年 9 月，广东省政府和国家标准委签署战略合作框架协议，共同建设粤港澳大湾区标准化研究中心，避免三地之间标准不一带来的技术对接难题，推动粤港澳大湾区公共服务对接和合作。

（12）2020 年 11 月 18 日，教育部发布公告，自 2021 年 1 月 1 日起，

取消《在港澳地区学习证明》《大陆居民在台湾地区学习证明》。促进港澳台地区学生流动，纳入全国教育管理体系。

（13）2020年12月，教育部、广东省政府联合印发《推进粤港澳大湾区高等教育合作发展规划》。明确到2035年，粤港澳大湾区将建成若干所世界一流水平的高校，成为世界高等教育合作发展和创新发展先进典范，建成世界领先水平的高等教育体系和国际教育示范区。

（14）2020年，粤港澳大湾区经济总量达到11.5万亿元，较2017年增加1.4万亿元。充分展现出"一国两制"的制度优势和勃勃生机。

（15）2021年8月，国务院批复同意粤港澳首次共同举办2025年全运会。经费主要由大湾区三地政府自筹，中央财政给予一次性定额补助。这有利于增强三地集体荣誉感，增强香港和澳门青年的国家认同感。

（16）2021年9月，中共中央、国务院印发《横琴粤澳深度合作区建设总体方案》。计划到2029年澳门回归祖国30周年时，琴澳一体化发展水平进一步提升，促进澳门经济适度多元发展。到2035年，公共服务和社会保障体系高效运转，澳门经济适度多元发展目标实现。

（17）2021年9月7日，中共中央、国务院印发《全面深化前海深港现代服务业合作区改革开放方案》。计划到2025年，初步形成具有全球竞争力的营商环境。到2035年，达到世界一流的营商环境，成为大湾区经济发展的重要引擎。

（18）2021年10月，人力资源和社会保障部、财政部、国家税务总局、国务院港澳事务办公室发布《关于支持港澳青年在粤港澳大湾区就业创业的实施意见》。促进港澳青年到粤港澳大湾区就业创业，使有意愿在粤港澳大湾区就业创业的港澳青年得到有针对性的服务保障和政策支持，促进一批港澳青年实现就业创业，融入国家发展大局。

（19）2021年，粤港澳大湾区经济总量约12.6万亿元，以不到1%的土地面积创造出全国12%的经济总量，有望超越东京湾区成为世界经济总量第一湾区。

（20）2022年1月10日，财政部、税务总局发布《关于横琴粤澳深度合作区个人所得税优惠政策的通知》，对在横琴粤澳深度合作区工作的境内外高端人才和紧缺人才，其个人所得税负超过15%的部分予以免征；对在横琴粤澳深度合作区工作的澳门居民，其个人所得税负超过澳门税负的部分予以免征。

（21）2022年7月21日，财政部、税务总局发布《关于广州南沙个人所得税优惠政策的通知》，对在广州南沙工作的香港居民，其个人所得税税负超过香港税负的部分予以免征；对在广州南沙工作的澳门居民，其个人所得税税负超过澳门税负的部分予以免征。该措施能促进南沙经济发展和高层次人才流动。

（22）2022 年 9 月 15 日，财政部、税务总局发布《关于广州南沙企业所得税优惠政策的通知》，为进一步推动广州南沙深化粤港澳全面合作，对设在南沙先行启动区符合条件的鼓励类产业企业，减按 15% 的税率征收企业所得税。该措施能减轻南沙企业税负，促进南沙经济快速发展。

2.2　新中国成立前的大湾区

1842 年，英国和前清政府共同签署《南京条约》，将中国香港割让了出去；1997 年 7 月 1 日，香港成功回归，中国政府才重新拥有了香港的行使主权。1887 年，葡萄牙和前清政府签订相关条约，把中国澳门割让了出去；1999 年 12 月 20 日，澳门才成功回归中国。

2.2.1　文化史缘关系

由于受到历史上的移民运动影响，粤港澳三地的文化风格差异较大，广府文化是香港和澳门的主流文化，同时又具备一些其他地域的文化特点，属于一元为主、多元共存的文化格局，要融合好粤港澳的文化差异，首先要认识到港澳居民的特殊性，由于历史原因港澳居民从古至今都是呈多样化的发展趋势，想要了解和掌握港澳文化特质，首先就需要了解居民的文化结构以及文化背景。

大珠三角（包括现在的珠三角 9 市和港澳特别行政区）先秦时都是禹贡扬州外徼，属于蛮荒之地，都隶属于南海郡的番禺县。西汉初南越国时期之后至后汉，港澳依旧属于番禺县。到了东晋咸和六年（公元 331 年），东莞由南海郡当中划分出来，变成了东莞部。唐至德二年（公元 757 年）时，宝安更名称作东莞县，同时，香港又一次受其管辖。在这之后，一直到了明末之时，珠三角中很多区域都在广州管辖范围内。到了万历元年（公元 1573 年），从东莞县当中将新安县划分出来，此后又一次合并至东莞县，到了康熙八年（公元 1669 年）复界，再次设立新安县，此时香港受新安县管辖，海运以及海防等发展迅速，文化以及经济方面也有着飞速提高。

澳门在行政属地方面的经历和香港比较相似，先后受到番禺县以及东莞县和宝安县的管辖。直到正式成立了香山县（也就是如今的中山市）[大约在南宋绍兴二十二年（公元 1152 年）]，澳门转变为香山县管辖，不再和香港隶属相同的县。到了近代（公元 1887 年），澳门一直属于香山县，但是到了光绪十三年（公元 1887 年），中葡签订的相关条约生效之后，前清政府就不得不把澳门主权交出来，由此，澳门的管辖区就变成了葡萄牙政府。

香港文化最初主要是南越文化，但是随着外来人口迁移，客家文化逐步成为香港本地的主流文化。虽然澳门受到的殖民统治时间要长于香港，但澳门的常住人口以华人为主，因此港澳文化一样，基本都保留了传统的广府文化。

2.2.2　城镇化发展

粤港澳大湾区位于岭南的重要沿海港口区域，岭南地区在历史上曾经一度被称为蛮荒之地，是因为岭南偏处一隅，位于南疆边陲的南海之滨。然而也正是其独特的沿海优势，在历史上很早就出现对外贸易：汉代广东的徐闻港就是一个对外贸易的始发港①；在唐代，广州是非常有名的东方大港，和南亚很多国家都紧密相连，直至印度洋，能够到达波斯湾和非洲东岸，在当时是国际最长航线。因为海外贸易方面的效益，岭南财政收入情况对于国家来说变得至关重要，在明清时期，粤港澳已经出现了广州和佛山两大岭南商业中心。

20 世纪前期，以珠三角城镇墟市和香港为代表的大中城市是粤港澳地区经济聚集之地，这些区域拥有雄厚的经济实力。以广州为例，广州位于华南中心，经济最发达。解放前夕，在外贸方面，广州拥有全国第二的广州港（仅次于上海港），外贸易货值占全国的比例为 21%②，广州港外国商船进出口总吨数约为 186 万吨，占全国的比例为 27%；内贸商业方面，广州是集散华南商品的中心城市，省际陆路贸易至闽、赣、湘、桂等省，海上贸易至上海、华北等地，广州百货商业及从业人员都比当时的上海要多；在金融方面，因为省港主要负责南方货物以及运输、旅游吞吐，也是非常有名的侨乡，因此金融非常活跃，保险、典当以及银行等金融机构非常多，曾经也是受到国民党统治的金融中心；在工业领域，也位居榜首；在工业化程度问题上，1933 年调查了 6 个沿海城市民族工业状况，广

---

① 汉书·地理志。
② 程浩. 广州港史（近代部分）[M]. 北京：海洋出版社，1985.

州的工人、工厂数量以及资本情况分别排第 5 名、第 3 名、第 6 名，其生产净值比上海略低一点，在抗日战争之前，广州一共约有 350 家新型民营工业，其资本额超过了 1000 万元，可以说是该省工业资本中的 1/3；对于财政领域，其财政规模是其他很多城市没法与其相比的，在 1936 年，广州一共有 1196 万元的财政收入，仅低于上海的 1268 万元。

2.3　港澳回归前的大湾区

2.3.1　港澳回归前的发展状况

（1）回归前的香港。由于 1985 年中英联合声明生效，香港进入"过渡时期"，因此将解放后到 1997 年回归前香港的发展分为两个阶段。

1978 年十一届三中全会后，中国的改革开放政策逐渐全面推行。深圳和珠海属于最早设立的经济特区，与香港相比较，当时深圳和珠海职工工资低、土地价格便宜，促使香港劳工密集工业逐渐向北转移，其中尤以邻近香港的珠三角为最。港商在内地的投资形式有"三来一补"、合作经营、合资经营及外资经营等投资形式。由于制造业北移，制造业在本地生产总值（GDP）的比例在 20 世纪 80 年代逐渐下降，1989 年已减至 20%以下。所幸香港的服务性行业发展蓬勃，吸纳了被辞退的大部分原制造工人，因此香港的失业率仍维持在约 2%的低水平。

1986～1993 年香港再完成多项填海工程，港府在 1987～1989 年，就港口发展及新机场计划进行了一连串的研究，在 1990 年公布了都会计划，定下了都会区直至 2011 年的发展目标，这是香港首次有长远（20 年）的市区发展大纲，覆盖了本港主要的港口市区，并与新机场的发展计划相互配合，这个跨世纪的发展构想规模之大是本港空前未有的。

香港金融体系在此期间普遍发展迅速。其中又以股市的大起大落最令人注目，到 1993 年底，香港股市的市值在世界排第六位，仅次于美国、日本、英国、法国及德国。对于土地面积如此小的香港来说，可以视为骄人的成就。金融机构的服务对象遍及全球，金融劳务成为直接出口的商品。金融业的扩张，直接和间接地创造了大量的就业机会，而且很多是生产力很高的职位。金融服务业的发达，使得很多跨国公司将香港作为亚太区的总部。因此香港集中了无数商业及专业人才、各行各业、无国界的商业联盟，使得香港成为全球性的金融、商业和咨询的集聚地，这是香港繁荣与进步的一项重要保障。

(2) 回归前的澳门。澳门作为独立外向型的微小经济模式，称其微小，主要是由于其土地面积较小、人口数量也不够多等。虽然这样，澳门在经济方面能够独立地构成一个完整的体系，土地面积小、人口数量不多，但却是人口密度相对比较高的地区，然而却具备自治地区应具备的所有构架，较为独立、完整，拥有财政、法律、政府以及司法等方面的产业架构。

长期以来，澳门经济在发展时会依赖香港，特别是在 1960 ~ 1980 年，澳门最大投资方就是香港，港资对澳门经济发展起到了至关重要的作用。到了 1985 年以后，港商逐渐把投资转移到了内地，这种现象才出现了一定的改变。然而对于金融行业、旅游博彩业以及对外贸易等方面，香港依旧是澳门最核心的客源。澳门不仅依靠香港实现自身的经济增长，同时也对内地有很大的依赖。澳门受到内地方面很多的支援，例如劳动力、原材料以及食品等。中国内地可以说是澳门经济发展的坚强后盾。在澳门回归之前，这种现象就越来越明显，在 1997 年，从内地出口至澳门一共有 47.41 亿元货物，在澳门所有进口额当中占据了 28.6%，比香港还要高。

几乎没有第一产业是澳门产业的最大特点，20 世纪 80 年代中期以前，澳门第一产业产值大概占本地生产总值的 0.5% 以下，主要是极少量的渔业和菜农业，第一产业随着时间推移进一步衰落，到 1989 年及之后，澳门的第一产业达到无法统计的地步，其份额占本地生产总值的比重几乎为零。因此，现今澳门的产业结构仅仅分为两个，即第二产业和第三产业。

2.3.2 港澳回归前珠三角的发展历程

最初珠江三角洲经济区是由珠江沿岸的十几个中小城市组成 (1994 年 10 月 8 日广东省委在七届三次全会上提出)。后来，由于城市间合并 (例如佛山由原佛山、南海、顺德等合并)，"珠三角" 范围调整为由 9 个城市组成，分别是广州、深圳、佛山、东莞、珠海、中山、惠州、江门、肇庆 9 个城市。

在 1978 年即改革开放之前，广东省仅有广州市人口超过 20 万人，城市和经济都发展得很缓慢。

改革开放以后，广东省成为受益最大的几个省份之一，回顾广东省改革开放的发展历程，可以分成两个阶段：第一阶段是 1979 ~ 1983 年，国家设立了深圳和珠海两个经济特区；第二阶段是 1985 ~ 1997 年，第三产业逐步成为广东省的主导经济，珠江三角洲迅速为国内经济发展最快的区域之一。

凭借天然的地理优势，珠江三角洲依靠毗邻香港特区的优势，经济优势开始逐步展现出来，在党中央将深圳作为经济特区之后，在与香港毗邻的区位优势以及政府的特殊经济政策帮助下，深圳迅速抓住机遇将这些优势转化为经济产能，在短短数年间成为国内最具经济实力的特区城市。

改革开放以后，珠江三角凭借毗邻香港的地理位置的独特优势，尤其是中央把深圳作为特区后，由于中央给予的特殊经济政策，深圳的经济和人口在短短不到 20 年的时间里翻了将近 10 倍，发展成为珠三角内最有活力和最雄厚的经济特区，进而推动整个珠三角的发展，形成了具有特色的"珠江三角洲模式"。

2.4 港澳回归后的大湾区发展及其问题

2.4.1 回归后香港的发展

香港成功回归祖国之后，其服务业逐渐趋向于外向型以及生产型。在香港回归祖国这 20 多年间，尽管受到了两次金融危机（分别在 1997 年以及 2008 年）的影响以及"非典"事件及新冠肺炎疫情影响。但从整体上看，其经济水平一直处于提高状态，国际航运、金融业以及贸易等均有一定改进，特区政府在财政水平方面也有了很大提高，和内地经济有着十分紧密的联系。

回归以来，除 1998 年、2009 年两年之外，均保持增长的态势。人均 GDP 由 1997 年的 199186 港元增加到 2021 年的 284899 港元，剔除物价上涨因素后，较 2020 年同期增长 6.4%。2021 年香港人均 GDP 亚洲排名第一。香港的四大支柱产业为贸易及物流业、旅游业、金融业和专业服务以及其他生产性服务业。2021 年香港的 GDP 总值为 2861620 亿港元，同比增长 6.38%；人口总数为 725 万人，政府收入总额为 4913.61 亿港元，政府支出总额为 3963.25 亿港元，出口额为 429 亿港元，转口贸易总额为 35454 亿港元，进口总额为 40084 亿港元。在产业结构中，贸易与物流增加值为 5174 亿港元，占 GDP 总值的 22.3%；金融业增加值为 4099 亿港元，占 GDP 总值的 17.6%；专业服务以及其他生产性服务增加值 2782 亿港元，占 GDP 总值的 12.3%。

必须看到香港经济持续增长面临着诸多挑战。例如，香港经济增长动力不足，其根本原因在于其过度经济虚拟化、畸高服务业单一化，另外创新能力不足也是硬伤。与此同时，香港社会发展遭遇诸如收入两极分化日益加剧、社会向上流动减弱等桎梏，容易引发社会动荡，甚至引发动乱。

2.4.2　回归后澳门的发展

澳门地区以博彩为主要第三产业，也是全国范围内唯一法律允许的赌博场所，在中国进行"十二五"规划的时候，首次建立澳门的发展目标，将其建立为世界旅游中心。

另外，澳门在金融业、房地产业和旅游业比较发达。2021 年新冠肺炎疫情仍有反复，但与 2020 年相比，整体需求回升，全年地区生产总值为 2394 亿澳元，人均生产总值为 350445 澳元。物价指数下跌 0.7%。扣除物价因素，全年本地生产总值同比实际增长 18.0%。

但是，澳门在发展过程中存在如下问题：

（1）面积细小、资源缺乏。澳门特区位于中国内地东南沿海，毗邻珠三角城市珠海，与香港相距 60 公里。澳门地区的陆地总面积一直在扩大，扩大的主要方式是沿岸填海造地。据记载，1912 年澳门的陆地面积是 11.6 平方公里，而到 2014 年，其陆地面积扩大为 30.3 平方公里。此外，在 2009 年，澳门特区在全国人民代表大会常务委员会通过的关于授权澳门特别行政区对设在横琴岛的澳门大学新校区实施管辖的决定下，以"租赁"形式向邻近的珠海租用了横琴面积约为 1 平方公里的土地用来建设澳门大学新校区。澳门包括澳门半岛、凼仔岛和路环岛三部分，前二者以嘉乐庇总督大桥、友谊大桥和西湾大桥连接起来，而路凼填海区把凼仔和路环两个离岛连为一体。由于澳门的土地资源不多，撇除山地，可用作兴建房屋的土地则更少，加上其他自然资源亦相当贫乏，因此澳门这个城市的发展必须依赖其他地区才行，例如食水供应是依靠内地珠江水，肉类、蔬菜等食品及以其他民生用品主要依靠其他地方的进口。

（2）产业结构单一。虽然澳门是世界历史名城，但作为中国唯一博彩合法化的地区，其经济增长动力仍然严重依赖博彩业及其相关行业上。从产业结构上看，按 2013 年的数据，第三产业是澳门极其重要的支柱产业，占本地生产总值（GDP）的 94.3%；其次是第二产业，但只占很小比例（5.7%）。从行业结构上看，博彩业是最大的行业，占本地生产总值的 46.1%；其次是公共行政、教育、医疗及其他服务，占 10.9%；再次是不动产业务行业（8.7%）、批发及零售业（7.6%）和银行业（6.2%）；其余行业所占比例皆小于5%。可见，博彩业的经济产值比其他主要行业的总和还要高，澳门经济结构过于向博彩业倾斜。由于澳门属于微型的经济体系，产业结构单一会令经济容易受到外围经济影响而大幅波动，难以持续发展。

（3）人口密度大、教育水平不高。2014年底，澳门人口约有64万人（其中华裔占9成以上，葡萄牙裔只占约1%，人口密度是每平方公里约2万多人，居世界第一，远高于世界第二位的摩纳哥（每平方公里1.6万多人），是香港特区人口密度的3倍。

2.4.3 2000年后珠三角地区发展概况

（1）珠三角九市的创新发展势头良好。已经启动推进国家科技计划产业创新中心建设，研发经费支出占地区GDP比重持续上升，为2.85%，其中万人发明专业拥有量为27.7件，PTC国际专利申请数量同比增长40%，约占全国50%以上，技术自给率超过70%。2016年的数据显示，大湾区城市群通过高新技术产业认定的数量高达18872家，国家级高新区实现营业收入2.4万亿元。另外，随着国家重点实验室和高水平大学的推进建设，对高层次人才的引进，为后续的创新发展提供了持续的动力。

（2）经济结构调整步伐加快。珠江三角洲地区贯彻落实广东省供给侧结构性改革总体方案和行动计划，"三去一降一补"（去产能、去库存、去杠杆，降成本，补短板）各项工作扎实推进。制定出台珠三角梯度转移行业目录，珠三角向粤东西北转移项目534个；商品房去库存277万平方米；实现1141家国有关停企业出清和149家国有特困企业脱困；推进珠三角城镇燃气管网、光缆网等一批补短板重大项目建设。产业新体系加快构建，珠三角服务业增加值比重达56.1%，现代服务业增加值占比64.1%；先进制造业、高技术制造业增加值比重分别达54.9%和32.5%。深入实施工业转型升级三年行动计划，珠三角完成工业技改投资2440.5亿元，较上年增长38.2%。培育智能制造骨干企业17家，新增应用机器人11527台，较上年增长45.2%，珠江西岸"六市一区"（珠海、佛山、中山、江门、阳江、肇庆市和顺德区）成为"中国制造2025"试点示范城市群，新引进亿元以上项目219个，装备制造业实现增加值2920.4亿元、增长11.1%。珠江东岸电子信息产业集聚区加快建设，中芯国际12英寸芯片生产线、富士康10.5代显示器落户。珠三角70个省级现代服务业集聚区加快建设，供应链管理试点企业105家。实施战略性新兴产业区域集聚发展试点建设，战略性新兴产业增加值比重达 22.2% 。全年新增主营业务收入超百亿元企业 20 家，超千亿元企业 1 家；进入全国民营 500 强企业 50 家。

（3）重点建设项目取得成效。2016 年，大湾区广东九市重点建设项目完成投资 3328.2 亿元，为年度计划的 124.4% ；新开工、完工 1 亿元以上项目分别为 1233 个和 760 个；在建项目 2016 年完成投资 8142.76 亿元，较 2015 年增长 7.7% 。华星光电第 11 代液晶面板、中国铁建南方总部广州基地等重大项目开工建设，广州自主品牌乘用车产能（20 万辆/年）扩建项目、中山火力发电热电联供等项目建成投产。广州南沙港三期建成投产，新落户世界 500 强企业项目 16 个；深圳前海制定促进深港合作年度行动计划，深入推进金融业对外开放试验示范窗口建设；珠海横琴粤澳合作产业园、粤澳合作中医药科技产业园等重点项目进展顺利；中新广州知识城知识大道等基础设施项目加快建设；佛山中德工业服务区签约项目 32 个，中欧中心进驻企业（项目）66 家；惠州环大亚湾新区 81 个现代产业项目累计完成投资 552 亿元，潼湖生态智慧区上升为省级发展战略平台；东莞水乡特色发展经济区推动 101 家污染企业整治和退出，推进粤海银瓶合作创新区控制性详细规划编制和土地利用规划调整；加快推进中山翠亨新区环岛路、地下综合管廊等项目建设，翠亨快线工程完工；江门大广海湾经济区银洲湖先导区引进投资超 1000 万元工业项目 36 个，广东轨道交通产业园累计投资超 50 亿元；肇庆新区启动 20 个重点项目建设，中国优质农产品交易中心投入运营，启迪环保科技城动工建设。

2.4.4 粤港澳三地比较

众所周知，从历史的角度看，我国的珠江三角洲地区与香港、澳门和广东有着截然不同的发展历史。所以，它们在文化、政治、经济等各个领域都存在很大差异，这也就使得各自的产业发展模式和经营模式无法轻易实现融合与对接。而且对于产业集群的管理和发展，由于各自观念的不同也都提出了不同的完善措施。一是我国的珠江三角洲与香港、澳门和广东的政策制度与管理机制截然不同，无法实现相互促进与融合；二是我国关于"一国两制"的政治制度限制了香港、澳门和广东地区的产业集群与珠江三角洲地区发生经济联系；三是在湾区内部有着各自的关税制度，在对于产业集群中的物流业进行发展的同时，难以确保货物的关税，而且由于受到各方面的限制，珠江三角洲和香港、澳门以及广东的关税制度一直都不统一。基于以上问题，我国的珠江三角洲和香港、澳门与广东在产业的合作与创新方面长期得不到交流与融合，阻碍了产业集群可持续发展。

虽然粤港澳的产业发展程度与珠江三角洲地区相比，处于绝对优势的市场地位，但难以否认的是，这些地区的产业集群在建设与监管方面也存在许多需要改进的不足之处。因为珠江三角洲是香港、澳门与广东的转运处与交汇点，所以在产业的发展过程中，必须要加强二者之间的具体联系，进一步创新珠江三角洲与香港、澳门与广东地区产业发展的一体化，最终实现彼此促进与提高的目的。

虽然粤港澳大湾区在我国经济发展过程中占据极为重要的经济地位，但是随着新海上丝绸之路和自贸区战略的快速发展，粤港澳大湾区的产业集群在发展过程中遭遇了全新的挑战。因为这些地区的流动资本和劳动力受到国家政策限制，同时也面临着市场经济排斥与挤压的压力，尤其是"用工荒"和"技工荒"等问题极为严重，最终使得粤港澳大湾区的经济地位在全国范围内明显下降。除此之外，粤港澳大湾区的土地资源也极为紧张，这些地区的劳动密集型和资源密集型产业的发展受到了极大的约束。

（1）居民工资收入水平和消费水平存在差异。第一，从大湾区三地居民的工资收入水平来看，三者差异非常明显。2001年广东省城镇居民年收入额为15682元，香港居民年工资收入所得为127253.45元（按照当时的年平均汇率折算成人民币计算，以下澳门的数据也以同样方法进行折算），大概是广东地区居民收入的8倍；澳门的居民年收入所得57589.12元，将近是广东地区居民收入的4倍。但随着广东省经济的进一步发展，三者的差距越来越小，截至2022年，广东省城镇居民的年收入56900元；香港地区的居民年收入180600元；澳门地区的居民年收入190000元。广东省城镇居民的年收入与香港地区的居民年收入缩小到3.17倍，与澳门地区的居民收入缩小到3.33倍。表明这21年以来，广东省居民收入水平显著上升，得益于区域经济的快速发展。

从人均消费水平来看，2001~2022年，香港居民人均消费支出的增长速度略低于广东，虽然香港居民人均消费支出的年均增长速度低于广东，但是其消费能力普遍比广东高。粤港澳居民在收入上存在的巨大差距，使得粤港居民在人均消费支出上相应地存在极大差距。

（2）粤港澳三地财政收支水平存在差异。从三地的财政收支水平看，2021年广东的财政收入14103亿元，财政支出达到18223亿元，其中大湾区九市的财政收入合计6923.98亿元，财政支出达到9285.10亿元；香港的政府收入为 6936 亿港元，政府支出为 6933 亿港元；澳门的政府收入为 1436 亿澳元，支出为 1642 亿澳元。

从财政收支的增长率来看，粤港澳三地的政府收支在不同的年份差别非常明显。近几年来，广东省的财政收入同比增长率为 4.8%，财政支出同比增长率为 5.04%；但是同期香港的政府收入增长率为 27.4%，支出增长率为 6.1%；澳门的政府收入同比增长 3.6%，支出同比增长 6.2%。

（3）粤港澳三地的社会民生保障水平存在差异。2021 年，大湾区城镇和农村居民人均可支配收入分别达 43967 元和 19064 元，分别较上年增长 9.1% 和 10.2%，基本实现全国义务教育发展基本均衡县全覆盖，技工学校免学费补助标准提高到每年 3500 元。实施全民参保登记计划，推进养老保险扩面征缴，基本养老保险参保率 98%，全面实现广东省内异地就医直接结算。新开工棚户区改造安置住房 49935 套，基本建成保障性安居工程住房 48995 套。推进学校体育场馆向社会开放，全面开展"一地（行业）一品牌"全民健身活动。

2.5 粤港澳大湾区城市群功能的定位

粤港澳大湾区的概念正式出炉后，无论是否是核心城市的成员，都表示要积极融入大湾区建设。对于大湾区城市来说，认清自身优势和找准在大湾区中的定位是最为关键的（见表 2-1）。

表 2-1   珠三角九市城市功能定位及主导产业

城市	城市定位	主导产业
广州	·国家中心城市、综合性门户城市、区域文化教育中心和区域金融中心的地位 ·打造世界先进制造业和高技术产业基地 ·建设贸易中心和我国南方金融、科技创新、文化教育中心	现代物流、金融保险、商务会展、总部经济、文化创意、服务外包等现代服务业，电子及通信设备制造业、汽车制造业、石油化工、造船业
深圳	·建设成为区域性金融中心、信息中心、商贸中心、运输中心和旅游胜地，以及我国南方的高新技术产业开发生产基地 ·完善城市功能，建成社会主义现代化国际性城市	计算机软件产业、通信产业、微电子及基础元器件产业、视听产业、机电一体化产业、重点轻工业和能源产业等

城市	城市定位	主导产业
东莞	·珠江三角洲东部副中心城市,以东莞市为政治、科技、文化及商贸服务中心 ·以高新技术产业为主导,建设成为环境优美的综合性现代化城市	电子家电、通信设备、纺织服装、机电、建材、医药保健、食品饮料等
惠州	·世界级石化基地,华南地区重要的电子信息业、临港产业聚集地 ·珠江三角洲东部次中心城市及地区性中心城市,珠江三角洲外圈层重要的增长极	电子信息、软件技术、机电一体化等
珠海	·建设区域性商贸、服务和金融中心、区域性交通枢纽 ·珠江三角洲西部临海产业基地	电子资讯、电器机械、精密制造、生物制药、石化等
江门	·五邑侨乡的政治、经济、文化中心 ·区域性制造业中心 ·珠江三角洲西部的商贸科教中心城市之一	电子信息、电气机械及设备、纺织化纤及服装,食品加工、交通设备等制造业
佛山	·珠江三角洲西翼经贸中心城市 ·以高新技术产业为主导的现代化、开放型城市 ·国家级历史文化名城	纺织、电子、陶瓷、塑料、电器、建材、食品饮料、机械等
肇庆	·西江中下游的中心城市 ·市区以发展市域中心的行政、商业金融、科技文化、旅游服务等职能为主	食品轻工,副食品加工、医药等
中山	·珠三角西部城镇群体的发展中扮演次中心城市的角色	电子信息、化工、电器机械

(1)第一梯队城市定位。粤港澳大湾区有三个核心城市:广州、深圳和香港,从区位看为第一梯队城市。

①广州。在整个粤港澳大湾区中,广州是最具历史的大城市,一直具有重要的经济和交通地位,国务院把广州设定成交通枢纽以及国贸中心。粤港澳大湾区的所有城市当中,广州起着带头作用。广州能够最大程度地发挥出自身在地理环境以及经济发展方面的优势,把珠江口两岸的所有资源整合到一起,不仅能够让南沙自贸片区具备的优势体现出来,还能够把海陆空的交通充分整合到一起,将科技创新发展这一枢纽功能充分辐射出来,提高医疗、生态环境以及教育等方面的发展,打造出企业总部、资源以及人才的汇聚宝地,从而让粤港澳大湾区起到有效的模范作用。

②深圳。要成为大湾区经济发展和科技车厢内的"火车头",深圳是我国实现改革开放、经济迅速增长的领先城市,该城市具有一定的拼搏进

取、研究创新的精神，在短暂的 40 年里，就实现了很多西方国家需要花费近百年才能够完成的任务，所以被人们称为"年轻的世界级别大都市"，成为大湾区经济当之无愧的优先发展城市。随着港珠澳大桥、深中通道等重要基础设施的落实外，深圳即将连接广佛肇、深莞惠以及珠中江这三个城市，变成珠江口两岸核心转换区域。同时，深圳在产业、政策、制度等方面的创新性，对于大湾区中的其他城市也有很大的参考价值。

③香港。香港拥有多所世界流大学，其中有来自全球各地的优秀学子慕名而来。根据 QS（quacquarell symonds）对世界大学的排名，香港大学居第 27 名，香港科技大学居第 36 名，香港中文大学居第 44 名，香港城市大学居第 55 名，贡献了大湾区全部四所世界百强高校。香港实行"一国两制"区位条件得天独厚，是珠三角合作的重心，这奠定了其"五中心、一枢纽"的定位。

（2）第二梯队城市定位。第二阶梯的两个城市佛山和东莞，是制造业的代表城市。佛山和东莞是广东省两个特大城市，分别位于珠江的东西两岸。东莞与佛山的经济发展模式截然不同，东莞以外资投资模式为主，佛山是以自主产业为主。随着粤港澳大湾区建立，再一次为两个城市带来了新的发展契机。

①佛山。佛山的经济发展以民营企业为主，具有一大批资本雄厚又具有远见的知名民营企业家，佛山要抓住粤港澳大湾区的发展契机，深化城市的发展理念，将佛山打造成我国南部的工业重镇。近些年来，佛山的企业频频有大动作出现，美的收购库卡的消息引起了业内的轩然大波；南海和顺德分别成立了中德工业服务区和中欧中心等国际平台，为中国的"2025 计划"与德国工业的合作探明了道路。在未来的发展过程中，佛山要抓住东靠广州、西靠珠海的地理优势，努力成为粤港澳大湾区的制造业龙头城市。

②东莞和佛山一样，也是以制造业为主，粤港澳大湾区成立之后，东莞提出要加强与深圳、惠州的合作，将深惠莞打造成我国电子技术产业的龙头城市。同时为了提高产业竞争力，三个城市又进行了内部分工，形成以深圳作为研发基地，惠、莞两地以生产为主的电子信息制造中心。目前，深圳几家大型科技产业公司如华为、大疆均已在东莞开设工厂，也代表东莞的制造能力达到了全国领先水平。

（3）第三梯队城市定位。

①澳门。澳门在战略规划研究报告中，详细探究了粤港澳大湾区当中澳门起到的作用及其所处位置，概括地讲，澳门是"一国两制"政策的成

功模范区域、精准联系人以及区域性商贸合作服务平台。所谓精准联系人，是指澳门能够联系到的市场非常清晰准确。澳门能够充分展现出对外和拉丁语以及葡语等国家实现沟通和交流，对内和泛珠三角以及大湾区中的城市群取得联系，实现两个层面精准联系人这一角色，帮助企业更好地完成"走出去"以及"引进来"这两个过程。所谓区域性商贸合作服务平台，是指澳门能够以三个中心为基准，积极发展具备一定特色的金融领域，同时搭建具备区域特征的电子商贸平台。澳门回归后的发展已充分说明了不同社会制度下经济依然能实现优势互补、共同发展，因此澳门可以继续作为"一国两制成功实践示范区"。

②惠州。惠州实行生态环保方面的战略规划，提高对生态环境的管理与监控，推动城市在发展的过程中走向健康化，打造出优美惬意的居住和生活环境。深圳采用的"东进战略"能够带给惠州更多的发展机会，对其构建"海绵城市"也是一种非常大的挑战。

③中山。在中山市实行大物流以及大交通等现代化模式的交通体系，努力和湾区中的城市群共同发展。构建珠西区域型且综合性质的交通枢纽，和很多发展高地转移梯度产业以及高端产业流出时形成对接，积极发展多种新兴产业，例如医疗、旅游以及装备制造等。中山的城市布局一直处于努力完善当中，做好城市构建与管理，搭建海绵城市，从而提高该地区的环境条件，利用其优美的环境来引进更多人才，促进城市更好更快发展，将生态宜居打造成中山在粤港澳大湾区中的一张名片。

④江门。江门在大湾区建设中的"先手棋"是打造珠西综合交通枢纽的中心，大广海湾经济区等未开发的处女地则是江门的后发优势，得天独厚的侨胞资源也是江门的独有优势。江门在大湾区中处于"示东启西"的位置，区位条件优越。粤港澳大湾区当中，珠江西岸未来可能会出现一个支点以推动今后的发展。珠三角的开发强度约为5%，有望发展为该大湾区中潜力最大的一块经济腹地，能够顺应构建出国家级别的区域合作平台，同时还能够发展成为该大湾区中实现创新型政策的试验点。

⑤珠海。珠海要打造大湾区西岸交通枢纽城市和大湾区创新后发高地，成为全国唯一一个与港澳陆地相连的内地城市，可以实现与港澳在半小时内的相互交流与共享，可以建设成为西南地区与粤港澳大湾区连接的物流枢纽，成为我国对外开放和对外贸易的重要通道体系。

⑥肇庆。在肇庆有着非常显著的成本优势，其发展前景十分广阔。在珠三角中的这9个城市里，土地面积要数肇庆最大，然而现在该地区在土地方面的开发强度仅为6.2%，在大湾区中开发强度最小。

2.6 粤港澳大湾区规划提出后发展概况

粤港澳大湾区是习近平总书记亲自规划、亲自部署、亲自推动的国家重要发展战略，也是新时期建立全面开放新格局的应对措施。在近4年的建设中，大湾区建设取得良好成效。在4年时间中，为应对复杂多变的国内和国外环境，粤港澳大湾区目前保持稳定发展，并且保持着强劲的发展趋势，其建设成果可体现于以下几个方面：

（1）经济实力持续增长。2021年，粤港澳大湾区经济规模达12.6万亿元，较2017年增长2.4万亿元；进入全球500强的企业数量多达25个，较2018年新增加8个；广东省高技术企业60000万家，大部分集中在粤港澳大湾区。大湾区目前有50家"独角兽"企业、1000多个产业孵化器，同时有1.5万家投资机构。根据外部数据表明，2021年在全球三大湾区内，旧金山湾区经济规模0.76万亿美元；纽约湾区和东京湾区经济规模则分别是1.77万亿美元、1.8万亿美元。现阶段，粤港澳大湾区经济总量要比旧金山湾区高，同时与纽约湾区和东京湾区相比距离正不断拉近。可以乐见，目前粤港澳大湾区有5个万亿元级别以上的城市，特别是深圳市，GDP总规模已经高达3万亿元；香港和广州等城市GDP超20000亿元；而东莞和佛山也紧跟随后，接近万亿元。

（2）创新合作能力有所提升。通过建立重大合作平台，将其发展成为创新的基地。2021年9月，《横琴粤澳深度合作区建设总体方案》和《全面深化前海深港现代服务业合作区改革开放方案》相继出台，逐步确定广深港、广珠澳科技创新主体地位，形成全新的区域创新发展格局。从科创融合的角度看，广东逐步完善财政科研资金管理制度，并且省市各级财政跨境拨付资金多达3亿元，惠及港澳设立超11家高校和科研机构、20个联合实验室，投放1万多台大型科学仪器。在科学要素创新的支持下，使粤港澳大湾区实现人才、信息、技术、资本的高速流动。广州实验室正式启动，同时惠州加速器驱动嬗变装置也开始参与开工建设，"鹏城云脑Ⅱ"科学设备也开始运作，目前已经拥有超过220项粤港澳大湾区科研实验，其中影响超导材料等不同的领域和方向；超500个生命健康和人工智能公司汇聚在广州南沙，而深圳则重点推动集成电路、生物医学等领域发展。粤港澳大湾区目前积极推动全球科学技术创新，建立新产业发展园区。世界知识产权组织所公开的全球创新指数报告表明，"深圳—香港—广州科学技术集群"已经持续 2 年在全球排名前二，顺利赶超美国旧金山地区。

（3）基础设施互联互通效果突出。积极推进广州白云机场三期、香港国际机场第三跑道项目的发展；要素跨境流动保持流畅性，以此满足粤澳新通道青茂口岸中"合作查验、一次放行"创新模式建设，同时在线上布局"单一窗口"综合服务平台。基础设施"硬联通"，机制"软联通"，进一步提升粤港澳大湾区在人力资源、资金、货物、信息等方面的便捷互动。在 5 座国际机场中，旅客的年均吞吐量高达 2 亿人次，世界级机场群格局正在形成。港珠澳大桥、广深港高铁实现通车，并且深中通道、狮子洋通道正积极施工。目前，大湾区核心区高速公路密度已超过东京、纽约、旧金山等湾区。

（4）人民生活水平日益提高。持续深化医疗合作，进一步满足港大深圳医院香港"长者医疗券"的使用要求，以滞留在内地的香港居民为主导，积极推动"在粤患者复诊特别支援计划"发展；港澳居民内地参与社保和养老，横琴"澳门新街坊"民生项目也在持续推动，"湾区社保通"顺利推动上线。截至 2021 年底，港澳居民在广东参与失业、养老、工伤等保险累计高达 27.92 万人次。

（5）集群教育和人才流动迅速。从教育方面看，港澳居民和随迁子女共同享受义务教育、高中阶段教育等政策支持；教育合作在持续深化改革，香港科技大学（广州）等学校纷纷在广东落地；大湾区 5 年期间人口增加 1600 万人。从人才流动看，有 402 名港澳医师成功获取内地医师资格证，707 名港澳律师顺利通过大湾区律师执业考试，并且在建筑、规划及文化旅游、医疗卫生等领域，实现了资质互认；从税收优惠的角度看，广东省积极推动大湾区个人所得税优惠政策落地，截至 2021 年，受理申请者数量高达 2 万人，申请补贴金额高达 55 亿元。

（6）规则对接日渐紧密。2017～2022 年，大湾区"一个湾区，一个标准，一次检测，一次认证，湾区通行"，持续增加大湾区内行业融通联系，并且在机制对接——三地"软联通"中持续深化。例如，"深港通"、债券"南向通"等措施，人民币已经发展为粤港澳跨境收支结算货币；广东医师、教师、导游等领域成功在内地获得 3000 多份注册执业资格。

（7）重大合作平台建设迅猛。2021 年 9 月，《横琴粤澳深度合作区建设总体方案》和《全面深化前海深港现代服务业合作区改革开放方案》相继发布，赋予横琴和前海新的重大机遇、重大使命。同时，《广州南沙深化面向世界的粤港澳全面合作总体方案》对丰富"一国两制"实践产生深远影响。当前，粤港澳大湾区依托香港、澳门作为自由开放经济体和广东作为改革开放排头兵的优势，继续深化改革、扩大开放，在构建经济高质量发展的体制机制方面走在全国前列，发挥示范引领作用，加快制度创新和先行先试，建设现代化经济体系，更好融入全球市场体系，朝着建设充满活力的世界级城市群稳步前行。

2.7　粤港澳大湾区未来发展重点

（1）加强粤港澳大湾区基础设施互联互通。首先是要加强粤港澳大湾区的基础设施建设，首要任务是做好内地与港澳的交通衔接，"道路通、百业兴"，将粤港澳大湾区打造成以航运为主、以空运和陆运为辅的现代化立体运输网络，提升大湾区的货物运输能力。

（2）推动粤港澳大湾区的市场一体化。做好区域内联动，为工业生产制造快速通道；加大重点区域开放力度，优化投资环境；加快大湾区内贸易便利化，做好口岸合作，创新检查模式，制订健全的贸易监察方案；促进港澳与内地的人才流通，提供更多的发展机遇，鼓励港澳两地的投资者来内地投资及就业。

（3）将粤港澳大湾区打造成世界领先的科技创新基地。通过粤港澳的经济优势与技术优势建立国际科技创新示范区，做好与全球科技创新的对接；加强港澳与内地科研机构的合作，重视区域协调创新体系的建立，建立联合实验室和研究机构，提升粤港澳大湾区在全球经济中的地位。提升粤港澳大湾区的产业创新能力，确保在大湾区的发展过程中可以依靠强大的创新能力创造更大的经济利益。旧金山湾区被誉为美国硅谷的摇篮，粤港澳大湾区也极有可能成为"中国硅谷"的摇篮，甚至还拥有比美国硅谷更佳的基础条件。未来科技发展的趋势，是软件、硬件、服务"三位一体"，缺一不可，而这三者恰恰是粤港澳大湾区的优势。

（4）将粤港澳大湾区建造成世界一流的工业体系。重视金融和航运等现代服务产业的发展规划，由生产性服务业向专业化、高端化转型，由基础生活型服务业向高品质服务业转型；提升制造型产业的创新能力和市场竞争性，加快制造业的转型升级；为新兴产业提供发展空间，鼓励信息技术产业、生物科技、高精度制造业、高科技材料等企业投资。

（5）大力发展大湾区的环境优势和气候优势，做好粤港澳大湾区的环境保护，做到环境和经济同步发展，保护好大湾区的青山绿水；加强与香港和澳门的文化交流和推进教育合作、健全创业服务体系、发展社会福利事业等，力争将粤港澳大湾区建设成大型的休闲人文湾区。

（6）加强合作平台建设。以深圳前海、珠海横琴、广州南沙自贸区做好大湾区经济发展先锋，为粤港澳大湾区的经济发展探索新的发展模式；进一步完善前海深港服务区的业务功能，将深圳前海发展成商业经营对接、经济协同的深港合作区域；发挥珠海横琴与澳门经济对接的功能，让其成为开拓国际贸易市场的敲门砖。

粤港澳大湾区已经具备了与世界三大湾区"一较高下"的实力。按照当前的发展形势来看，大湾区面积和居住人数都排在第一，机场旅客输送量和集装箱吞吐量稳居第一，GDP 位居第三，与世界三大湾区相比反而更容易形成竞争优势和比较优势。粤港澳大湾区未来的发展方向是巩固自己的优势，形成中国特色社会主义特区经济发展模式。经过一段时间，随着粤港澳大湾区文化、生态环境、经济实力等的不断完善和提升，粤港澳大湾区一定会成为和纽约、旧金山、东京湾区并驾齐驱的全球经济综合体，引领区域和全球经济的发展与创新。

第3章 异中求同：国内外湾区发展
概况及财政合作经验借鉴

3.1 湾区经济的理论基础

3.1.1 "湾区经济"概念

湾区是一种独特的空间组织，一般指的是相邻的海湾、港湾以及邻近岛屿共同组成经济和社会发展综合体，既是空间概念，又是一个崭新的经济发展组织体。而湾区经济则是湾区的重要经济形态，具有独特的地理条件、产业集聚、经济特征明显的城市群、便捷的交通体系、合理化分工与协作和完善的创新机制等。湾区经济其实质就是港口城市发展到一定程度，基于自然、经济、社会、文化等方面的必然结果。湾区经济形成的根本动力是产业的集聚扩散。一般来说，湾区经济的形成是一个循序渐进的过程，往往随着城市之间的贸易往来加强，湾区的城市群需要明确各自的分工，做好经济的协同互补。虽然作为世界三大湾区有的侧重于工业制造，有的侧重于科技创新，有的重视金融服务，但是在其发展过程中都是逐步演变成湾区经济体的。

"湾区经济"起源于美国旧金山湾区。在世界范围内影响力最大的几个湾区经济体，分别是旧金山湾区、纽约湾区以及东京湾区。这几大湾区无论是产业密集程度、开放性还是区域协同都已经非常成熟。

湾区与湾区经济是滨海区域的重要经济形态，是全球经济网络中独特的空间组织。其具有独特的竞争力、优势的地理条件、产业的集聚或扩散性、强大的核心城市、完善的创新体制、高效的交通体系、合理化分工与协作、宜人的居住环境、完善的协调机制和开放的文化氛围。

3.1.2 湾区经济发展的动力机制

（1）第一代港口与湾区经济耦合的动力机制。从时间角度来看，湾区经济在1950年之前仅仅是从事港口贸易，第一阶段港口的作用实际与经济贸易没有什么直接的联系，仅仅是用来进行海上货运转储、收发、运输的一个借口而已。这个阶段港口的功能性很强，就是进行货运转移，几乎不会与贸易产生任何关系。不仅如此，在第一代港口中不同贸易往来都是独立进行的，只是进行转运杂货和散货。在这个过程中，港口对城市的发展有着决定性的作用。

（2）第二代港口与湾区工业经济耦合的动力机制。第二代港口是指20世纪50～80年代的港口，与第一代最明显的区别是增加了运输装卸以及提供进行工商业务的场地。第二代港口的主要特点有：不仅能为客户进行货运周转，还增加了一些工商业务层面的服务，在这个阶段增加了港口与城市贸易的合作，有了一体化服务的倾向，也就是说港口的作用从简单的服务变成了合作关系。

（3）第三代港口与湾区服务经济耦合的动力机制。20世纪80～90年代，港口贸易已经开始形成，港口在湾区经济收入的占比越来越高。发展到第三代港口后，港口的经营模式已经从陆上分运转变成了海路运输的中心，即面向全球供应链综合物流网带和综合流通网带，已经成为世界贸易体系中连接各个环节的重要纽带，并且成为现代社会中最主要的交通运输方式之一；另外，因为港口城市社区能够快速地配置生产要素，使得港口的贸易种类不断扩展，随着规模不断扩大，港口贸易开始向规模化、集群化、国际化的趋势发展，形成城市发展新的经济增长极，已经起到了振兴地方经济的支点作用。港口对腹地的影响是阶段性而不是永久性的，在港腹互动的初期，港口贸易可以快速盘活腹地经济圈，但是随着港腹互动的进一步加深，以及腹地经济发展到一定阶段之后，这种原始动力已经无法满足港腹关系的进一步发展，那么就需要借助新的力量来带动港腹的经济增长。创新湾区就成了必然趋势，这就引发了第四代湾区发展时代的到来。

（4）第四代港口与湾区创新经济耦合的动力机制。随着信息化技术的发展，让全球经济体系也发生翻天覆地的变化，科技的进步也让港口建设发生质的变化，第四代港口应运而生。在新型供应链管理和信息技术的支持下，港口服务不再局限于周转货物，几乎实现了商贸活动全覆盖。在供应网络的支持下，港口的经济辐射面以及汇聚能力也更为广泛。港口与城市的角色发生了反转，这其实是港口贸易的一次升级，因为随着港口要素不断汇聚到城市中，为城市的发展提供了新的产业形态，湾区经济的形态基本成型。

3.1.3 湾区经济形成的基本条件

（1）湾区经济形成的基本单元是发达的港口城市。按照城市经济发展论分析，当城市发展到一定程度，城市里出现商品、资金、劳动者等资源流动时会造成城市的外部经济性，这种外部经济性与城市规模成正比，城市的能级越大，产生的网络经济效应就越大。这也是粤港澳大湾区与其他城市圈相比的优势所在，在这个经济体中，一共有9个大型城市为基本单元，这些都是湾区经济发展中不可或缺的自然资源。

（2）优越的地理条件是湾区经济形成的基础条件。湾区三面靠近陆地，一面靠近海洋的地理特点非常适合建造港口，同时相比于直线或者是外凸的沿海地形，内凹的海岸线非常适合孕育多个不同性质的海港城市。随着城际铁路和货运线路的铺设，湾区城市之间的通勤时长会不断降低，进一步加强港口城市之间的联系。

（3）强大的核心城市是湾区经济形成的重要牵引力。即便湾区经济是由多个城市组成的大型经济体系，但是城市之间的作用却不是等同的。纵观世界上的几大湾区经济体，无一例外都会选择一个特大型城市作为湾区经济体系的核心，就像纽约市与纽约湾区一样，而我国的粤港澳大湾区有广州、香港、澳门、深圳四个大型城市，这4大核心城市就是其重要牵引力。

（4）创新体系是湾区经济持续发展的引擎。湾区中的港口城市在湾区经济发展过程中，仅仅依靠港口经济是不能拉动城市建设的，因为随着城市量级的逐渐扩大，港口对城市发展的作用越来越小。美国的旧金山湾区是通过科技创新而重新辉煌的典型代表。

（5）高效的交通体系是湾区经济形成的重要支撑。交通是连接湾区各城市的纽带，建设高效快捷的交通运输网能够有效缩短城市之间的通勤时间，也能提升城市间的产业聚集效应和城市网络效应，城市的竞争力也就越强。例如，港珠澳大桥建成后，香港、澳门、珠海就会形成半小时经济圈，进一步加强城市的竞争力。

（6）协调机制完善是湾区经济运行的保障。湾区的经济体系是由多个城市组成的，为了保证资源的合理分配、城市发展的衔接以及环境保护，就需要政府制定完善的区域协调机制来实现。例如，旧金山湾区共由9个县以及 101 个城镇组成，主要城市有旧金山、奥克兰以及圣荷西，如此庞大的城市群在发展中必然会为了自身利益发生矛盾碰撞，出台了许多商业保护条例和专项整治计划保证湾区经济的有序发展。例如，设立了旧金山湾区管理委员会、旧金山交通管理会、湾区环境保护署以及自然资源管制委员会等。

3.1.4 湾区形成的理论基础

（1）共同市场理论。1955 年前后，共同市场这个词汇逐渐流行起来。1956 年，这一定义在斯巴克报告当中正式提出。其理论代表主要是伍顿以及米德，这一理论认为，共同市场不但能够利用关税同盟来让贸易变得更加自由，从而让产品和市场转为一体化，而且还能够利用将集团中的要素自由流动障碍清除掉之后，完成要素市场一体化。在狭义理论当中，涉及到的问题通常是由超出了单一关税的同盟建立共同市场中获得的额外利益，这一定要清除资本流动、人员以及服务方面的阻碍。例如，在资本流动当中，要掌握共同市场开设之前以及之后同盟国能够享受到的福利待遇问题。共同市场理论主要是试图清除贸易保护主义，让要素以及贸易能够做到自由流动，以构成的大市场达到超越国界的状态。基于共同市场理论，德组（J. F. Deniau）以及西托夫斯基（T. Scitovsky）基于动态视角给出大市场理论概念。

在这一理论当中，主要指出了大市场能够使生产走向规模化，机器、最新技术都得到充分利用，竞争加剧，造成售价以及成本价均有一定减少，购买力逐渐增高，人们现实生活水平逐渐提升，因此经济好似滚雪球一般，消费提高导致投资数量提升，而投资提升了又会造成价格降低，工资上涨，人们购买力增强。唯有让市场规模不断变大，才可以推动经济的扩张与发展。他们提出，如果把分散开来的小市场整合到一起，构建出一个共同的大市场，利用大市场内部存在的强大竞争力，来得到一定的规模经济，使其变得更为专业。

（2）增长极理论。1950 年，弗朗索瓦·佩鲁（F. Perhour）在其论文当中明确阐述了经济的提升并不会按照一定的均衡路径来发展，而是从"推动型单位"处起源，该单位是一种经济部门，其经济情况要比平均水平高很多，并且一直处于飞速增长的过程中，由于该部门和其他部门之间有着密切的联系，因此能够促进整个经济不断发展。推动型单位当中具备的推动力一共源自两类：其一，根据积极的外部以及内部效应，压缩所需成本，从而使自身变得更有优势；其二，利用创新模式，佩鲁觉得创新水平非常关键，他觉得创新水平高、规模较大以及增长飞快、能够推动其他部门向前发展的这类推动型单位，在分析极化问题时应围绕部门问题，注重产业之间存在的联动效应。

赫尔希曼（A. O. Hirschman）以及缪尔达尔（G. Myrdal）觉得经济在最开始出现偏离时带来的影响会让这样的偏离更加严重，在该过程当中无法再恢复至均衡状态，同时还加强了非均衡现象。因此，按照消极或者积极方向给出刺激，将会由于时间不断累积实现固定模式的发展距离。和新古典理论有所差异，缪尔达尔认为经济变量可能会出现正向反馈情况。区域间因为循环累积而造成一定差距，根据缪尔达尔所说的理论，区域间存在的贸易以及资本流动也会加大发展差距的形成，预期可见的积极层面的收益以及聚集优势能够增强人们对以后效益的期待，因此能够提高投资额。利用积极干预方式能够让落后区域得到有效发展，消除循环积累当中形成的经济方面的差距。

增长极理论提出后被许多国家用来解决区域发展的不平衡问题，成为发展中国家和欠发达地区实施发展战略、区域规划和区域政策制定的一种理论依据。如在我国东部沿海地区，就是区域发展的增长极，取得了较好的效果，成为我国经济发展的重要部分，但同时也要注意到不同地区的差异和条件，要考虑适应性和限制性。这也导致了核心—边缘理论的产生。该理论认为区域发展主要是利用区域"变革中心"实现创新而形成的。其路径就是从中心区域开始创新，逐渐扩散至其周围，其周围区域依托于中心来得到一定发展，由于中心和周围的这种界定逐渐被淡化，区域也将会实现空间一体化。弗里德曼将区域增长特点和经济情况紧密联系在一起，把区域经济发展划分成四个环节，即前工业化的离散型空间结构阶段、中心—外围阶段Ⅰ的集中型空间结构阶段（工业化初期）、中心—外围阶段Ⅱ的扩散型空间结构阶段（工业化成熟）、空间经济一体化阶段的均衡型空间结构阶段。

（3）港腹互动演进理论。港腹互动指的是港口与腹地的互相推动作用，港腹互动演进理论则是指在港口与腹地的互相推动过程中，港口和腹地之间的关系不断进行演化，不断需要集聚新的力量来实现一次又一次的突破，其演进过程可分为初始期、成长期、成熟期和后成熟期。

①初始期：由于港口独特的空间优势，腹地经济以港口为核心，主要依靠货物运输、中转等核心港口功能而推动腹地经济得以快速发展。但是如果港口在这个时期终止发展，腹地经济的发展也会随之停滞。一般而言，在这个阶段，港口推动腹地的动力仅仅是港口运作为腹地提供了必需

的服务活动空间，港口只有基本的运输、中转功能。

②成长期：随着腹地经济的发展，完成了资本的累积，临港工业随之发展和壮大起来，腹地不再是被动地受港口驱动而发展，而是可以积极地利用港口，实现了港口与腹地的良性互动、共同发展。此阶段，港口相关的产业和临港工业成为腹地的主要经济发展动力。由于腹地的进一步发展，除了港口外，铁路、轮船等技术也有很大进步，工业上不断壮大使得国际贸易以及商业发展速度逐渐提升，这就导致港口规模逐渐扩大。港口的功能由运输中转变为商贸，和港口中转运输有关的保险、船舶修造以及金融等领域也逐渐发展起来，使得港口功能逐渐增多。由于临港工业深入发展，使得和临港工业存在一定关系的产业逐渐形成。因此，腹港之间相互促进，使得港口在运输、商贸、工业中的功能得到进一步完善。

③成熟期：腹地经济以港口为中心朝着多元化方向发展，由于经济迅速发展的引力，许多前向、后向关联产业到腹地落户，腹地的工业结构得到快速改善。同时，政府为了进一步推动港口经济的发展，从环境上大力改善城市基础设施和教育投资，从政策上加大科研、吸引投资、人才等，从而使得一些原本与港口工业无直接关系或关系不强的产业集聚在腹地。

④后成熟期：腹地经济依赖港口的程度逐渐减轻，迈入了自增长阶段。在这一过程中，腹地城市具备的经济状况也相对较好，形成新型增长极，第三产业诸如旅游、贸易以及金融等也逐渐发展了起来，所以腹地逐渐转变为多元化发展。在这个过程中，港口具备的经济地位逐渐降低，给腹地城市带来的贡献也逐渐稳定下来。

3.1.5　湾区经济的演进路径

（1）单一城市向都市群转型，打造新都市群。"都市群"是指以某几个大型城市为核心，周边与核心城市保持密切经济联系的中小城市而形成的经济圈，是一个空间区域概念，并不是一种行政建制。当前，世界上著名的都市群几乎全部分布在欧美以及日本这些发达国家内。例如世界闻名的大伦敦地区由伦敦市以及周边的30多个自治市镇组成；美国旧金山湾区规模更是达到了9个县和101个市。另外，还有美国"纽约都会区"和日本"东京大都会"，这些"超级城市"在世界经济体中有非常大的影响力。

交通与就业是都市群最重要的两个因素，建立快速健全的交通网络减少通勤时间，是都市群能够发挥功效的关键点，特别是公共交通和城际轨道是对都市群影响最大的配套设施。目前，世界上最著名的几大都市群都已经实现了 1 小时生活圈及经济圈。除此之外，对于城市影响较大的是人群、信息、资金以及物流等，信息汇聚一起的节点也很重要。现在，国际上的几大都市群已经开始通过交通建设为城市寻找新的节点，从而获得新的发展空间。当通过轨道交通将都市群以内的城市通勤时间缩短到半个小时或一个小时内，那么会非常容易获得溢出效益和外部效益。

湾区的发展需要依靠市场，湾区在开发市场时要凭借优越的地理环境、开放式的经济体系以及丰富的资源作为发展的动力。要想带动湾区的经济发展，首先需要湾区内的核心城市在上述要素支撑的情况下快速发展及扩大，然后再反向辐射湾区内的其他城市，带动湾区经济发展以及工业生产。市场发展是形成都市群的关键因素，想要发挥市场作用的先决条件是要素资源流可以自由流动，只有这样才能为湾区都市群的形成以及发展提供基础。另外，影响湾区都市群发展的另一个必要条件是做好顶层设计，湾区经济由单个城市向城市群转型。

（2）金融中心向"金融＋科技"中心转型，实现可持续发展。

①科技创新是社会发展的核心生产力。比如金融业这种服务机构，科技产业的产业链相对更长，也能为社会提供更多的就业岗位。加强创新科技发展，可以帮助金融中心摆脱独立经济服务体系造成的贫富差距过大、社会就业、社会阶层变化等诸多社会问题，会拉动创新驱动模式的推广，为社会经济稳定发展提供帮助。所以，创新科技已经取代单一经济产业，变成国家或者城市维持社会经济稳定的"稳定器"，对于湾区建设发展有着多重意义。

②大都市为创新科技提供了发展空间。人才是进行科技创新的核心和必要条件。世界上的几个超级城市如东京、纽约、伦敦不仅是世界的金融中心，同样也是人才汇聚的中心，也汇聚了世界闻名的大学、科研机构以及大型科技企业，有着丰富的人员储备，为进行创新科技发展提供了发展条件。随着全球产业结构调整，创新科技必然是未来经济发展的主要支柱，而大城市因为其雄厚的经济实力和人才汇聚能力，是进行科技创新的主要依靠。大都市一直都是培养科技创新的沃土，像东京、旧金山、纽约等一直都站在全球的科技前沿之中。

（3）湾区经济推动国家经济融入全球经济。粤港澳大湾区成立后，不能按照当前的内地经济模式发展，而是"新都市群＋创新驱动"齐头并行的发展思路，通过这些举措让粤港澳大湾区成为中国经济发展新的引擎，为中国融入全球经济社会提供支持，继续巩固中国在世界贸易版图中的地位。在粤港澳大湾区成立前，这个区域里的几个大城市已经建成了比较发达的基础交通建设以及完善的社会服务体系，也具有开放性的城市文化，在大湾区的发展过程中加大对创新科技产业的扶持力度，提供健康的商业环境，建造宜居宜业的生态环境。通过这些工作来加强粤港澳大湾区对于人才的吸引力，只要汇聚了一定的高端人才，必然会提高粤港澳大湾区的创新能力。

湾区发展是否成熟的一个标志是全球高端要素汇集量。高端要素一般指，世界一流的大学、科研单位、实验室、风投公司、跨国科技公司、NGO 组织等。在湾区城市群发展过程中一定要重视对于高端要素的汇聚和争夺。现在，各国家和地区之间的资源争夺已经从自然资源变成了科技创新争夺。随着创新科技对工业产生的影响不断加大，即将会导致新一轮的工业革命出现，在未来的工业发展中创新能力就代表生产力，所以，粤港澳大湾区要注意对高端要素的汇集，让湾区变成科技创新的"沃土"。

3.2 世界三大湾区概况、比较与借鉴

3.2.1 三大湾区概况

（1）纽约湾区。纽约湾区是美国经济中心，也是全球金融中心。面积达到 33484 平方公里，是美国最大的工业基地，周边的郊区人口和工厂在南北战争后纷纷向纽约聚集，城市规模迅速膨胀。20 世纪 80 年代后期，纽约地价飞涨，促使部分跨国公司迁移到了纽约外围区域或者其他周边城市。随着原有产业的转移，曼哈顿成为跨国金融机构特别是银行、证券、保险等机构的聚集地，此时的纽约已经成为全球金融中心。2021 年，纽约湾区 GDP 达到约 1.71 万亿美元。纽约湾区商贸与旅游业发达。2021年，湾区的游客人数已达约 1.01 亿人次。同时，纽约湾区以种族与文化在纽约开设的大学一共有 58 所，操控了全球资金的 40%，纽约证券交易所中具备世界上最大上市企业，拥有世界上顶尖级别的大型集团总部、银行以及保险等。在曼哈顿中有中央公园、华尔街以及第五大道等，这些区域就业密度在国际上也排在前列，其交通系统的忙碌程度在全球范围内也是数一数二的，平均每天大约有 3000 万人次的旅客数量。

纽约湾区经济发展呈现出三个方面的主要特征：第一，通过市场机制主导，带动产业结构的升级与空间结构的调整，纽约湾区以纽约市为核心的区域结构清晰，并以此形成了完整的区域经济分工体系，城市化水平

高。第二，纽约湾区拥有全美最发达的城市交通网络系统。发达的城市交通网络系统，一方面，促进了区域内各城市之间以及城市与郊区之间的紧密联系，使得区域内产业结构、空间结构形成了一体化发展布局；另一方面，高效率的海陆空一体化的运输网络，形成了纽约湾区与外部区域经济利益的共享。第三，纽约湾的管理是典型的非政府组织形式。在这样的体系下，非政府组织协会与政府的权力不产生冲突，为区域规划方案的制订以及确保方案的科学性起到了重要作用。

（2）旧金山湾区。旧金山湾区位于美国西海岸加利福尼亚州北部萨克拉门托河入海口的海湾一带。该地区由旧金山、奥克兰、圣何塞三座主要城市及其他周边区域组成。其陆地面积仅次于纽约湾区，为 1.79 万平方千米。在美国，旧金山湾区经济体的生产力最强，而且最为繁荣。经历了大约两个世纪之后，旧金山湾区在旅游、高新技术以及国贸等方面均有非常显著的成效。2021 年，旧金山湾区已经实现了大约 0.76 亿美元的国内生产总值。旧金山湾区内财富 500 强企业数量位居全美第二，仅次于纽约湾区。特别是计算机及其外围设备制造业，相对于全美整体就业情况而言，旧金山湾区与美国其他地区在该行业的就业比例为 12∶1①。

旧金山湾区在经济发展方面展现出四个方面的主要特征：第一是以产业库为基础，内部研发团队培养（思科）与产学研模式的实践（大学网络斯坦福大学，加州大学伯克利分校等多个著名大学以及航天、能源研究中心）引领了全世界 20 多种产业的发展；第二是有一大批中小企业的参与创新和创业，"创客之城"的美称为这个城市注入了活力，很多顶尖公司都是由中小型企业发展形成，这同时带动了制造业的继续发展；第三是资金的筹措保证，旧金山的私募基金行业发达，为创业者提供了良好的基础与环境；第四是湾区创造了良好的自然与生态环境，同时提供宽松的社会环境包容多元文化，使其能充分吸引和保留高新技术人才。

旧金山湾区成功的五个关键要素：

①保证湾区的开放性。湾区经济是由港口发展而来的，随着航海技术的发展，世界上约有 2/3 的贸易往来都是依靠航运完成的，因此形成了依湾而兴的经济模式。作为国家与世界贸易的连接点，港口必须执行开放性的经济政策才能保持贸易通畅。同时湾区也是一个城市或者国家的对外门户，通过湾区经济联通来带动招商引资以及引进领先的技术方式。同时，由于开放性的对外政策，湾区经济也会吸引大量的外来人口进入到湾区居

---

① 黄炳超．粤港澳大湾区高等教育协同治理研究［D］．武汉：武汉大学，2021.

住或者投资。

②加强湾区经济的创新能力。湾区经济的发展实际就是科技创新的缩影，由于湾区开放性的对外政策，许多高端人才以及科研机构看重了湾区的经济发展模式，进入到湾区工作或建立科研机构，也让湾区城市的创新能力大大增强。后工业时代，当港口的贸易金额无法满足城市的需求后，为了保证湾区经济的发展，开始尝试进行科技创新，发展新的商业模式来带动港口经济，美国旧金山湾区就是这方面最典型的代表。

③宜居宜业。湾区不仅地理环境优越，同样具有优越的气候条件，受一面靠海、三面临陆的地势影响，湾区温度适宜、植物茂密、物产丰富的生态环境非常适合人们居住。世界上的几大湾区不仅经济实力雄厚，而且风景秀丽。因此，湾区城市在发展城市建设时，不能以牺牲城市环境为代价，要做好城市规划，发挥出城市依山傍海的特点，利用湾区开放性的文化空间和优美的生态环境作为吸引外资和引入人才的要素，也能为城市的发展注入活力。

④集聚发展。湾区经济能力的强弱与城市的集聚能力息息相关，港口作为一个国家和世界的连接点，首先需要建立完善的交通体系、出色的配套设施、合理的投资环境，只有这样才会增强自身的集聚能力，推动城市的发展。作为国家经济发展的重要支柱，湾区经济在发展过程中一定要重视城市集聚，加速物流、信息流、人才、资本流等资源的汇集，强化自己的节点作用。

⑤重视区域协同。做好协同发展是湾区发展的先决条件之一。当港口城市的发展规模达到一定程度之后，会产生外溢效应，周边城市为了增加经济收益会承接一部分港口城市的贸易活动，这两者实际上是一种依存关系，只有具备辽阔的腹地资源为港口城市提供运输支撑才能保证经久不衰。以中国台湾高雄为例，在高雄的鼎盛时期曾位列世界三大集装箱港口之一，但是由于中国台湾地域限制，缺少腹地资源为高雄提供运输支撑导致高雄港口走向衰败。不仅如此，城市的金融与物流服务行业同样需要腹地的支撑，因此要发展粤港澳大湾区，政府需要制定相应的法律法规，强化湾区内城市之间的协同发展。

（3）东京湾区。东京湾区的"一都三县"，即东京都、神奈川县、千叶县和琦玉县，陆地面积 13556 平方千米，占日本陆地面积的 3.62%[①]。

———————————

① 鲁志国，潘凤，闫振坤．全球湾区经济比较与综合评价研究［J］．科技进步与对策，2015（6）．

2021 年，该湾区经济总量为 1.8 万亿美元，经济总量约占据日本全国的 1/3，居全球湾区之首。东京湾区是世界传统五大国际金融中心之一，集中了日本的钢铁、造船、炼油、石化、机械、电子、汽车、有色冶金等主要产业部门，是日本的工业中心，同时也是日本的经济、政治、物流、商务、教育和文化中心。东京湾区海岸线所围成的东京湾位于日本本州岛中部的太平洋东岸，是优良的深水港区，是世界上著名的港口群之一，也是东京湾区经济发展的重要基石。

东京湾区展现出三个方面的主要特征：第一，基于原有规划中都市圈的规划理念，东京湾区呈现出圈层式的区域结构与功能布局。东京湾区以东京为核心的区域结构概念清晰，目前已形成了多核多中心的空间发展模式，城市功能也是基于圈层形态分布的。第二，湾区拥有世界最为发达的公共交通网络。湾区已形成了由铁路、地铁、单轨列车组成的综合轨道交通网，年运输人口规模居世界第一。第三，东京湾区经历了数次政府统一规划，通过规划，区域范围不断调整，产业整合升级，政府在东京湾区整体发展过程中起到了举足轻重的作用。

东京湾区是世界传统五大国际金融中心之一，拥有日本汽车、钢铁、机械以及造船等多个产业领域，是日本工业核心，而且是日本经济、政治、物流、商务、教育和文化中心。湾区内有以东京为核心的城市群，例如千叶以及横滨等大型城市、君津、船桥等具有清晰产业定位的工业地区。东京湾由东京湾区的海岸线包围而成，具备较好深水港区，在湾区当中存在一个马蹄形港口群，例如川崎港、千叶港等，其年吞吐量在 5 亿吨以上，闻名于世界，对于东京湾区的经济情况而言，可以说是其发展的重要基石。东京湾成功的主要经验有：

①减少港口服务费用，控制码头经营成本。东京湾为了吸引外来船舶停靠，采取了进港费用优惠，大幅度削减了进港停靠的费用，同时强化港口服务，提升港口进行货物通关手续的办理速度，延长服务时间。以横滨港为例，从 2005 年就开始实行 365 天不停歇的工作模式进行服务，简化了通关手续的办理流程。

②采用法律手段保护东京湾的发展建设。为了保证东京湾的发展和建设需要，日本政府 1956～1986 年出台了多部法案为东京湾的发展建设保驾护航，例如，1958 年的"首都圈市街地开发区域整备法"、1959 年的"首都图建成区限制工业等的相关法律"、1966 年的"首都圈近郊绿地保护法"，而且在不同的发展阶段政府会对相关的法案进行修改及调整。通过这些法律条文的实施，确保东京湾在发展过程中可以有法可依，也保证

了东京湾城市群在发展过程中能相互依存，合理布局。

③加强东京湾的贸易拓展，打造国际一流的贸易中转港。横滨港与美国地理位置相对较近，日本将横滨港作为与美国贸易往来的中转站，绝大部分商品都在横滨进行装卸。同时横滨又在与中国进行洽谈，希望可以作为中美国际贸易的中转站。

④发展港口城市的区位优势，做好产业聚集。虽然东京湾的四大港口面积仅占国土面积的2%，但是却产生了全国30%以上的工业生产贸易额。在这里需要再次提到日本的横滨港，横滨是以化学和重工业为主的工业城市，炼油、电器、食品、机械及金属制品等约占东京湾工业产值的86%。

3.2.2 三大湾区基础指标比较

（1）土地面积对比。纽约湾区的陆地面积排名第一，一共有35个县，占地面积高达33484平方千米。旧金山湾区的陆地面积比纽约湾区稍小一些，一共涵盖了传统形式的湾区9县，大约有17900平方千米。东京湾区一共有13556平方千米的陆地面积，在日本陆地面积中占比3.62%，涵盖了"一都三县"，即东京都、琦玉县、神奈川县以及千叶县，其面积最小。GDP数值能够充分反映出国家整体上的经济情况。

（2）经济总量对比。从地区生产总量看，三大湾区中东京湾区的规模最大，旧金山湾区的规模最小；从地区生产增长情况来看，三大湾区近年来的增速放缓，一度出现过负增长，但总体趋于平稳；从湾区GDP占全国GDP份额看，东京湾区份额最大，其经济规模在其所在国家的地位最高，也最为关键，旧金山湾区最小；从人均GDP看，旧金山湾区尤为突出，是世界人均GDP最高的地区之一；从地均GDP看，纽约湾区的地均GDP最高。总体而言，世界三大湾区经济实力强劲，经济地位举足轻重。

（3）经济结构对比。整体层面上来分析，三大湾区GDP当中第三产业比例最大，超过了80%，纽约湾区当中的第三产业所占比例是最多的。旧金山湾区以及东京湾区实现产业架构优化和调整之后，也是将第三产业放在重要地位，通过高科技制造业来带动该区域产业构架。

（4）金融业发展对比。纽约湾区作为世界上发展最好、规模最大的一家金融中心，其金融服务行业所占GDP的比例在15%以上，居首位。国际上100家大型银行当中，有超过90%的银行均在纽约开设了分支机构。而东京湾区是以前的亚洲金融中心，同时也是以前世界性的金融中心，科技银行有着非常领先的业务。按照2017年GFCI数据信息来看，纽约湾区排名第二，和伦敦只相差一分；东京湾区以及旧金山湾区分别排在第五、第六位。

（5）科技实力对比。科技创新是湾区发展经济的重要动力源泉。2021年全球百强创新力企业或机构中，位于纽约湾区的有 11 家；位于旧金山湾区的有 17 家；位于东京湾区的有 24 家。也由此可见，各地区在科技创新上投入了更多的努力，全球创新力企业在 3 个湾区的差异正在缩小。科技实力具体体现为劳动人口素质方面，劳动人口素质是湾区经济发展的基本要素之一。

（6）劳动者素质对比。劳动人口素质是湾区经济发展的基本要素之一。三大湾区当中，劳动人口素质最高的就是旧金山湾区，该区域人们受教育水平在本科及以上的一共占比 46%。同时，纽约湾区所占比例也比美国平均比例（28%）高很多。旧金山湾区能吸引高素质劳动者的原因有：一是技术及密集型产业的发展，增加了对高素质、科技型人才的需求；二是研发机构研发投入加大，诱发了对人才的巨大需求；三是低廉的租金、宽松的社会氛围、多元的文化环境，吸引了高素质年轻人集聚到该地区。

3.2.3　三大湾区的演化与发展的动力机制

（1）政府机制、市场机制和治理机制是美国湾区演化和发展的主要动力。

①政府机制、市场机制和治理机制是美国两大湾区演化和发展的主要动力。纽约湾区与旧金山湾区成立专门性的组织协调机构。通过这些专门机构去协调区域规划，管理整个区域内的经济与社会问题，对区域内的利益和冲突等给予解决和调节，但是这些协调组织运行机构并不是权威政府机构，无权管辖全部事务，也缺少强制执行权力，这也导致了美国两大湾区区域范围内缺乏强硬调控的力度。

②高度市场化调节方式在一定程度上制约着纽约湾区与旧金山湾区发展，政府机制的运行必须转变。因此，为了改善原有松散的、无统一的、无权威的行政体系，两大湾区政府改变机制，形成一个组织协调机构进行管理和协调的模式，两大湾区的组织协调机构分别为纽约区域规划协会和旧金山湾区政府协会。通过这些专门机构去协调区域规划，管理整个区域内的经济与社会问题，对区域内的利益和冲突等给予解决和调节，但是无权管辖全部事务，也缺少强制执行权力，这也导致了美国两大湾区区域范围内缺乏强硬调控的力度。

③美国两大湾区的发展离不开治理机制带来的发展动力。美国主流的治理机制是一种混合型协调管理机制，具有多元化、分散化、网络化和多样化的特点。治理体系和市场及行政手段、政府和非政府方式充分融合在一起，经由互动和沟通之后，特别是行动人员和社会准则间实现互动之后才形成。例如，纽约城市管理施行过城市土地利用审批程序，即 ULURP（The Uniform Land UseReview Process），这种程序把公众和团体中涉及的所有利益因素整合起来，基于制度体系给多方利益主体如地方政府、公众以及基层社区等带来适宜的法律来进行决议，为城市管理和建设起到一定的协调作用，降低改建以及新建任务给城市发展带来的阻碍，对于区域经济协调发展起到了一定的推动作用。

（2）政府的统筹规划与管理、良性的区域竞争机制以及蓬勃朝气的市场机制是东京湾区演化与发展的主要动力。

①东京湾区的发展首先来源于政府良好的统筹规划。从 1956 年颁布的《首都整备法》开始，日本政府设立了首都圈整备委员会，政府通过立法建立了圈层式的发展概念，对划定的区域进行统筹管理，同时行使了特别的行政权力以促进跨区域间的行政协作。

②区域竞争机制也是东京湾区发展的重要动力。日本政府通过城市间良性的竞争实现了整个东京湾区内资源的合理配置。东京湾区发展的初期阶段，中心城市东京都心区借助规划与历史沉淀拥有突出的竞争优势，因此中心城市与周边非中心城市竞争激烈，这迫使周边其他非中心城市不断进行升级和完善，缩短与中心城市之间的差距，尽可能加快对接进程，进而推动了整个湾区中心与其他周边城市和区域共同发展的大趋势。

③东京湾区人口的有序发展、资源的优化配置、产业结构的演进，都是在市场机制的引导作用下有序完成转移的。随着城市化的加速和工业化进程的加深，东京湾区形成一种空间集合的网络组织模式。之后城市逐渐变得拥挤，物价、地价迅速飙升，环境污染问题产生，这些问题迫使参与决策，确定其整体发展规划。

（3）三大湾区空间结构演化的动力机制。三大湾区区域空间结构的形成不仅是对区位等自然先天条件长期可持续性综合利用的结果，还是市场经济规律作用的结果，更是各区域所在地方与国家政府宏观规划、调控的成果。总体上来说，纽约和旧金山更多地依托了市场机制；而东京湾区更多地依靠政府的宏观规划。

美国的区域规划体系中，政府的调控是相对弱化的。以纽约湾区为例，其区域空间结构的形成主要是区位等自然条件长期可持续性综合利用的结果，是顺应市场经济规律所产生的结果，但政府及非政府协会的规划与协调努力也功不可没。

相比之下，东京湾区区域空间结构的形成，主要是日本政府宏观规划、调控的成果。前文提到的五次规划决定了东京湾区区域空间按照规划的目标有序地展开与形成，这种模式最符合我国的实际情况，值得借鉴与学习。

从世界三大湾区经济发展的过程可以看出，湾区的发展是一个长期复杂的过程。梳理国外三大湾区经济发展的经验，得出如下启示与借鉴：

第一，湾区经济发展应当依托天然优越的地理区位优势。并非所有的海岸线都具有先天的地理优势。一般情况下，与外突的弧形或直线型海岸线相比，湾区拥有独特地理造型，例如三面环陆，具备优越的生态环境，依托避风、不冻、深水等优势，易于在湾区内建成为数众多的港口群。

第二，湾区经济发展必须在保护原有生态环境的基础上，提高湾区的可持续发展能力。从国外三大湾区发展经济的历史经验中，我们必须认识到自然环境的脆弱性，在保证最近发展要求能够得到满足之余，还应注意规避无序开发以及低效使用等现象。对湾区进行开发以前，应按照实际情况，分析自然环境形式来拟订出科学合理、个性化的设计规范，优化监管体系并且将其落到实处，使得湾区中的新建开发和既成景观能够相辅相成，让自然环境得到保障，同时促进湾区经济高速腾飞发展，又能以宜人的自然美景和优良的生态环境吸引人口集聚，达到长期可持续发展的远大目标。

3.2.4 粤港澳大湾区与世界三大湾区的比较

（1）一般性对比。从目前的情况看，粤港澳大湾区的发展建设与世界上的几大著名湾区相比，差距还是存在的，主要表现在三个方面：一是城市发展程度不足。世界三大湾区的发展模式几乎一致，通过湾区内的核心城市拉动城市群的发展建设，在地区经济中占据主导地位。以美国纽约湾区为例，纽约市在整个湾区中的经济占比和人口占比都超过了85%；东京更是有7个世界文明的港口，在东京湾城市群占据绝对的主导地位；美国旧金山湾区也是，圣何塞作为湾区的科技核心，旧金山市作为娱乐和商业文化中心。而粤港澳大湾区的城市群中却没有绝对主导的城市，在湾区成立前，珠三角地带的几个城市发展缺乏规划，几乎是各自为战，难以形成聚合力。在未来粤港澳大湾区建设中，怎样做好区域协同，合理整合资源是需要考虑的问题。二是湾区城市群融合难度较大。由于港澳都执行"一国两制"的政治决策,以及相对独立的区域文化,在今后湾区建设中怎样进行规则、法律以及人文交流的一体化建设是摆在眼前的难题。为了避免产生政治分歧,除了需要粤港澳大湾区建立常态化的协调机构外,还需要党中央、国务院进行协调和规范。三是我国粤港澳大湾区的生态化建设是限制湾区发展的一个短板。珠江三角洲是我国南部制造工业的核心区域,在前期的发展过程中由于生态保护工作做得不够,粤港澳大湾区有部分生态环境遭受了不同程度的破坏,在未来的发展过程中需要大力加强清洁能源建设,保护生态环境。为了将粤港澳大湾区建成与三大湾区齐名的世界性经济体,在粤港澳大湾区的发展过程中需要积极借鉴外国的优秀理念,并结合中国国情探索出一条适合中国湾区建设的发展道路。

通过与三大湾区相比,粤港澳大湾区和旧金山湾区相似度最高。首先从地理环境分析,两者都是三面环山,一面朝海,适合发展外向型经济;从产业发展结构分析,深圳与硅谷一样,同样勇于创新。更为重要的是,粤港澳大湾区已经成为我国资源汇聚度以及创新要素最为集中的区域之一,尤其是深圳,无论是产品研发能力还是工业配套发展,常年稳居世界前列,也注重创新科技发展,与旧金山湾区的发展方向一致。

与三大湾区的经济规模对比,首先我国粤港澳大湾区的经济规模具备世界一流水平。2021 年,粤港澳大湾区的 GDP 为 12.6 万亿元,排在第三位,超过了旧金山湾区,排在第一的东京湾区 GDP 总额为 18000 亿美元,总体差距不大。

但是,粤港澳大湾区存在制度的差异化和意识形态的多元化是粤港澳大湾区的特色,是其他湾区不具备的特点,但是这在一定程度上阻碍了三地间的要素自由流动。粤港澳大湾区的内部协同发展呈现复杂化态势。另外,粤港澳大湾区有广州、深圳、香港、澳门四个中心城市,由于制度差异,协同发展难度较大,难以形成对外竞争的合力。

(2)特殊性对比——基于全球资源配置能力视角。一个湾区的核心能力就是全球资源配置功能,通常可以从三个维度进行观察。从配置范围看,主要观察一个地区能否促进全球资金、技术、信息、人才、数据等高端生产要素资源的高度集聚和高效配置,关键是对全球要素资源进行吸引、流动、整合、控制和使用,强化全球范围内高端要素资源领域的集聚优势和配置能力。从配置方式看,主要观察一个地区的制度环境、政策环境、开放环境、营商环境能否对全球要素资源产生向心力、吸附力、影响力和控制力,关键是让市场发挥决定性作用,在全球经济中占据和控制产业链、供应链、价值链的关键环节，有效引导全球人流、物流、资金流、技术流、信息流的流向和布局。从配置主体看，主要观察一个地区的各类市场平台、功能性机构，能否在参与要素资源配置过程中发挥应有的作用，促进该地区深度嵌入全球金融网络、贸易投资网络、航运物流网络和技术创新网络。重点是在集聚跨国公司总部的基础上，建设具有全球集聚度、辐射力和影响力的要素市场，着力突破影响全球资源配置的制度性瓶颈，以高能级的要素市场为重要载体。

本书认为全球资源配置中心包括经济发展、科技创新、营商环境、资源流量、配置网络及通道、配置平台六大要素，将其作为全球资源要素配置中心的一级指标。并借鉴国内外研究，以及一级城市竞争力、全球城市评价、全球城市创新指数评价等相关研究理论及报告，构建包含6个一级指标、22个二级指标、55个观测指标的评价体系。我们将选择范围放在主观赋权法，对当前主要湾区的全球资源配置能力进行综合评估（见表3-1）。

表3-1　　　　　　　　全球湾区全球资源配置能力对比

一级指标	二级指标	三级指标	纽约	伦敦	东京	香港	深圳	广州
经济发展	经济竞争力	经济竞争力指数	1	0.939	0.942	0.897	0.904	0.831
		经济可持续竞争力指数	0.935	0.901	1	0.903	0.826	0.66
		经济活力排名	29	20	183	98	24	138
		产业素质排名	2	3	1	12	76	60
	国内生产总值	城市GDP规模（万亿元）	7.09	4.29	6.22	2.56	3.07	2.82
		人均GDP（万元）	68	30.64	71.1	32.2	14.46	15.12
科技创新	创新主体	全球百强独角兽企业数量	4	4	0	1	3	1
		世界百强高校数量	4	4	2	5	0	0
	创新投入	R&D经费支出占GDP的比重	0.03	0.023	0.034	0.0099	0.0546	0.031
	创新绩效	PCT申请量（件）	7914	5145	29637	650	17459	1622
		全球城市创新指数排名	3	11	1	49	26	51
		论文发表数量	69925	83818	51003	28009	24893	52396

一级指标	二级指标	三级指标	纽约	伦敦	东京	香港	深圳	广州
营商环境	市场环境	全球营商环境指数百强排名	1	2	3	38	58	65
		知识产权保护指数	5.4	5.9	6	5.8	4	4
		开放数据指数	0.5804	0.3008	0.3315	0.3413	0.4126	0.4118
	硬环境、软环境排名	当地要素排名	2	7	17	28	1	45
		软件环境排名	4	5	1	3	59	88
		硬件环境排名	27	15	55	300	86	209
		环境韧性排名	278	184	106	9	85	293
	生活环境	生活成本排名	14	18	4	2	12	17
		宜居程度排名	59	60	5	49	73	80
		生活质量排名	44	41	49	71	132	122
		社会包容力排名	37	83	1	151	98	57
资源流量	航运流量	机场货邮吞吐量（吨）	177.4	200.6	330	446.8	139.9	175.9
		机场旅客吞吐量（万人次）	1300	1700	3120	880	3791	4377
	资金流量	全球金融中心指数排名	2	1	4	5	22	37
	科技流量	科学中心指数	100	86.95	73.46	82.43	68.54	68.19
	信息流量	新媒体发展指数	9	9	9	7	5	7
	文化流量	城市行政层级	8	9	9	8	6	7
		剧院数	640	241	230	44	10	30
		文化大都市排名	1	2	3	15		31
		博物馆数	142	215	163	40	55	65
	人才流量	人才竞争力指数	73.1	71.7	65.7	66.4	42.4	39.2
		大学指数	0.77	0.72	1	0.04	0	0.1
配置网络及通道	交通网络	全球联系指数	0.982	0.934	0.896	0.93	0.848	0.858
		国际航运中心发展指数	11	18	10	16	2	7
		海外游客数（万人次）	1400	1960	880	2670	168	471
		网络关联度排名	2	1	9	3	46	34
	信息网络	信息基础设施	0.2632	0.13	0.1801	0.2029	0.1386	0.1051

一级指标	二级指标	三级指标	纽约	伦敦	东京	香港	深圳	广州
配置网络及通道	市场网络	贸易指数	5.24	5.52	5.28	5.66	4.49	4.49
		国内市场可达性	5.26	5.21	5.34	7	4.33	4.33
		国外市场可达性	2.57	3.9	2.02	2.15	2.38	2.38
	全球联系	世界城市开放指数	70.28	36.2902	39.982	41.1643	49.7784	49.681
		全球城市潜力	82	99	93	46	74	66
配置平台	总部企业	跨国公司指数	1	0.892	0.951	0.898	0.152	0.085
		世界500强占比	0.036	0.03	0.076	0.014	0.014	0.01
		文化公司指数	1	0.884	0.568	0.411	0.074	0.179
		大型银行总部数量	3	1	2	0	1	0
	市场交易平台	要素市场完善度	8.36	7.86	7.43	7	6.07	6.21
		商品市场多样化程度	8.43	7.56	9.12	6.33	5.25	8.79
	专业服务平台	管理、会计和法律跨国公司数量	251	268	142	165	47	40
		广告、媒体跨国公司数量	175	119	98	89	7	34
		国际会展指数	0.546	1	0.193	0.022	0.037	0.104
	信息平台	信息服务业发展指数	9	8	8	8	6	6
		媒体发展指数	9	9	8	8	4	6

3.3 府际关系与财政合作：从割裂竞争到合作共赢

一个经济区域之所以与其他经济区域区别开来，通常因为其具有独特的资源禀赋、地理位置、相似或互补的经济发展状况、共同的人文社会因素等条件，因此区域内经济合作具有天然优势；其合作也通常以平面型合作为主，通过通关一体化、统一区域内产业政策和共同发布市场规则等方式，实现区域内的经济一体化，扫除区域贸易壁垒，加强区域内合作和联系。

因此，在经济区域内，尽管合作具有天然优势，合作经常还停留在表面阶段，而区域内的各利益主体仍然进行着以对抗为主的竞争。如何不使合作淡化竞争，如何在合作的基础上展开竞争，使对抗的竞争走向合作的竞争，仍是值得研究的问题。事实上，当合作是建立在一致行动、共同对外的基础上，合作很有可能会淡化甚至限制竞争；但是如果合作建立在淡化行政区划、强化经济合作，淡化行政手段、强化市场功能，淡化单边行为、强化多方合作的基础上，则合作反而会促进竞争。区域内合作的方式不同，对竞争也往往具有不同的效果。合作和竞争尽管存在内在冲突，但不是不可调和的。站在法律的角度，就是如何去建立一种规则和制度，能够在竞争的基础上展开合作，而又不至于使合作削弱彼此的竞争。

纽约湾区区域规划委员会和相关管理机构构建了一个地区性的"伞形"管理机制，形如一个中心、多个管理网络，用以整合湾区各个行政辖区之间的公共问题，例如，流域环境保护、跨城市的轨道交通等区域财政事务等。这也被称为分层复合治理模式①。

旧金山湾区实行的是网络化联合公共合作模式，是一种基于平等、契约、合作理念的治理模式，更多是以地方政府通过自由、平等的契约方式进行合作。与纽约湾区的洲际合作复合模式相比，旧金山湾区的治理更加灵活多变。它并不要求形成一个地区性的管理机构，而是在湾区内各地方政府之间，通过签订协议的形式，建立起税收共享、公共服务合作等多方面、全方位的合作。政府不仅为旧金山湾区内创新主体所进行的创新活动提供软环境的保障，同时进一步加强了湾区内基础设施的建设，积极地为湾区内的高新技术企业和科技创新人才营造出创新氛围。

旧金山湾区成立了旧金山湾区政府协会，主要目的是尽可能帮助地方政府分担公共服务的压力，减少地方政府的财政支出，提供高效节能的公共服务。要想吸引高素质的生产要素流入，政府就要充分重视本地区公共服务供给的质量。湾区政府所提供的一系列高质量的区域公共服务，不仅保证了高科技人才的生活质量，也为其提供低息的金融贷款服务，在创业方面提供资金上的支持。在完善的区域公共服务的影响下，旧金山湾区将会具有宜居宜业的优势，吸引更多的科技人才来此发展和生活，更加有利于高新技术产业创新体系的形成与发展②。

东京湾区实行的是一种单核集中性的公共合作模式。该模式下，日本政府实行自上而下主动引导下的结构调整和政策配套，尤其是政府主导下的多轮次的"首都圈整备规划"。这些自下而上的协调机制也成为中央政

①② 彭雄亮. 环珠江口湾区城市群形态演进与空间模式研究 [D]. 广州：华南理工大学，2020.

府主导区域协调机制的有益补充①。值得一提的是，东京湾区拥有全世界最密集城市轨道网络。

世界三大湾区有一个显著共性，那就是聚焦湾区整体利益，形成了湾区公共利益优先的跨域协作组织使命②。在旧金山湾区和纽约湾区，政府在其中更接近于一个协调者角色。而东京湾区，则强化政府的主导角色，在政府的主导下参与跨域事务治理。从总体上看，地方政府间竞争是经济高速增长的重要动力，但区域间政府财政合作已经成为湾区跨越发展的推手和引擎。

3.4 国内湾区发展概况

湾区已成为全球经济发展的核心增长极。含长三角经济圈的环杭州大湾区、含京津冀经济圈的环渤海大湾区、含珠三角经济圈的粤港澳大湾区已经是促进我国经济高质量发展的国家战略。

环渤海湾区以京津冀、辽东半岛、山东半岛为主导的经济区域，直接辐射内蒙古、陕西等地方，其占我国国土面积的 12%，人口数量的 20%。从人均 GDP 的角度进行分析，2017 年，环渤海地区的人均 GDP 是 1.46 万美元，较粤港澳大湾区低 30%。从产业结构的角度分析，粤港澳大湾区三产占比 60%；环渤海湾区占比 50%。北京开始步入服务型社会，天津正步入工业化后期阶段，而河北省则依然在工业化中期阶段。2017 年环渤海湾区增加"千年战略"雄安新区，能更好发挥环渤海湾区区域协同效应。

粤港澳大湾区坐落于珠江三角洲城市群，其中包括广东省 9 个城市，加上香港、澳门特别行政区，占地面积高达 5.59 万平方千米。2021 年常住人口规模 8669 万人，GDP 总量是 12.6 万亿元，占全国 GDP 近 12.07%。对比全国 3 个湾区城市群，粤港澳大湾区有着土地面积最小、人口最少、人均 GDP 最高的特征，2020 年数据显示，粤港澳大湾区人均 GDP 高达 13.38 万元，是引领我国经济高质量发展的引擎。

杭州湾大湾区坐落在长三角地区，其有着丰富的港口资源，其中就包

① 彭雄亮. 环珠江口湾区城市群形态演进与空间模式研究 [D]. 广州：华南理工大学，2020.

② 杨爱平，林振群. 世界三大湾区的跨域治理机构：模式分类与比较分析 [J]. 公共行政评论，2020 (4).

括上海、南京、杭州、宁波、苏州等不同城市。上述城市不仅有发达的经济水平，同时在交通设备方面相对完善，整体教育资源较为雄厚，其中汇聚大量的人才和企业，有着极为强大的创新水平，已经发展成为我国经济增长最迅速、发展潜力最大的经济地区。杭州湾大湾区属于国内综合实力突出的经济中心城市，有着全球领先的制造业基地，这里正积极打造成为国内第二个大湾区。2016 年 5 月，国务院出台《长江三角洲城市群发展规划》。2017 年 6 月，浙江省第一次确定"大湾区"的发展思路。与此同时，上海政府将与浙江共同创建"环杭州湾大湾区"。2018 年 5 月，浙江省大湾区建设战略出台。杭州湾大湾区有 3 所世界 200 强大学，包括浙江大学、复旦大学、上海交通大学。2019 年数据显示，国内普通高等学校 2688 所，其中 137 所"双一流"高校，京津冀分别占比 10%、29%；长三角分别占比 17%、25.5%；粤港澳大湾区分别占比 5.7%、3.6%。2019 年数据显示，中国研究生数量高达 2834792 人，京津冀占比 18.6%；长三角占比 22.1%；粤港澳占 0.48%。

环渤海经济圈目前正保持"双中心、两端化"的发展格局，在环杭州湾经济圈中更是保持"多中心、扁平化"的发展特点，粤港澳大湾区保持"网络状、扁平化"发展特点。环杭州湾大湾区和粤港澳大湾区核心城市数量众多，反观环渤海大湾区目前仅保留北京、天津。全球三大湾区，东京湾区、纽约湾区和旧金山湾区等基本遵循市场经济环境发展，目前全球化经济发展格局，是百年发展下所产生的结果。显然，也有部分是宏观政策部门推动下的结果，例如城市规划、区域规划等，日本前后通过 5 次东京都市圈的发展规划。

现阶段，国家三大湾区发展中面临诸多障碍和影响。环渤海湾区目前面临的问题如下：第一，京津冀三地区存在一定的行政壁垒，生产要素难以优化配置，区域科研投入和科研产出保持非均等关系，未形成完善的科研成果共享、转化等机制。第二，京津冀三地高层次规划和统筹协调机制并不完善，在要素自由流动执行力方面不足。虽然京津冀已经制定众多规划，但还未完全落实，三地公共服务存在割裂关系。第三，湾区内部协调难度较高，一定程度上存在市场机制僵化的问题，这些都会影响环渤海湾区高质量发展。

环杭州湾大湾区存在如下几个方面的问题：第一，中心城市重叠，重要城市功能重叠。环杭州湾区内部城市资源和城市集群发展不协调。第二，创新水平不足，尽管强化研发投入和研发创新，但是整体效果并不理想。第三，没有争取更优越的国家政策支持。

粤港澳大湾区发展也存在诸多问题。第一，遭遇更为复杂的外部因素干扰。例如中美贸易战等侵扰大湾区建设。第二，港、澳两地有些居民缺乏民族认同感和国家认同感，不理解粤港澳大湾区战略规划的重大意义。第三，三地产业对接和科技对接进展缓慢。澳门除了博彩业外，基本没有什么产业；香港有科技，但是没有科技产业；广东有产业，但是科技创新度仍待提高。广东的高等院校、研发机构、科技人才在国内不具备一流竞争力，科技资源开发能力不强、水平不高，且缺乏科技中介服务机构，以及保护知识产权的制度安排和环境，再加上国内制度的原因，往往受到西方发达国家技术、创意扩散的限制。

3.5　因异求同：国内国际湾区财政合作启示

纵观世界湾区发展经验，可以预见，湾区将形成五个发展趋势：数字湾区、打造生态湾区、发展人文湾区、价值湾区、幸福湾区。基于此，未来粤港澳大湾区应该在差异之中找准自己的定位，按照湾区发展规律，进行普遍性和特色化建设。

（1）树立全局意识和大局观念。大湾区发展的历史告诉我们，没有合作就没有大湾区，而合作过程中，必须树立全局观念，才能产生向心力和合力。尤其是港澳应该将其置身于国家大发展战略之中，才能在百年未有之大变局中逆势突围。

（2）破除行政藩篱。区域经济发展往往始于经济合作，往上发展行政管理及其制度差异，往往成为进一步发展的藩篱。因此，应该借鉴旧金山湾区做法，成立一个跨区域的管理机构，合作公共服务，满足湾区发展的公共需求。

（3）财政合作要先行一步。财政是公共治理的核心和基石，财政合作往往能解决区域合作过程中最核心的问题，例如利益补偿、成本外溢等。而且，财政合作也是政府合作能否成功的试金石，往往成也财政合作，败也财政合作。

（4）大力发展湾区高等教育。没有一流的高等教育，绝对没有一流的湾区。旧金山湾区、纽约湾区和东京湾区都证明了这一湾区铁律。高等教育抱团发展才能促进集群创新，创新集群抱团是世界一流湾区大学最直接的经验。

（5）基础设施必须互联互通。大湾区是区域经济发展的平台，其必须通过辐射机制实现其战略意图，这个传播机制包括基础设施建设。只有通过基础设施才能将湾区各地产业发展、资本流动、人员往来得以实现。世界知名湾区发展都证实了这一规律。大湾区未来建设必须发挥世界海运、空运枢纽作用，以香港、澳门、广州、深圳为门户，加快形成周边国家2天送达、全球主要城市3天送达的"快货物流圈"，着力打造出行交通"全球主要城市一日圈""亚洲一日往返圈"。通过积极承担国内高速交通枢纽的作用，加快形成大湾区国内高速综合交通体系建设。

第4章 从竞争到合作：区域财政行为演进规律

4.1 财政竞争成因及效应作用机理

4.1.1 财政竞争的构成要素

财政竞争源自布雷顿曾给出的"竞争性政府"（competitive governments）这一定义。从整体层面来说，联邦制国家当中存在的政府间关系处于竞争状态，政府间、政府内部、政府和其他主体间等由于市场主体以及选民方面的压力，一定要给非市场提供令人满意的服务以及产品，让所在区域组织以及居民满意。由于资源以及居民均能够自由流动，政府唯有能够带来优质的非市场服务以及产品，才可以将资源以及居民充分吸引住，并且在所在区域稳定下来。要想增强自身吸引水平，就应该以资源以及居民为核心展开竞争。宪法能够尽可能地确保居民享有自由迁徙权，政府间仅能够以制度规范以及技术方面为核心来实现竞争，根据搭建基础设施、技术平台以及服务体制，拟订营销模式以及税收政策等，不但可以让更多资源和居民进入该区域及部门当中，还可以让他们稳定地和区域社会网络融合起来。

因此，政府间财政竞争需要具备以下条件：

（1）充分且独立的自由裁量权。这是政府间财政竞争得以顺利开展的条件。这表明我国地区之间存在着在资本市场上争夺流动性资源的税收竞争。而对于支出竞争来说，政府就具有更大的自主权，可以通过各种渠道筹集资金提供公共产品，改善地方的投资环境，从而达到吸引人才及资金流入，促进本地区经济发展的目标。

（2）各种优惠政策。这促成和加剧了中国地方政府间的财政竞争。我国幅员辽阔，各地区经济发展水平差距很大，从改革开放到现在，国家采取的优惠模式存在一定的差别性，这把原本公平竞争的状态给打破了，特别是区域税收方面的政策条件，使得税收竞争逐渐增强。中央政府给这些政策形式作出规划和要求，这些政策在其他方面与标准形式的政府间存在的财政竞争政策不存在任何不同，依旧是为了引进更多流动要素，尤其是资本要素。

（3）开放性。地区开放性越强，成功吸引到的生产要素也就越多，对于财富累积就会起到很大帮助。在评判区域开放程度时，利用使用的外资量以及进出口/GDP来判断。通常情况下，开放性越强，经济发展速度就越快。这样的正相关不但因为贸易以及资本都能够很好地推动经济发展，还因为对外开放能够促进知识文化层面的沟通与交流，推动区域知识走向国际化层面，提升政府在制度方面的供给水平。基于这一层面来说，开放性能够从各个角度体现出各地区政府竞争情况。

（4）资源稀缺性。地方政府将区域投资环境进行优化，引进更多人才、资本以及企业家，政府给投资方提供完备的基础设施、优质社会环境、合理的投资条件政策以及便利服务等，利用这些措施来让投资环境变得更好，获得更多生产要素，给企业提供更多的激励与扶持。地方公共产品能够很好地帮助各种要素涌入，还能推动地方政府得到居民的赞成与支持，所以，地方政府间存在的竞争最先体现为增强公共产品数量以及质量问题，例如为了引进更多要素到区域当中，应优化基础设施的构建、社会治安管理以及社会投资环境，增强政府工作效率，完善相关制度规范等。

（5）地方保护主义。现存的利益结构很难在短时间内发生改变。地方政府和其利益之间存在着非常密切的联系，在拟订出经济政策并且实行的过程中，政府经常变成了地方利益代表。市场体系运作起来之后，能够让地方政府更热衷于追求利益，然而这样的热衷现象要想变成实际存在的利益竞争仍需其他条件因素，即地方政府具备的权力权限。假设地方政府能够将所在区域利益情况看得比国家大局利益还重要，那么该地方政府便具备追求利益主观因素的条件，在体制转型过程中实现分权改革还能够让地方政府拥有客观因素，当主客观因素全都具备之时，中央政府和地方政府之间存在的利益矛盾就会形成，由此导致的财政竞争也会随之出现。

（6）有限理性以及政府自利。因为有限理性以及信息不够全面带来的影响，很难准确无误地给出判断以及决定。市场经济变化多端，复杂莫测，政府了解到的信息资料非常有限，政府机构工作效率也不够高，这就使得政府处理信息并加以分析时难度增加。政府自我控制弱化之后便是其自利性，一定会造成非理性行为。也就是说，所有政府均具备行政水平较高或较低的阶段。政府在行政水平较高时，自我控制水平也较高，自利性很难展现。但是到了较低阶段，政府会出现自利性，非理性行为同时也会出现很多。另外，自利性提高使得政策实施以及公共决策时非理性行为过多，导致政令不畅，每个部门之间的利益出现了分割，必须具备的控制力、组织以及协调工作均难以完成，公共行为以失败而告终，导致政府机器处于瘫痪状态。

4.1.2 财政竞争的类型

从竞争工具的角度来看，财政竞争主要有如下类型：

（1）税收竞争，即地方政府间在宏观税负政策上或者利用个别税种（如所得税）作为政策工具开展的税收策略行动。基于空间层面来说，税收竞争能够划分成纵向以及横向两种。横向税收竞争指的是不同区域、相同级别政府间由于抢夺流动性资源才出现的税收竞争现象，这种现象占据着大部分竞争形态；而纵向税收竞争指的是等级存在差异的政府间存在的税收竞争，体现在政府税收政策会对其他级别的政府在税收方面带来影响。

（2）财政支出竞争（公共服务竞争）。由于溢出效应或"免费搭车"效应，策略互动主要表现为辖区间财政支出的互补与替代，表现为策略反应函数。随着各国税收制度的不断完善，地方政府获得的税收优惠政策不断减少，如果想要获得更多的经济资源和经济空间，就必须转变思路，从获取税收优惠向提供更优质的公共物品转变，于是地方政府越来越关注财政支出的竞争。

不管是怎样的竞争，其目的都是引进更多生产要素，使得区域经济水平得以提升，但是，纵向竞争当中主要体现在财权分割、政权分配以及财政转移支付等。竞争源自市场主体以及选民方面的压力，市场主体以及选民应具备公共品以及政府扶持资源，地方政府要想实现这些要求，一定要给出相应的制度以及技术平台。针对政府而言，市场主体以及选民均非常关键，是一种权力的象征。所以，选民意愿以及政府行为需要达成一致，也就是说，政府利用制度以及技术来引进大量生产要素，从而使得当地财富不断积累起来。竞争带来的结果就是政府得到了一定的利益以及权力，同时，市场主体以及居民得到了非市场供给型服务以及产品。

4.1.3 财政竞争的效应分析

（1）正面效应。

①财政竞争能够提高"纳税者剩余"。"纳税者剩余"指的是居民同意且可以支付公共物品税收情况和实际支付的价格存在一定差距。因此，可以减少公共服务和产品税收价格，以确保居民以及纳税者不会受到官僚以及政治家的争夺。居民用手或脚进行投票，不但能对政府官员肆意使用公用权力加以制约，推动政府能充分掌握居民喜好，同时还能让居民多元化地选择公共产品税收价格以及收益情况，同时能够让自己尽可能地让政府的转移支付数量变小。

②政府间存在的财政竞争可以降低"政府剩余"。"政府剩余"指的是政府可以保障公共产品质量以及数量，和其同意且能够真正提供的产品质量以及数量当中形成的缺口进行保留，因此也叫作"政府租金"。由于出现政府间的税收竞争，政府得到收入水平有一定制约，这容易推动政府作出更加科学有效的决策，财政支出架构得到完善，财政支出效率有很大提升，对政府官员起到一定约束作用，居民福利待遇增多，居民效用加强。

③对于增强公共产品供给效率起到很大推动作用，优化投资环境。在抢夺经济资源之时，地方政府需要抢占一定的优势，引进大量资金以及人才方面的投入，就业以及投资环境优质是非常关键的。所以，地方政府一定会在交通、能源以及水利等方面花费大量的时间、金钱和精力，优化生活环境，做好产品供给，从而引进更多人才及资金。由此，一定会导致公共产品供给效率逐渐增加，投资环境也会逐渐得到完善。

④对于推动地方官员行政效率的提升也起到了很大帮助。基于财政支出方面的竞争，地方政府也许会利用增强工作效率来减少成本价格，从而节省更多资金，实际上目前行政成本存在很大节省空间；同时，地方政府进行财政支出主要是为了抢夺经济活动以及资源，但是完成这一任务仅凭借财政支出来提供优良产品远远不够，所以还应让行政部门带来方便高效的服务模式，因此这对于地方政府来说，需要提高其行政效率。

（2）负面效应。

①税收优惠的肆意使用，造成税收大量流失。改革开放之时，很多地方政府一味地提高招商引资数量及规模，经常随便进行税收优惠，很多税收优惠并不科学合理，造成大量税收流失现象。

②地方保护主义非常严重，对于完善经济架构起到了严重影响。地方

政府进行财政竞争之时，为了培育税源，广泛采取贸易保护主义，对外地市场试图涌进本地市场服务、产品以及技术现象严加防范，推动本地区能够优先买到区域内产品；对于本区域原材料以及技术外流现象也加以制约等。现在，地方保护主义对于国家生产要素以及商品市场顺利发展以及经济架构的完善产生了很严重的负面影响。

③地方债务扩大，导致财政风险增多。基于现在的财税体制，不允许地方政府将地方公债发行出来，不具备直接性融资途径。为了能把项目落实下去，提高政绩以及自身形象，地方政府总会采用企业借款以及政府担保这一方式来获得更多资金。地方财政负债以及隐性负债逐渐增多，然而却不具备偿还债务体系，因此造成了直接性的财政风险逐渐增多。

4.1.4 财政竞争效应作用机理

财政分权让国家地方政府变成了经济者，能够享受一定利益，从而促进自身经济逐步发展，这就是地方政府的首要任务。地方政府不仅应拟订出相关体制来避免资源外流现象，而且还要构建相关政策来引进外地要素，使得国内地方政府竞争始终处于最佳状态。

从某种意义上讲，地方政府竞争会缩小地区差距。地方政府竞争从演化经济学的角度来分析，地方政府竞争导致的地方保护主义就可能会成为市场秩序的主流。生产的外部性，无论正外部性溢出效应还是负外部性的内化效应中，都会存在某种潜在利益，这一点让区域合作存在了可能性。可以采用应用博弈论的思想进行分析，把配置过程看成是区域之间相互博弈的动态过程，因此最终的均衡结果表现为某种形式的区域合作。

（1）税收竞争的效应作用机理。财政竞争始于税收竞争，尤其是在资本积累早期或者财政体制尚不健全的情况下尤为如此。税收竞争往往通过竞相降低税率或变相税收优惠等途径，吸引资本（含人力资本）流入本辖区。

假设两区域，区域 A 和区域 B，两区域产品的生产函数为 C—D 模型，即：$Y = \dfrac{K^{\alpha}L^{\beta}}{T}$，其中 K 为投入资本；T 表示对资本的税率；$\alpha > 0$，$\beta > 0$，$\alpha + \beta > 1$。可以假设，当资本税率与经济增长成反比，区域 A 和区域 B 的生产函数分别为：

$$Y_A = (1 - t_A)K_A^{\alpha} = K_A^{\alpha}G_A - t_A K_A^{\alpha}G_A = K_A^{\alpha}G_A - E_A \qquad (4-1)$$

$$Y_B = (1 - t_B)K_B^{\alpha} = K_B^{\alpha}G_B - t_B K_B^{\alpha}G_B = K_B^{\alpha}G_B - E_B \qquad (4-2)$$

式中，K_A，K_B 分别表示代表性投资者为进行生产与交易活动所使用的资本，$\dfrac{Y_A}{Y_B} > 1$，t_B 分别表示两地的资本税率。

由上面模型的一阶条件可得：

$$K_A = \left(\frac{Y_A}{G_A}\right)^{\frac{1}{\alpha+\beta}} \left(\frac{\alpha W_A}{\beta R_A}\right)^{\frac{\beta}{\alpha+\beta}} \qquad (4-3)$$

$$T_A = \left(\frac{Y_A}{G_A}\right)^{\frac{1}{\alpha+\beta}} \left(\frac{\beta R_A}{\alpha W_A}\right)^{\frac{\beta}{\alpha+\beta}} \qquad (4-4)$$

将其代入目标函数中可得区域 A 的产出函数 Y_A。同样，可以得到区域 B 的总产出 Y_B。假如，$\dfrac{t_A}{t_B} > 1$，则表示 A 区域税收负担高于区域 B，资本就流向区域 B。在其他条件不变的前提下，最终结果是，$\dfrac{Y_A}{Y_B} < 1$。也就是税收竞争的结果是资本流入低税率地区，造成了地区间的产出"飞地"和经济"洼地"。

（2）财政支出（公共产品）竞争效应作用机理。财政支出竞争也称公共产品竞争，是政府通过提供甚至是超额提供更多公共产品，以吸引资本尤其是高税源的资本流入。其作用机理如下：

现假设：

$$E_A = \frac{G_i}{n^{\alpha}} \qquad (4-5)$$

$$E_B = \frac{G_j}{n^{\alpha}} \qquad (4-6)$$

其中，E_A 表示 A 地区公共服务水平；E_B 表示 B 地区公共服务水平；G_i 表示区域 A（或区域 B）的财政支出水平；n 表示税收规模；α 为两地公共产品水平变异系数。该系数越大，则表示有一方可能利用公共产品进行经济资本争夺。

假设商品市场和要素市场在每一时期都处于均衡状态，即产品和要素总是处于市场出清状态。另外，为了简化分析，假设资本折旧率 $\delta = 1$。

在以上假设下：

$$Y(t) = F(K(t),L(t)) = I(t) + L(t)c_y(t) + L(t-1)c_0(t)$$

$$(4-7)$$

其中，$I(t)$ 表示 t 时期的政府总投资。把式（4-7）代入式（4-1）和式（4-2），并把它改写为人均投资负担形式，得到：

$$f(k(t)) = (1+n)k(t+1) + c_y(t) + c_0(t)/(1+n) \quad (4-8)$$

根据式（4-7），由式（4-8）可以决定社会公众缴纳税金函数为：

$$s(t) = s(\omega(k(t)), f(k(t+1))) \quad (4-9)$$

如果平衡增长路径上的人均资本 $k^* \geq 0$，那么政府投资和社会公众纳税收敛得到：

$$s^* = s(\omega(k^*), f(k^*)), c_y^* = \omega(k^*) - s^*, c_0^* = f'(k^*)s^* \quad (4-10)$$

也就是说，政府通过扩大投资改善当地公共资源利用条件的平衡条件为：

$$y^* = f(k^*) = (1+n)k^* + c_y^* + c_0^*/(1+n) \quad (4-11)$$

假设税收是中性的，不影响纳税人投资与消费，下一期所有的 PPP 成本都必须来自当期的税收。因此，为了维持产出存量不变的当期人均税收边际比例，至少应该大于人均消费边际比例。

借鉴式（4-1）、式（4-2），如果地区 i, j 分别对应的公共服务均等化程度相同，那么根据均等化条件（$E_i = E_j$），则须满足 $\dfrac{G_i}{G_j} = \dfrac{n^\alpha}{m^\beta}$。如果某一地方公共服务水平与另一地方公共服务水平存在落差，则会对资本流动产生结构性差异，不仅税源分布产生的结构性影响，对总产出同样产生影响，即 $\dfrac{E_i}{E_j} = \dfrac{Y_A}{Y_B}$。

在良好的地方政府合作机制下，跨区域集群发展就会拥有更加良好的保障，一定程度上能够避免无序发展和恶性竞争。当前公共行政改革的趋势是加强区域政府合作，地方政府合作机制研究领域的扩展能够丰富现代公共管理理论。对地方政府间合作机制的研究，有利于跨区域集群发展过程中地方政府合作工作的开展。

本书认为，政府间财政合作效应主要产生于合作能产生更多的溢出效应，或者说合作能放大各自辖区公共产品或服务的效应边界，从而使得收益范围扩大。

4.2 财政合作效应及其作用机理

4.2.1 财政合作的条件和可能性

（1）财政合作的条件。区域经济合作，一般是指区域内各利益主体（主要是地方政府）通过各种形式配合、协调，寻求一致的配置经济资源的行动，以达到各方经济利益最大化的行为。这种合作既包括区域内各地方政府之间进行的合作，也包括区域内市场主体之间进行的合作。更广义地讲，区域经济合作也应当包括区域内与区域外的利益主体之间合作的问题。因为各个区域之间虽然各有不同的发展状况、区位优势，但并不是互不相干的。恰恰相反，区域之间的不同给合作创造了极好的契机，尤其是各地方政府力图获得或维持他方也在力图获得的并非各方都拥有的经济资源和市场空间的行为。长期以来，各国的区域之间还是以竞争为主，公共服务、产业经济等方面，常常抢人才、抢项目、抢资本，导致了产能过剩、重复建设等困境。

具体而言，财政合作条件如下：

①空间异质性。所谓空间异质性也就是空间差异性，专业领域称其为"空间上的非平稳"，这违背全部样本均源自相同总体这一设想。唯有较大规模区域才可以很好地促进税收合作，但是如果规模不够大、地区经济较为落后，选择税率过程中不会受到税收竞争带来的制约；如果转移支付尚未获得实际上的补偿，那么不存在动机会让税率发生改变。所以，政治经济层面的税收合作难度非常大。

②空间溢出，还叫作空间外溢效应。空间财政探究与财政外部性探究比较相似，也就是说，对特定区位当中的财政行为能够给邻近区域的微观经济财政行为以及主体行为造成很大影响。我们能够把空间外溢分割成全域外溢以及局部外溢这两种类型，具有很多呈现方式。

③财政行为差异性。该差异特征不但体现为相同主体在同一个空间范围内实行不一样的财政行为而造成的差异，同时还体现在主体不一样时在不一样的空间范围当中实行同样的财政行为带来的差异特点。所以，只要地区之间存在空间差异，财政收支情况存在差异，那么财政行为就一定会出现差异特征。

④财政行为排他性。例如，给予本地居民社保以及教育等方面物品，

会根据投资门槛、户籍以及就业情况等加以约束，使得居民能够尽可能地实现效用，同时降低甚至避免出现"搭便车"情况；有时还会有选择性地给予居民层次各异的公共物品。虽然同一辖区当中容易出现具备竞争特点的地方性公共物品，例如，对于居民财政奖补以及利税返还问题、退免税费等。诸多现象体现出，如果空间因素可以让财政决策出现割裂现象，那么财政行为一定会具有排他特征，但不会是传统意义上的非竞争以及非排他的普惠行为。

⑤财政行为策略性。实际上，只要进行详细的分析，以上例证当中出现的财政分析存在策略互动特征，例如模仿、竞争以及互补等特点，而且现在已经得到了很多国内外研究人员的证据支撑。很多地域空间当中出现的流动要素说明税源出现转移以及税基发生改变，相同级别的辖区政府利用政治考核以及经济绩效等来进行激励，导致财政收支出现博弈是很有可能的，只是显隐性、横纵向等有所不同。不管是在中国还是在西方国家，只要财政体制当中具备自主权利分配，就一定会出现地域空间中的财政行为存在策略互动特征。

（2）财政合作的可能性。在空间经济学理论当中一共存在两种合作方式，也就是说双方利用相同税率来把财政方面的差异进行分担，还可以将税率增加至一定要求。结果表明，如果出现不对等现象，税收合作难以实现双赢，不但无法将其完善，反而容易让双方享受到的福利降低。当地区规模相对很大时，才能够很好地促进财政合作。

假设有其他可能性，也就是说区域之间在经济利益问题上形成互补现象，生产要素在空间分布方面主要通过专业化的产业部门进行分工之后再确定，因此南部可看成是北部经济腹地，而税源转移主要是财政方面出现了要素输出以及产业分工现象。因此，北部朝着南部进行横向转移支付可以看作将集聚租金根据一定比例来进行分红，很难变成较为稳定的合约关系。产业区如果出现了改变，辖区间的财政具备的优势也会发生变化，如果利益分享具备临时特征，那么将很难维系下去。

政府在进行跨部门协同合作过程中，最关键的就是财政合作，最起码应涉及下列三个方面：其一，以国家及区域性的经济政策条件、发展战略为基础进行财政合作，使得财政部门能够和政府做好经济、政治的配合工作；其二，上下级的财政部门做好协同工作，也就是说，财政系统内部的各个层级间做好协同工作，行政计划、转移支付以及指令较为常见；其三，围绕政府发展目标、产业项目、市政情况等，让财政部门能够和其他部门实现协同工作，主要表现为本级财政收入应在辖区之内得到分配，通过临时筹措、追加预算等途径来完成。

如果说财政分权制体制下，财政竞争是常态，又能如何在公平视角下作对"协调"？从根本上说，政府间财政状况的非对称性是现实常态，这包括各地之间财政能力和政策环境都是非对称的。财政的非对称性直接导致辖区间财政博弈和策略行为，最典型的财政博弈和策略行为就是辖区间的财政竞争。除了财政竞争之外，财政合作也是政府间财政博弈和策略行为的组成部分，例如我国实施多年的对口支援就是政府间财政合作，其行动基础往往是基于国家发展战略的需要。

当前中外政府间财政合作的具体形式就是财政资源由盈余地区向亏缺地区流动，既包括直接的财政资金转移，也包括间接的公共服务共享。事实证明，从内在激励看，分权体制下也促进了财政合作，实现了从无序竞争向有序合作转变。无论从理论还是现实看，这种财政行为的转变一般基于以下原因：

第一，空间异质性的存在。空间异质性也就是空间差异性，专业领域称其为"空间非平稳"。一定程度上说，区域之间经济差异的存在是政府财政合作的基础和起点，而消除这种异质性则自然成为财政合作的不二目标。

第二，财政行为方向发展规律。政府间财政关系当中，竞争绝对是主导，但是为保护竞争，财政合作必然逐渐涌现。因为，财政竞争必然衍生混乱，甚至抵消竞争带来的效率。而财政合作则消除了财政竞争的负外部效应，保护了财政竞争成果。尤其是经济发展迈向区域经济一体化过程，不可避免催生了多种公共事务，此时地方政府之间财政合作非常关键。

第三，社会发展动能变迁的需要。分权化改革初期，地方政府为了增长进行竞争，这种方式往往以牺牲社会福利换取经济高速增长。在可持续发展战略下，发展动能最终演进为人和社会的全面"发展"上来。财政行为必然由"为增长而竞争"调整到"为发展而合作"。

4.2.2　财政合作种类

政府之间合作体系较好会一直稳定地存在下去的，这样长期交流与沟通对于地方政府实现更深入的合作非常有帮助。其次，实行合作体系一定要让合作变得法治化、规范化，同时还能让地方政府获得相应保证。最后，合作体系能够给合作带来全面支持，对于绩效、激励制度以及组织架构等领域均能很好地完善政府之间的合作关系。由于不存在制度化要求来加以制约，国家地方政府中存在的合作方式非常多，每个地区按照合作事项以及所在区域特征来构建合作，不存在特定方式。

地方性合作机制通常能够划分成以下三类：其一，互利模式，合作各方均能够从中得到收益；其二，大行政单位起主导作用，合作各方存在收益较多的一方，该方能够独立承担合作成本；其三，中央诱导形式，中央命令地方之间形成合作，或者颁布鼓励地方政府实行合作的相关政策条件。

现在，区域政府合作当中，"双边合作"模式非常常见，而且发展速度也非常快，这样的合作方式主要是为了区域之间能够优势互补。然而合作时，合作主体均过分在意自身优势特征，试图根据自身发展情况来进行合作，并不是基于区域发展利益角度来考虑，也不算按照区域专业特点来进行分工以完成经济效益。从整体层面上讲，现在区域经济发展当中，政府之间存在的关系变成了浅层合作与竞争共存，合作大多停留在起步阶段，不具备长期稳定的制度化合作体系。

财政合作还可以根据紧密程度来划分成以下几类：其一，磨合式。尽管内地中存在很多"合"的倾向，然而是很多政府利用削减彼此非重合利益时采用的一种模式，以顺应一体化时代，无法让各方利益充分扩大。其二，整合式。试图利用政府行政力量来推动一体化建设，一旦在整合过程中存在政府失灵现象，那么会严重影响一体化发展，甚至会出现倒退状态。其三，融合式。指的是地区政府以市场主体为依靠来实现竞争，并且参与到一体化建设当中。因为国内市场发展不够完善，因此该模式并不适用。因此，基于现有条件，竞合式不仅实用，而且能够很好地重塑政府之间存在的关系。这种模式体现了合作和竞争实现一体化，在竞争当中实现合作，在合作当中进行竞争。

4.2.3 政府间财政合作效应作用机理

一般而言，财政合作可以降低空间交易成本，促进要素的空间可流动性，最终提升整体区位竞争力。实际上，在区域间财政行为中，尽管合作已经逐步成为常态，但竞争仍是主流。地方政府间财政合作不仅基于一个共同价值，更是基于一个共同的利益。本书认为，政府间财政合作效应主要源于合作过程的溢出效应，或者说合作能放大各自辖区公共产品或服务的效应边界，从而使得收益范围扩大，降低公共交易成本。由于政府之间的财政合作，减少了跨域公共产品成本，边际成本相对下降。

既有研究发现，在区域经济实现一体化的过程中，地方政府之间形成合作非常关键。要想充分整合区域中存在的资源以及流动要素，构建一体化空间，就一定要提高区域之间协作发展。但是政府合作最重要的是利益问题，所以一定要构建出合理的利益共享制度，财政竞争转向财政合作才更加可持续。

政府间财政合作，最终都可能产生受援地区公共服务水平、居民可支配收入的绝对和相对提高等效应，这也是中央政府政策设计的初衷。一般而言，消费者效用水平取决于所消费产品的数量和结构。在混合经济条件下，就是私人产品和公共产品消费数量和消费结构的组合。

假设经济系统包含穷富两个区域，穷区为 S 区；富区为 N 区。假设两个区域私人产品单位产出 α_A 工资成本为 w_α；富区政府每生产一单位公共产品需要投入固定成本 F_N 和可变成本 α_n。穷区政府每生产一单位公共产品需要投入固定成本 F_S 和可变成本 α_s。同时，南、北地区共同隶属于一个有效率的中央政府，该政府以全国公众福利最大化为施政目标。

假定无论穷富两个区域均在消费环节对公共产品免税。此时，每个地区的消费者均具有私人消费和公共消费的双重效用，效用函数表示如下：

$$U = C_{p_u}^\rho C_{p_e}^{1-\rho} \qquad (4-12)$$

P_u 表示公共产品消费额（一般指居民纳税额加地方政府债务），P_c 为私人消费品的消费额，P_i 表示第 i 种私人消费品的价格，C_i 为第 i 种私人消费品消费总额；Y 为消费者收入，ρ 为消费者在公私物品之间的公共品消费偏好，$1-\rho$ 为私人消费品消费偏好。假定没有储蓄，所以收入等于支出。社会公众效用最大化的预算约束为：

$$Y = P_u C_u + \int_{i=0}^{X} P_i C_i di , \ s.t. \ C_{pc} = \Big[\int_{i=0}^{x} C_i^{1-\rho} di \Big]^{\frac{1}{\rho}} \qquad (4-13)$$

要使社会公众效应最大化，必须使得公共产品消费成本最小，从而私人品消费最大，最终总效应最大。也即，消费者效用实现最大化，首先一定要使 Cp_u 的支出最小。根据式（4-1）、式（4-2）建立拉格朗日函数，得到：

$$L = \int_{i=0}^{X} P_i C_i di - \lambda \Big[\Big(\int_{i=0}^{X} P_i C_i di \Big)^{\frac{1}{\rho}} - \rho C_{p_u} \Big] \qquad (4-14)$$

对 C_i 和 C_{pc} 求导，并令其一阶导数为零，由于对公私产品的支付份额分别为 ρ 和 $1-\rho$，因此消费者效用最大化的公私产品最优组合为：

$$C_{pc} = \frac{(1-\rho)Y}{P_c} , \ C_{pu} = \frac{\rho Y}{P_u} \qquad (4-15)$$

式（4-15）表示，无论穷区还是富区，其居民公私产品消费组合取决于收入、消费偏好及价格。此时尚未考虑财政资源从富区流向穷区。本书重点考虑富区对穷区财政合作（直接补贴、间接补贴、对口援助）对穷区基本公共服务消费及收入分配的影响。

假如富区对穷区各项财政援助量化金额为 g。这相当于在公共产品的生产环节，对穷区公共产品的生产成本提供补贴 g。进一步地，也可以从另一个角度说，由于消费者均衡价格包含补贴的影响，财政合作可通过市场机制"消化"到居民收入中去，进而提高穷区居民人均收入。

假设中央政府出于经济和政治的考虑，赋予两个辖区财政自主权，辖区为使得公共产品收益内在化，对外溢地区进行补贴，尤其是富区对穷区进行补贴。假设富区、穷区分别选择不同的税收水平 t_n 和 t_s，公共产品价格与税收、补贴存在如下关系：

$$pu_s = \frac{(t_s + g_n)}{w[F_S + (1 - g)\alpha_s X]}\pi_s \tag{4-16}$$

$$pu_N = \frac{(t_N - g_n)}{w[F_N + (1 - g)\alpha_N X]}\pi_N \tag{4-17}$$

式中，π 为财政收入用于公共品的比例。上式表示穷富两区在各自公共品成本基础上的公共品供应量。可以看出，富区公共品供给量有所减少。上式的含义在于，富裕地区的地方政府对贫困地区政府提供的补贴，在降低贫困地区公共产品价格的同时扩大其产出水平，其产生的溢出效应相当于给穷区居民可支配收入的补贴或形如国外的 CCTS 计划。

问题在于，富区对穷区的财政援助，势必降低富区公共产品供给数量，一旦降低到一定程度，则影响其财政合作的积极性。一旦突破某一临界点，合作将会中断或破裂。对上式中富区公共品供给函数求导，令其一阶导数为零，得到均衡条件为：

$$t_n' = g_n' \tag{4-18}$$

式（4-18）表示，对富区而言，如果其税收收入边际增长率等于对穷区财政援助的边际增长率，财政合作是可以维持的。如果其税收收入边际增长率小于对穷区财政援助的边际增长率，如果没有强大的政治压力，财政合作可能无法运行。

因此，本书认为，受援地方政府能够在多大程度上将补贴转化为基本公共服务和居民可支配收入，除了中央政府权威之外，还取决于地区间利益均衡和补偿机制，同时必须存在一个随着交易成本不断变化而动态调整的进退决策机制。

4.2.4　财政合作的效应分析

由于辖区间市场需求的转移伴随着地方税源和公共物品的溢出，在既定预算约束下可解得地方性补贴和差异性税收对空间交易成本的影响。地方政府、市场主体以及民间力量构建合作，利用各种组织生产出多种类型公共产品，尽可能地提升产品供给效率，让供给决策能够展现出人们喜好情况。地方政府采取这种方式主要是因为辖区中公共产品付费以及消费是分不开的。因为辖区政府能够提供税收组合存在差异的公共产品，而且地方政府供给效率各不相同，人们在选择时当然会选择可以带来有效产品的这些辖区。居民出现流出现象能够直接让政府感受到压力，因为这体现了政府融资水平逐渐降低，因此政府一定会多学习相关经验。很多先进区域主动研发新型产品，使得其一直具备竞争优势，从而吸引更多居民涌入，最基本的也是要确保居民不会从辖区中流失。因此，相邻政府绩效存在差距会让落后者努力提升其服务能力。如果供方数量提高，竞争会让他们很快地作出反应。

所以，政府间或者区域间实行财政合作可能会出现下列效应：

（1）区位效应。这种效应主要表现在行政行为具备一定差异性，指的是财政行为受到了人文、地理以及经济等多种区位因素影响。有很多国内外研究人员基于财政竞争以及资本流动层面把它看成是在经济体的内部，集团投资时进行的区位选择，从本质上来说指的是企业流动。该界定偏重财政过程，此处仅指的是区位条件给财政行为带来的影响，更倾向于财政结果。

（2）局域经济带动或者挤出效应。通常表现在财政行为具备排他性以及外部特征，意思就是财政行为可以在相应区域范围之内给经济提升以及运行带来很多负面影响，这些在很多文献资料中已经得到准确证实。

（3）空间溢出以及距离衰减效应。主要表现在财政行为外部特点，主要表现就是地方性公共物品出现了正负外部性效应，例如辖区在治理大气污染过程中能够出现正外部性效应，让邻近辖区都能够获得很多收益，但是距离相对很远的辖区却只能收获很小的收益。

（4）策略互动效应。其主要体现财政行为的排他性和策略互动性特征，指地方政府之间展开的竞争、模仿、合作等行为主要基于维护辖区经济和政治利益的需要，最重要的表现是财政分权体制下公共财政资源的争取和共享。

4.3 从竞争到合作：财政行为演进的博弈分析

政府之间关系当中最根本的形态特征就是竞争和合作。基于多中心治理理论角度进行分析，在政府竞争当中核心内容是公共产品。如果想在竞争当中获胜，那么政府提供的供给决策一定要最大程度地体现出人们的喜好特点，利用制度上的创新增强供给效率。因为公共产品具备各种类型的属性特征，因此政府一定要先建设出不一样的生产单位，从而做好规模经济。市场主体、地方政府以及民间形成合作已经是一种必然趋势。多元化生产单位体现了辖区行政界线和产品消费与生产界线有很大不同，地方政府不可以将产品供给垄断过来。生产公共产品和生产私人产品一样，依旧可以引进竞争体制。

政府间关系当中，起着主导作用的是竞争，但是政府间的合作也逐渐增多。区域各方认为应构建基础设施、旅游、环保以及农业等多个领域的合作关系。在区域经济实现一体化的过程中，地方政府之间形成合作非常关键。要想充分整合区域中存在的资源以及流动要素，构建一体化空间，就一定要提高区域中各个城市之间协作发展。从某种程度上来说，提高城市之间的协作发展也就是要加强政府合作关系，但是政府合作最重要的是利益问题，所以一定要构建出合理的利益共享制度，做好利益分配，让利益补偿问题变得更加规范化。政府实现合作最关键的就是要具备适宜的利益共享体系。

地方政府合作与竞争都是地方政府配置资源的一种行为。地方政府通过相互间的竞争来改变资源的流动，这其中既有强制的成分也有诱导的成分。那些通过行政命令方式对资源的配置通常是强制性的，但这种方式通常只存在于地方政府辖区内部。这是因为，在一级政府的地域管辖范围内，地方政府独占本区域内的行政管辖权，其权力行使的法律效力范围限于行政区域内部，对其他无隶属关系的行政区域内部事务无权干涉，强制性的资源配置通常不会延伸到其他行政辖区。当然，这种强制性配置只是部分资源，并且应该是市场配置方式的有益补充，应该存在于市场失灵的地方。由于地方政府竞争侧重于地方政府相互依赖中的冲突和对立关系，几乎不考虑其他地方政府以及整个区域的利益得失，从现实来看它也带来了许多负外部性，典型的就是资源在整个区域间配置得不合理。

变通地说，财政合作的一个重要作用就是可以将地方政府竞争的负外部性内部化，使资源在地方政府间得到优化配置，将竞争所带来的经济成本和社会成本转化为收益。地方政府间通过相互谈判、协商和讨价还价就如何合作达成一致，但是，地方政府间的合作通常不会是对资源的直接配置，行政权力在其中仍然发挥了核心的作用。也就是说，地方政府间是通过行政权力的相互调整来实现资源再配置的，如将权力让渡给一个独立组织，或者是签订共同限制、规范某项权力行使的协定，或者是将某项权力转交给另一方行使并承担责任等。所以说，地方政府间合作要解决资源配置问题，关键在于解决行政权力的配置问题。

4.3.1 从竞争到合作：现实原因

地方政府横向合作基础就是经济协作，对于地区经济稳定发展非常有帮助，同时还能够巧妙地淡化区域经济不平衡发展现象，以促进国民经济稳步发展。所以，地方政府之间形成合作满足国家经济发展以及社会发展趋势，有很大的意义与价值。然而，在改革过程中采取放权让利的方式巩固了政府利益主体位置，地方政府逐渐展现出"经济人"的特点，所以横向合作时会发生下列现象：

（1）低水平竞争一定会造成地方保护主义。现在，市场经济逐渐变得完善，在经济方面，每个区域之间都有很大竞争关系。很多地方政府只考虑自己利益情况，在行政区搭建起自我封闭的经济架构体系，实现经济强制封锁。这种地方保护主义让区域经济发展和一体化模式背道而驰，提高了政府分裂概率和地方政府脱离中央政府的可能性，随时都会对社会和谐与稳定发展造成很大危害。

（2）低水平竞争造成要素市场出现分割化现象。在地际竞争过程中，地方政府通常会把行政边界当作是经济边界，对于跨行政区流动现象会下意识地加以约束，人为地将要素市场进行划分，使得很难形成秩序井然的区域性统一市场。

（3）低水平竞争导致地区产业架构趋同化。因为行政区域具有一定的排他特点以及独立特征，通常是各自为政进行发展，不具备较为完整的战略协调规划，很多生产门类都是自成系统，这就导致很多产业架构出现趋同现象。区域间进行同构建设，不但会造成资源的严重浪费，还会导致各个地区很难将自身优势充分发挥出来，对于同一市场的构建也产生了负面影响。

基于现代化背景压力，分权改革以及"发展型地方主义"逐渐发展起来，基于区域一体化、经济全球化、经济转型和社会接轨的环境背景，地方政府拥有的目标函数非常多元化，不但涉及到本地政区中市场管理与监督、经济条件发展以及社保服务等，还涉及到区域整合逐渐加强等。

从根本上来说，基于发展类型的地方主义之下的地方政府财政竞合体系是属于政治动员类型，而不是非合作主体平等博弈。包容性发展主要是完成各方利益需求，实现利益协调和让渡，而不是非利益的抢夺、冲突以及排他等。政府应给予一定的协调与指导，建设出地方政府之间平行模式的激励制度，从而顺应国家区域一体化模式以及政府合作模式。由于区域公共事务数量逐渐提高，相关问题也经常出现，对区域进行治理变得越来越困难，风险也逐渐提升，地方政府由于受到了发展和利益等方面的压力，逐渐采用合作治理模式。

4.3.2　从竞争到合作：行为博弈及路径

假设有两个区域，T_1 是区域 X_1 的策略集，T_2 是第二个区域 X_2 的策略集，又记 $X = X_1 \times X_2$，$f_i: X \to R(i = 1,2)$ 是第 i 个区域的支付函数，如果 $\exists x^* \in (x_1^*, x_2^*) \in X$ 有：

$$f_1(x_1^*, x_2^*) = \max_{u_2 \in X_1} f_1(u_1, x_2^*), \quad f_2(x_1^*, x_2^*) = \max_{u_2 \in X_2} f_1(x_1^*, u_2)$$

$$(4-19)$$

则称 $x^* \in (x_1^*, x_2^*) \in X$ 为二人经典博弈的 Nash 平衡点。

二人合作博弈的定义如下：

假设区域 1 成本函数是 $c_1(x,y)$，区域 2 是跟随者，策略集是 Y，成本函数是 $c_2(x,y)$，区域 1 选择策略 $x \in X$，区域 2 知道区域 1 选择策略 $x \in X$ 后，选择策略 $y \in Y$，而区域 1 当然知道区域 2 会做这样的选择，因此它将选择策略 $x^* \in X$，使 $\sup\limits_{y \in K(x^*)} f_1(x^*, y) = \inf\limits_{x \in X} \sup\limits_{y \in K(x)} f_1(x,y) = 0$。

(x^*, y^*) 称为此博弈的均衡点，此处成本最小化。其中 $y^* \in K(x^*)$，且 $f(x^*, y^*) = \sup\limits_{y \in K(x^*)} f_1(x^*, y)$。

假设在一个具有三个人的有限合作博弈中，设 P_1, P_2 为领导者，P_3 为两个跟随者，Γ_1 和 Γ_2，Γ_3 表示 P_1 和 P_2, P_3 的纯策略集，$J^i(\gamma^1, \gamma^2, \gamma^3)(i = 1,2,3)$ 表示当三个区域应用策略对 $(\gamma^1 \in \Gamma^1, \gamma^2 \in \Gamma^2, \gamma^3 \in \Gamma^3)$ 时所遭受的损失，一个策略 $\gamma^{1*} \in \Gamma^1, \gamma^{2*} \in \Gamma^2$ 被称为领导者的最优策略，如果：

$$\max_{\gamma^3 \in R^F(\gamma^{1*}, \gamma^{2*})} J^1(\gamma^{1*}, \gamma^{2*}, \gamma^3) = \min_{\gamma^1 \in \Gamma^1} \max_{\gamma^3 \in R^3(\gamma^1, \gamma^{2*})} J^1(\gamma^1, \gamma^{2*}, \gamma^3) = J^{1*}$$

$$(4-20)$$

J^{1*}，J^{2*} 表示两个具有同等地位领导者采取策略 $\gamma^{1*} \in \Gamma^1$，$\gamma^{2*} \in \Gamma^2$ 所遭受的损失，这里 $R^3(\gamma^1, \gamma^2)$ 表示跟随者对领导者所使用策略的最佳回应集，并且我们定义：

$$R^3(\gamma^1, \gamma^2) = \{\xi \in \Gamma^3 : J^3(\gamma^1, \gamma^2, \xi) \leqslant J^3(\gamma^1, \gamma^2, \gamma^3), \forall \gamma^3 \in \Gamma^3\}$$

$$(4-21)$$

$\forall \gamma^{3*} \in R^3(\gamma^{1*}, \gamma^{2*})$ 表示跟随者们对领导者所采取策略的最佳回应策略。也就是说，非合作博弈导致三方利润为 0，即零和博弈。

综上分析，可以看出，一个经济区域之所以与其他经济区域区别开来，通常是因为其具有独特的资源禀赋、地理位置、相似或互补的经济发展状况、共同的人文社会因素等条件，因此区域内经济合作具有天然优势。其合作也通常以平面型合作为主，通过通关一体化、统一区域内产业政策和共同发布市场规则等方式实现区域内的经济一体化，扫除区域贸易壁垒，加强区域内合作和联系。

然而，实际上，在一个经济区域内，尽管合作已经成为常态，但是竞争仍是主流。变对抗的竞争为合作的竞争，即从模仿式的"单赢"竞争转向互补式的"双赢"竞争。因此，在各大经济区域内，只要是参与者均知道合作的必要性，却不会带来更深层次的进展，各利益主体之间仍以竞争为主，合作停留在表面阶段，如何不使合作淡化竞争，如何在合作的基础上展开竞争，使对抗的竞争走向合作的竞争，仍是值得研究的问题。事实上，当合作是建立在一致行动、共同对外的基础上时，合作很有可能会淡化甚至限制竞争；相反，如果是在淡化行政区划和行政手段、强化经济合作和市场功能的基础上，忽略单边行为，重视多方合作，合作就会对竞争起到促进作用。区域内合作方式不同，对竞争也往往具有不同的效果。合作和竞争尽管存在内在冲突，但不是不可调和的；站在法律的角度，就是如何去建立一种规则和制度，能够在竞争的基础上展开合作，而又不至于使合作削弱彼此的竞争。

第 5 章　粤港澳大湾区财政合作
行为的推进路径分析

粤港澳大湾区协同发展已成为重大国家战略。党中央、国务院一直高度重视粤港澳大湾区的规划和设计工作。在粤港澳大湾区协同发展进程中，为建设全球一流湾区和世界级特大城市群，应积极发挥财政政策及财政行为杠杆的独有功效，尤其是通过财政行为深度合作促进大湾区跨越式融合发展。本章在探寻政府间财政行为演进规律的基础上，研究粤港澳三地财政合作的紧迫性和特殊性，进而构建粤港澳大湾区政府财政合作行为的运行机制及实施路径，促进粤港澳三地高质量发展。

财政合作既是政府协同治理的重要内容，又是区域内经济利益的调整方式。囿于独立主体的限制，完全没有矛盾的地区间经济交往是不存在的。尤其在竞争性的区域主体之间，势必广泛存在追求各自利益最大化的政治动机和市场冲动。粤港澳大湾区财政行为协调运行，既是湾区深化合作的集体诉求，也是湾区经济发展到高级阶段的必要条件。

5.1　粤港澳大湾区财政合作紧迫性

根据建设粤港澳大湾区规划的要求，粤港澳在进行协作治理时，应全面深入贯彻落实"一国两制"方针，合理优化合作机制，构建出互利互惠的合作模式，共同加快大湾区建设步伐，促进基础设施建设，深入实现市场一体化等，构建创新型协作治理体系。粤港澳大湾区和现在几大世界级湾区还有一定的距离，仍有以下痛点：

（1）粤港澳大湾区规划以及自身定位问题。目前，对该湾区给出的定位有很多种说法，尚未形成清晰的战略规划以及科学定位。可以说，粤港澳大湾区怎样发展下去，终极目标是什么，大湾区中每个城市的定位以及功能有哪些，如何实现城市之间协调发展等问题，都没有一个具体的说法。广东省发展改革委针对其发展战略作出了相应发展计划，其实是围绕广州展开的计划，这样的计划较为偏颇，对于大湾区发展是没有任何益处的。也就是说，唯有具备清晰定位之后，才能作出清晰的战略规划，从而形成世界级湾区，起到引领作用。

（2）粤港澳地区每个城市间依旧具备排他竞争。城市群就好比鸡蛋，而引领城市就好比是鸡蛋中的蛋黄，附近的城市是蛋白。假设所有城市都只想成为"蛋黄"而不是"蛋白"，那么这对于团结协作、优势互补以及资源整合均会起到负面影响。现在珠三角城市群当中每个城市之间很难实现默契配合以及有效联系。珠三角当中，深圳以及广州是最大的核心城市，然而二者总是老死不相往来。这两个城市能够和很多城市之间形成合作，然而多年来二者之间却并不存在什么大型合作。其实可以在深圳与广州之间建设高科技产业园区，来促进二者之间的联系。

（3）粤港澳当中的城市间尚未形成完善的合作体系。这些年，对于深港以及粤港之间的合作非常关注，积极倡导构建合理合作体系。然而珠三角、港澳均未构建出完备的合作体系。例如，在粤港合作当中，尽管也存在沟通交流以及协调系统，然而依旧不够完善，其运行效率也比较低。同时，深港合作已经达成多年，目前依旧没构建出比较完备的合作体系。怎样有效构建好合作机制，需要经历一段极其艰难的阶段。

（4）试图采用行政方式来强行实施粤港澳大湾区战略规划。前文中已经提到，广东省发展改革委曾明确指出，粤港澳大湾区战略规划就是围绕广州展开的。目前，广东省政府想要将深圳机场与广州白云机场合并在一起，采用行政合并手段提高大湾区航空港具备的优势。这样的发展态势并不乐观。虽然我们提到一体化，但指的是市场实现一体化，并不是让市场主体也实现一体化；一体化是将资源充分整合起来，将自身优势充分展现出来，而不是让政府强制地进行一体化整改；应通过市场来确定资源如何配置，而不是让政府直接确定资源如何配置。简言之，应明确构建粤港澳大湾区最本质的驱动力是市场，而不是政府。市场起到的作用才是最关键最根本的，政府要做的就是制定出发展政策及措施，构建出友好发展环境以及合作机制，从而推动合作顺利进行。

导致粤港澳大湾区财政合作不足的主要原因有：

（1）认识未统一，推进粤港澳财政合作的障碍仍未消除。因为历史的种种原因，粤港澳在管理模式以及文化等方面有很大差别，管理方法与观念也有一定差异：首先，粤港澳政府管理制度存在差异，三者要想实现深入合作以及融合难度较大；其次，粤港澳由于关税体制存在差异，市场经济中的流通要素会受到限制，很难让要素做到无障碍的流通以及优化组合。

（2）港深、珠澳合作创新领域趋于保守。现在，深圳正在和香港之间形成对接，做好港深之间的合理衔接，并且对其进行统一的监督和管理，使其变成香港自由港中的延伸部分。横琴岛按照相关发展规划，变成了粤港澳合作以及一体化模范试验区以及先行创新平台，是"一国两制"政策当中的开放岛以及交汇点。

虽然很多合作创新模式能够很好地推动港深以及珠澳实现一体化，加速了粤港澳实现合作创新模式的进程，然而仍旧较为保守，需要深入研究如何实现粤港澳之间更为深入的合作。

5.2　世界大湾区发展经验

纵观全球发展格局，城市单打独斗的时代已经过去，城市群发展不仅是单一城市发展的重要依托，也是国家竞争力、全球及区域影响力提升及发挥作用的重要平台和手段。纽约、东京、伦敦三大湾区，都不是作为单一城市而存在，这些城市之所以具有全球地位和影响力，归根结底取决于以其为核心的城市群的实力、竞争力和影响力。因此，粤港澳大湾区城市群的发展，是湾区经济发展的必然规律，是粤港澳大湾区走向世界顶级湾区的必由之路。广州、深圳、香港三大城市都是其中的重要力量，分别占据大湾区人口的 20.2%、17.1% 和 11%，以及大湾区 GDP 的 20.9%、20.2% 和 24.5%。在未来发展过程中，随着湾区基础设施的不断完善、不断优化的开放体系、汇集高端要素资源以及发达的国际网络，粤港澳大湾区必定成为我国经济发展的核心引擎。假以时日，粤港澳大湾区会成为与纽约湾区、旧金山湾区、东京湾区并驾齐驱的全球经济综合体，甚至有望成为世界经济体量最大的湾区，引领区域和全球经济的发展与创新。

当今世界四大湾区中，纽约湾区是全球湾区之首，是美国经济中心，也是全球金融中心和国际航运中心。旧金山湾区经济体的生产力最强、而且最为繁荣。东京湾区是世界传统五大国际金融中心之一，是日本工业的核心。纵观这几个成熟湾区发展历程，其成功经验无外乎以下几点：

（1）合理的分工协作是湾区形成的决定因素。"湾区经济"其实是一个大型的经济体系，为避免无序竞争，湾区经济体中需要有分工基础上的合作，只有这样才能提升湾区的竞争力，这也是湾区经济成熟的标志之一。以日本东京湾区为例，湾区有 6 个具有世界规模的港口，由于功能类似且位置相近，日本政府为避免港口之间的恶意竞争，详细地界定和区分了 6 大港口的分工和职责，确保各港口之间能够有机合作、协同发展。

（2）完善的利益协调机制是湾区发展的重要保障。为了保证资源的理性配置和湾区城市发展的有机衔接，就需要湾区间制定完善的利益协调机制，这其中财政利益则是重中之重。例如，旧金山湾区共由 9 个县 101 个镇组成，有旧金山、奥克兰以及圣荷西三大城市，庞大的城市群在发展中必然会为了自身财政利益发生矛盾碰撞，例如争投资、争税源。为此，城市群政府联合出台了许多专项协调计划以规避湾区利益冲突。例如，设立了旧金山湾区管理委员会、旧金山交通管理会、湾区环境保护署以及自然资源管制委员会等，做到各主体之间同质行为并行不悖，消除因利益分割而恶性竞争。

（3）湾区经济发展应在鼓励财政竞争基础上强化财政合作。湾区之所以成为湾区，在于历年的财政竞争提高了湾区整体经济运行效率。在湾区形成良性竞争之余，必须也必然形成湾区内财政合作机制。只有这样，才能兼顾湾区各个城市主体之间不同层次的需求目标，让湾区居民及企业享受湾区财政合作带来的利益，湾区才能维系和发展。否则，湾区就会分崩离析，做不大更做不强。当前，世界其他三大湾区已经搭建了合理的财政合作体系，加强了湾区内公共服务统筹规划。例如，纽约大湾区城市群之间，鼓励各主体改善投资环境和公共服务质量，形成各具特色的竞争格局。但与此同时，湾区各城市政府之间就税源共享、跨区公共设施建设、公共服务规划衔接等方面形成了良好的协商和合作机制。

5.3 粤港澳大湾区财政合作的理论基础和现实逻辑

从理论角度看，区域内或空间上的财政合作必须存在如下条件或基础：

（1）空间异质性的存在。所谓空间异质性也就是空间差异性，指的是所有空间区位中存在的现象以及事物，均和别的区位中的现象以及事物存在差别，专业领域称其为"空间上的非平稳"。从一定程度上说，区域之间经济差异的存在可以更好地促进区域经济合作，这其中财政合作是最有效的工具。不同主体之间势均力敌，则可能衍生基于"瑜亮情结"引发你死我活的恶性竞争。

（2）存在明显的空间溢出效应。也就是说，某一区位中政府主体的财政行为影响到其他区域的经济决策。具体而言，空间外溢效应往往会精准影响要素禀赋、知识技能以及投资流向等方面，同时其溢出效应会由于地理距离加大而逐渐降低。现实生活也往往得到了印证。例如，京津冀，长三角、珠三角等近距离的城市往往因这种空间溢出效应而达成区域合作。

（3）政府财政行为方向发展规律。政府间财政关系当中，竞争绝对是主导，但是为保护竞争，财政合作必然逐渐增多。因为，财政竞争必然衍生低效和浪费，必将抵消竞争带来的效率和成果。而财政合作则可以降低财政竞争的部分负外部性效应，保护了财政竞争的外部环境。就我国财政体制改革历程而言，分权式财政体制改革使得地方政府具有更强大的动机去追求各自辖区利益最大化，于是利益驱动下的政府间财政竞争应运而生。但是，财政竞争之余，不可避免催生了多种公共事务，此时地方政府之间财政合作非常关键。例如，粤港澳大湾区更是区域经济一体化的典范和模板，从某种程度上来说，湾区城市之间的财政合作是保证各个孤立的城市演变为大湾区城市群的条件和结果。

（4）社会发展动能变迁的需要。分权化驱动地方政府为了增长进行竞争，其中最倚重的手段就是财政竞争。这种财政竞争方式往往以牺牲社会福利换取一段经济高速增长。在可持续发展和绿色发展战略下，发展动能由片面追求"增长"，最终演进为人和社会的全面"发展"，这势必引导地方政府将财政竞争的目标调整到"为发展而竞争"，并最终实现从"生产型增长"向"福利型增长"的转变。那么财政行为必然由"为增长而竞争"调整到"为发展而合作"。近些年，世界各地及我国区域之间兴起的各类政府间合作都印证了社会发展动能变迁的这一内在需要。

（5）经济一体化发展规律驱动。正如彼得·罗伯逊（Peter Robson）所言，区域经济一体化是一种手段，在这一过程中，成员之间互相合作，彼此的歧视消失，成员之间在经济政策工具的单边使用上协调一致。现实中，区域经济一体化不断从低级向高级发展。一体化过程就是区域内经济主体的合作过程，合作既是一体化的原因，也是一体化的必然结果。初级阶段的区域经济一体化合作重在市场合作、利益纠纷等。高级阶段的区域经济一体化必然衍生公共需要、制度调整、规划统一等公共事务。无论初级阶段还是高级阶段的区域合作，基本上都是以财政合作为载体和手段。例如粤港澳经济合作框架由最初的货物贸易合作，发展到服务贸易合作、投资合作、技术合作，再发展到当下的环保、教育、健康和养老等领域合作，无不是借助财政杠杆得以实现。

5.4 粤港澳大湾区财政合作的现实基础

粤港澳大湾区在历史发展过程中具备自己特殊的现实条件和历史基础，决定了粤港澳三地必须进行财政合作，只有合作才能共赢。较之世界其他湾区，粤港澳大湾区财政合作存在如下现实基础：

（1）三地财政能力存在差距。粤港澳三地财政收支水平和财政能力存在差异。三地财政收入、财政支出、财政调控能力差别显著，其也带来了诸如收入水平、基本公共服务水平等一系列差别。财政能力的差距必然导致三地之间公共服务的落差，这种落差在一定程度上激发了三地之间财政合作的欲望和动力。近些年，三地在养老、社保等领域的合作也恰恰是基于财政能力差距引发的。

（2）粤港澳经济一体化发展的需要。本书坚持的经济一体化，重在市场实现一体化，并不是让市场主体也实现一体化，即不是谁吞并谁；另外，经济一体化是将区域内资源整合起来，将各自的优势充分展现出来，而不是让政府强制进行去市场化配置资源。从粤港澳三地一体化发展的客观条件讲，三地城市群在人口、交通、经济等方面和产业情况均具备世界湾区的要求与条件。但是，湾区间财政合作不足，最起码的"硬对接"尚待完善，更遑论"软对接"。也就是说，较之其他成熟的大湾区，粤港澳大湾区一体化协同发展最大的短板不是土地面积和人口规模，更不是 GDP和贸易规模，而是利益一体化基础上的财政合作。例如，被寄予厚望的深港合作多年，依旧没构建出比较完备的合作体系。

（3）粤港澳三地财政合作历史经验支撑。粤港澳三地同根共祖、血脉相连，同属中华民族大家庭。多年来，三地之间互为依靠。众所周知，香港经济增长缺乏持续稳固支撑，澳门经济结构相对单一、发展资源有限。正是由于祖国强力支持，才能维持港澳经济繁荣和富强。这其中三地之间财政合作更是功不可没。随着时间的推移，粤港澳三地之间财政合作发展理念深入民心，融入三地发展历史之中，增强了三地民族认同感和民族自信心。历史资料显示，三地之间多年的财政合作重在加大民生类公共产品和服务供给。例如，自 1963 年起，广东省兴建东深供水工程，专门负责香港和澳门供水，并进行 3 次大规模的扩建。又如，2007 年 6 月，内地和香港特区政府共同签订了相关协议，把养老服务放在了合作领域当中。再如，2011 年 3 月，香港和深圳的相关部门在深圳成功签署《香港病人转介项目合作协议》，为港澳同胞提供一视同仁的医疗服务。

5.5 粤港澳大湾区财政合作的特殊性及现实路径

5.5.1 大湾区财政合作的特殊性

第一，财政合作的主体关系复杂。港澳比起广东省拥有较大的自主权。粤港澳三地之间存在着多种多样、程度不一的经济竞争。例如对补贴以及税收进行竞争；对相关专利、知识产权以及高层次技术人才进行竞争；在公共服务、基础设施、发展环境等方面进行竞争；在中央给予的相关优惠政策方面进行竞争等。这一定程度上导致区域资源无法自由流动，很难将粤港澳所有资源整合在一起，在合作时需要经过很多程序、工作效率过低，合作自主权无法实现对等，使得粤港澳三地经济和社会交往过程中花费较大制度交易成本，缺少能够统领大局的合作协调体系。

第二，政策制度的差异性。这种制度的差异带来预期利益和权力的落差，其具体表现为：一是三地基本政治制度、法律制度的差异性影响了大湾区发展的认同感和归属感。香港是英国法律体系，澳门是葡萄牙法律体系，与国内法律体系差异很大。二是内地资本和劳动力向港澳流动的障碍。从长远看，资本流动障碍可以随着内地金融体制改革的不断深入而逐步减轻乃至消除；但香港与内地的人口规模、就业容量与收入水平的巨大差距，决定了港澳劳动力市场在今后相当长时期内无法向内地完全开放。三是关税差异导致"关税同盟"难以落地。总之，这些差异影响了三地社会福利和公共服务的有效衔接，造成粤港澳大湾区建设面临其他湾区所没有的制度和体制机制难题。

第三，世界经济格局重大变革。目前，世界经济格局大洗牌使得粤港澳大湾区经济处在从快速发展时期转变为高质量发展阶段。资本、土地以及劳动力等传统形式的要素逐渐减少，创新能力、产业化水平以及教育情况等可持续性要素约束依然存在。粤港澳三地想要立足世界经济潮头，必须加强三地之间的创新型合作，由最初"前店后厂"形式逐渐转变为深度融合形式，积极践行构筑"丝绸之路"经济带的重大历史使命。

第四，"一国两制"的特殊优势。"一国两制"是粤港澳大湾区的优势，也是粤港澳大湾区迈向国际的重要基础，港澳特区政府必须在"一国两制"前提下，把国家所需、港澳所长有机地结合起来，在融入国家发展大局的同时，也为港澳经济寻找新的增长点，同时为港澳居民提供更广阔的生活和发展的空间。只有充分认识和利用"一国两制"制度优势，才能进一步建立互利共赢的区域合作关系，为港澳发展注入新动能。

5.5.2　粤港澳大湾区财政合作的现实路径

（1）合作的目标导向。鉴于国内经济发展形势和国际经济格局变化的现实，粤港澳大湾区三地的财政合作必须服务于统筹推进"五位一体"总体布局和协调推进"四个全面"战略布局，充分利用"一国两制"制度优势，建立互利共赢的湾区财政合作关系。这既是中央政府的国家战略体现，也是粤港澳三地大局思维的必然要求。也就是说，此次粤港澳大湾区财政合作必须服务于顶层设计，不仅仅是为了解决区域公共服务外溢问题，也不仅仅是基于若干亿元税收纠纷协调，而必须服从和服务于建设世界一流湾区和世界级一流城市群这一顶层设计。

同时，我国未来不会只有一个湾区，还有杭州湾区和渤海湾区扬帆待进。正因如此，粤港澳大湾区就是个试验田，为我国未来兴起的湾区经济提供理论借鉴和实践参考。

当然，上述目标不可能一蹴而就地实现。财政合作的重点和阶段性任务应该划分为：第一步，到 2025 年，以基础设施互联互通的硬合作为主。第二步，到 2030 年，以高度发达的教育和科技等软合作为主。第三步，到 2035 年，以"宜居宜业宜游国际一流湾区"的全面合作为主，为率先实现社会主义现代化提供坚强支撑①。

（2）合作内容及路径。粤港澳大湾区的财政合作应该是融合式合作，即湾区各独立经济主体立足经济效应最大化竞争，同时参与到一体化建设当中，在竞争当中实现合作，在合作当中进行竞争。2019 年 2 月 18 日颁布的《粤港澳大湾区发展规划纲要》，就基础设施、环保、教育和人才、就业创业、健康和养老等提出具体合作方向。基于此，粤港澳大湾区财政合作内容既有制度接轨、公共服务合作等软合作，又包括基础设施等的硬合作。各有其合作目标和合作内容：

①税收合作。粤、港、澳三个地方各有着自己不同的税收制度，这对三地的经济整体性发展有着很大影响。为了消除内地和港澳地区二次征税以及偷税漏税的现象，必须保证同一项收入，不管直接收入还是间接收入都不会缴纳两次税费。同时，粤港澳三地应该建设紧密的税收信息共享平

---

① 中共中央、国务院.粤港澳大湾区发展规划纲要［Z］.2019－02－18.

台,任意一方,都不能成为其他两方的"避税港"。

对于未来粤港澳大湾区协同发展进程而言,尚有两大税收合作重点:第一,如果通过税收杠杆的调节,吸引高端人才来粤港澳工作,尤其是在三地之间流动的高端紧缺人才的税收抵免方式和力度;第二,如何协调三地税收政策,形成等力度的税收优惠体系,既要避免大湾区内部税收恶性竞争,又要防止外资利用三地税制差异衍生税收套利行为,做到对外税收政策一致和同步。

②民生福利合作。民生福利合作的目标就是拓展三地在医疗健康、社会保障等领域合作,积极推行粤港澳优质公共服务共建共享,打造宜居宜业宜游的优质生活圈,造福大湾区人民,增强大湾区各族人民的国家认同感和民族自豪感。自大湾区规划颁布以来,广东省取消了港澳居民就业证制度,对港澳人才实行公租房优先配租,港澳居民可在广东缴纳住房公积金等。目前,广东省已有港澳籍从业及居住人员近30万人①,与广东省居民共享医疗、养老等公共服务。

具体而言,粤港澳三地民生福利合作未来推进路径主要包括:第一,养老合作。发挥珠三角九市在地域空间和人力资源方面的优势,大力供给大湾区三地一体的养老服务机构。在财力有限的情况下,通过财政补助或者PPP模式支持建设。让港澳居民在医疗、养老、住房等民生方面享有与内地居民的同等待遇。第二,支持港澳投资者在珠三角九市兴办养老等社会服务机构。第三,塑造健康湾区。推动港澳在内地异地就医费用结算机制,实现医疗救援联动机制,实现湾区内健康服务一卡式服务。

③教育合作。粤港澳三地教育合作的目标主要有:第一,通过教育合作,加大三地财政教育投入力度,扩大学位供给,缓解港澳同胞子女就学压力,同时又确保跨区域就业人员随迁子女就学。第二,基于科技合作和产业融合发展的需要,通过教育合作打造高端人才教育高地。

具体而言,粤港澳三地教育合作的内容包括:第一,支持粤港澳高校合作办学,实现港澳高校北上办学,如香港科技大学(广州)等项目财政配套实施。第二,实现平等接受学前教育、义务教育和高中阶段教育。支持建设港澳子弟学校或设立港澳儿童班并提供寄宿服务。第三,打造教育高地。通过粤港澳这一世界平台,实行更积极、更开放、更有效的人才引进政策,积极推进与港澳合作办学,加强与港澳的高层次合作,抢先引进高端要素资源,支持创新平台等建设。将粤港澳打造成为全国乃至全球的

---

① 广州日报大洋网,2018 – 09 – 21.

教育高地，与粤港澳的科技高地、产业高地互为支撑。

④基础设施建设合作。粤港澳三地政府间基础设施的财政合作主要目标就是以交通、信息、能源、水利基础设施为重点，形成内联外通、高效衔接的基础设施网络，建设一体化、便捷化、智能化的现代基础设施体系①。

目前，大湾区基础设施建设合作取得了举世瞩目的成就。如贯通全境的港珠澳大桥和广深港高铁，使得港澳基础设施建设融入全国体系之中。结合大湾区基础设施实际情况，未来尚有如下建设任务或推进路径：第一，实现海陆空交通基础设施共建共享。其中包括建设世界级机场群，巩固提升香港国际航空枢纽地位，实现全湾区无障碍物流。第二，构建新一代信息基础设施，把粤港打造为全球最具活力和国际竞争力的智能型城市群。第三，完善水利基础设施。基于香港和澳门实际，尤为重要的是加强饮用水水源地工程建设。同时，基于粤港澳临海临江的特殊区情，加大三地一体化水利水文抗灾基础设施建设。

⑤科技合作。粤港澳三地科技领域的财政合作，最终目的是构建粤港澳城市群一体化创新生态体系和协同创新共同体；建设全球科技创新高地和新兴产业重要策源地，成为我国经济振兴的桥头堡。

基于以上科技合作目标，粤港澳三地科技领域财政合作应该包括以下三个方面：第一，强化科技创新资金支持。争取国家加大对大湾区财政科技经费支持力度，支持粤港澳三地财政参照政府股权投资模式设立联合创新专项资金。第二，推行财政科技资金在大湾区内自由使用。例如，设立广东省基础与应用基础研究基金，向港澳地区全面开放申报。第三，实现科技与产业双对接的合作格局。通过税收减免、贴息等多种财政杠杆运作，推进科技创新走廊建设，实现粤港澳大湾区内"教育－科技－产业"的一体化，建立全球产业创新基地。

5.6 粤港澳大湾区财政竞争案例——单Y型的港珠澳大桥

粤港澳大桥由于和珠海、澳门以及香港相连接，因此在香港地区称其为港珠澳大桥。因为港珠澳大桥能够经过的水域当中有超过95%均在珠海水域当中，构建大桥时以珠海为核心，港澳辅之，因此广东省采取怎样的

---

① 粤港澳大湾区发展规划纲要（二）[J]. 城市规划通讯，2019－03－23.

政策以及战略规划尤为关键。相关资料表明，该大桥预估投资为 150 亿元左右，全桥一共有 30 千米长，需要 3 年的建设时间，收费标准为每个小车 150 元，在通车之后大概 10 年能够将成本收回来。该项目通过私人财团采用项目融资和 BOT 模式进行建设比较合适，国家不需要对其给予投资。大桥的主体工程通过 BOT 模式经由粤港澳三方进行统一的投资以及建设，同时根据投资收益比相同这一原则，澳门、香港特区政府以及广东省政府以 14.7%、50.2%、35.1% 这一比例来将投标资金以外政府补贴的金额进行分摊。

目前，珠江三角洲公路网核心相对偏重东岸，东岸上有粤港的 5 个口岸。因为历史因素的影响，使得珠江三角洲在东西两岸有着不一样的经济状况，西岸区域和东岸相比发展空间比较大。构建港珠澳大桥不但能够推动珠江东岸、香港、广东西部以及珠海之间的沟通与联系，让珠江三角洲搭建好区域交通网络，促进区域经济持续发展，顺应区域经济一体化以及经济全球化发展需求，同时，还能推动国家西南部地区以及珠江三角洲之间交通运输链接，拓宽港澳珠三角朝向西南部地区发展空间。把视野变得更加开阔，能够更好地顺应国家入世要求，深入开发和东南亚地区商机，同时促进国家和该地区构建起自由贸易区。

珠海与香港间存在着跨海大桥，这座桥将珠江三角洲西部与香港巧妙地相连，在 20 年之前，该计划就已经被人们提出。

在这一阶段，珠海市始终非常积极主动地促进港珠澳大桥的构建。过去的日子里，在珠海如果想去香港，要先绕道深圳。但是跨海大桥成功建成之后，珠海和香港之间的距离就只有大约 20 千米，几十分钟就能到达。

这一提案正式提出之后，澳门便对其产生了很大兴趣。为了规避由于建桥而出现的被"边缘化"现象，澳门认为可以将大桥位置向南移动，使其落脚点和澳门比较近，然后经由专用通道，把车流分别引至珠海以及澳门。

该想法诞生之后，始终是港珠澳人民最为关注的点之一。在 1995 年前后，更是海内外各大新闻媒体炒作的焦点。

明确了要构建大桥之后，构建计划得到了人们很大关注，采用单 Y 方案和双 Y 方案到底哪种更好？粤港却并不是非常赞同这种方案，而香港认为单 Y 方案更好。在 2004 年 2 月，汤炳权作为当时广东省的副省长针对大桥方案问题进行阐述。他觉得，采取双 Y 方案能够更好地将大珠三角融合起来，能够让深圳的货物运送到香港时增加一个通道，对于粤港经济具有很大促进作用。同时，双 Y 方案能够让粤西以及港澳之间实现交通往来，也能连接到深圳粤东处。

在 2004 年底，明确采用单 Y 方案。2008 年 4 月，在深圳"两会"时期，深圳政协近百位委员联名提案，希望中央能够重新选择方案，采取双 Y 方案计划，构建"港深珠澳大桥"。在构建港珠澳大桥以前，这是深圳方面最后一次努力争取双 Y 方案计划，然而却失败了。

5.7 粤港澳大湾区财政行为转向保障机制

（1）理顺竞争和合作关系。粤港澳大湾区推进财政合作，并不否定和抑制财政竞争。相反，还要大力提倡理性的高层次财政竞争。把以往对货源、场地的竞争转到科技创新、人的全面发展上来。竞争是合作的基础，合作是为了保证竞争的质量。港澳在粤港澳大湾区的角色将是积极的"参与者"和"推广者"，不能是"看客"。在大湾区内，三地应该遵从市场规则开展公平的财政竞争，改善各自辖区公共服务水平。同时，共同发挥财政政策及财政杠杆的均等化功能，缩小三地公共服务落差，消化跨境公共事务带来的负外部效应。

（2）挖掘"一国、两制、三关税区"的制度优势。一定程度上，只有存在多样性、差异性，才有互补性，才能形成综合竞争力。在"一国、两制、三关税区"制度背景下，可以把港澳市场经济的成熟，与广东腹地广、市场大等优势结合起来。正是"两制"，才能保证港澳的独特地位，保证港澳自由开放的经济体制。也正是"一国"，才能保证三地众志成城、再创辉煌。这一优势是国内外任何一个湾区都无法比拟的。港澳必须做到国家所需、港澳所长，既可以形成内部融合的凝聚力，又可以形成一致对外的合力。

（3）搭建大湾区财政合作平台。在粤港澳大湾区的建设过程中，三地的财政合作必然要搭建合作平台作为合作的基础和载体。鉴于当前大湾区实际，应深化前海深港现代服务业合作区、南沙粤港澳全面合作示范区、横琴粤港澳深度合作示范区，再加上江门大广海湾经济区、中山粤澳全面合作示范区等平台有益补充，引领带动粤港澳全面合作。基于这些合作平台，粤港澳三地政府共同编制科技创新、基础设施、产业发展、生态环境保护等领域的专项财政中长期规划或实施方案并推动落实。

（4）建立区域财政合作利益共享与补偿机制。财政利益共享机制作为大湾区实现合作最原始的驱动力，要想让大湾区深入合作就一定要秉承互惠互利这一原则。所以,大湾区三地之间合作最重要的就是构建利益共享机制以及补偿机制,使得全部合作方均能够享受到利益,让粤港澳三地政府间做到利益补偿以及转移,达到共赢的局面。该利益协调及补偿机制应该包括税收利益分配机制、跨区域基本公共服务补偿机制、湾区利益协调组织及工作制度。在这一过程中,可以尝试性解决如下两个问题:第一,用活粤港澳共同发展基金,发挥其协调和补偿功效。当前,粤澳基金首期规模 200 亿元,由澳门财政支持,重点投资广东基础设施以及两地经济民生项目。未来可以通过粤港澳共同债券筹集资金,用以解决大湾区建设过程中的负外部效应问题。第二,在大湾区内,尝试性推行横向财政转移支付机制,用以补偿大湾区建设进程中正外部效应的财政行为。这方面广东省内的横向财政转移支付经验、国外德国东西部地区之间的横向转移支付经验都可以借鉴。

(5) 加强中央政府财政支持,落实国家功能保障。粤港澳三地财政合作事关国家远期战略规划,中央应加强相关针对大湾区的制度供给,例如用地、用海统筹新机制,地方政府债券发行新机制,税收自主权的下放试点机制等,强化对大湾区建设的资金支持和制度保障。在发挥港澳独特优势的同时,将香港和澳门纳入国家经济发展和对外开放的整体体系之中。实践证明,国家功能越汇聚,就越能带动区域发展的动能。建议未来中央出台各类财政政策也应该将香港和澳门纳入其中。中央政府应该通过高屋建瓴的制度安排,引导粤港澳三地政府财政行为一体化。

第6章 财政合作促进区域协同发展的实践研究

我国正处于由全面建成小康社会向实现共同富裕目标迈进的关键期，这将是一项长期而艰巨的历史任务。区域非充分非平衡发展将是实现共同富裕的重大障碍。历史证明，如果说政府间财政竞争是经济增长的"谜底"。那么，政府间财政合作必将成为实现我国区域协调发展的"钥匙"。事实证明，有中国特色的政府间财政合作机制既有促进区域协调发展的理论基础，又存在促进区域协调发展、推动共同富裕的"中国经验"。未来应在大力推进政府间财政合作的同时，理顺政府间财政合作秩序、优化政府间财政合作运行机制、提高其运行绩效，并引导社会力量全方位参与共建共享。

6.1 引　　言

截至 2020 年底，我国近 1 亿农村贫困人口、12.8 万个贫困村和 832 个贫困县实现脱贫，提前 10 年完成《联合国 2030 年可持续发展议程》的减贫目标。到 2021 年底，我国国内生产总值已突破 114 万亿元大关，人均 GDP 超 8 万元[①]，在实现中华民族伟大复兴道路上迈出了坚实的步伐。

继全面脱贫之后，中央适时推进共同富裕战略。自改革开放开始，中国再一次走到一个历史性的十字路口，即化解经济增长和社会公平发展之间的矛盾。实现共同富裕是一个动态过程，这个过程的长短主要取决于区域经济均衡程度。不容乐观的是，目前我国区域经济发展差距依然过大，并引致了收入差距、基本公共服务差距等问题，这就迫切要求创新区域协调发展的体制机制。一个现实的思考就是，既然政府间财政竞争拉大了区

[①] 国家统计局官网，2022 – 01 – 17.

域经济差距，那么政府间财政合作能否促进区域协调发展？

　　财政合作是指与财政竞争相对而言的行为范式，往往指代不同辖区政府为实现共同目标，借助多种财政杠杆如对口支援、横向转移支付、生态补偿、科技援助等工具体系，引导和促使基本公共服务、资本、技术向贫困区域流动，最终实现共赢（如环境保护、打击跨区域犯罪、产业转移等）。新中国成立以来，我国政府一直努力通过有中国特色对口支援等财政合作机制促进区域协调发展。实践证明，"兄弟互助式"政府间财政合作有很强的区域平衡发展功效。在共同富裕这一目标导向下，如何通过政府间财政合作机制促进欠发达地区经济社会快速发展，实现区域平衡发展和充分发展，最终实现共同富裕，尚待深入研究和探析。

　　基于此，本书将财政合作机制"楔入"我国经济高质量增长实践之中，探索财政合作机制效应作用机理，总结其区域平衡发展的"中国故事"和"中国经验"，并进一步优化其运行机制和配套政策，以期更好地为实现区域协同发展服务。

6.2　国内外研究现状及问题提出

　　（1）区域协调发展相关研究。既有研究主要在历史梳理的基础上，得出共同富裕是社会主义本质要求的结论。王静等（2022）根据历史向度、实践向度和价值向度，对中国共产党百年共同富裕的实践经历进行了深度探索，挖掘了中国政府治理贫困的"中国智慧""中国方案"。[①] 与此同时，既有研究发现我国实现共同富裕最大的障碍是区域发展的不平衡不充分状态。现实表明，尽管经济增长速度很快，但我国区域经济发展差距相对甚至绝对拉大。洪银兴（2021）坚持认为实现共同富裕不在于经济增长速度快慢和经济总量规模大小，最终取决于区域之间发展的均衡程度。[②]魏后凯（2022）更为精准地指出，实现共同富裕最突出的短板就是西部地区和农村贫困人口。[③]

---

　　① 王静，王志章，杨志红. 中国共产党反贫困的实践探索、经验总结与当代价值研究[J]. 中国软科学，2022（5）：57–65.

　　② 洪银兴. 中国共产党领导建设新中国的经济发展思想演进[J]. 管理世界，2021，37（4）：1–12.

　　③ 魏后凯，崔凯，王瑜. 共同富裕视域下乡村振兴的目标演进与推进战略[J]. China Economist，2022，17（4）：50–76.

关于共同富裕实现途径，主要有以下几种观点。第一，社会转型。胡鞍钢（2020）建议建成共同发展和共同分享型社会，才能最终实现共同富裕。① 第二，经济发展。黄祖辉（2021）借鉴日本经验，提出提高劳动生产率与国民收入"双倍增"的政策建议。② 魏后凯（2020）基于国内外形势判断，提出高质量工业化与城镇化两条共同富裕道路。③ 同样是经济发展实现共同富裕的探讨，覃成林等（2022）更多关注于富裕地区对贫困地区帮扶的外溢和反哺效应。④ 钟俊平（2019）深入分析了横向对口支援机制的精准扶贫效应和现实可操作性。⑤ 第三，分配秩序改革。王灵桂（2020）认为当下推动共同富裕的根本路径应该是优化分配格局，保障和改善民生。⑥ 不难发现，经济发展才是实现共同富裕的根本性途径，只有经济发展到一定程度，社会转型才有可能，分配秩序改革才有充足的调控对象。

（2）政府间财政合作促进区域协调发展的相关研究。学界主要基于对财政竞争行为的批判而展开对财政合作的研究。陆铭和陈钊等（2005）研究发现，政府间财政竞争会产生"因患寡而患不均"的区域经济差距效应，中国尤为明显⑦。谢国根和张凌坚（2021）坚持财政竞争必然走向财政合作，最终形成竞合共存格局。一个现实的问题是，财政合作有无促进区域协调发展进而实现共同富裕的功效？国内外诸多研究发现，政府间财政合作能"熨平"区域经济差距，具有"扶贫济困"功效。国外的研究早于中国，且重在讨论财政合作的社会协调功效。如 Sandra Poncet（2005）研究了巴西、智利针对富裕地区对特困人口的横向财政帮扶计划，发现其提高了基本公共服务均等化水平。国内研究较晚，如妥宏武、杨燕绥（2020）通过实证研究，发现区域合作加速经济收敛速度，而区域之间

① 胡鞍钢，周绍杰，鄢一龙. 开启第二个百年奋斗目标（一）——全面建成小康社会 [J]. 经济导刊，2020（11）：10 – 19.

② 黄祖辉，叶海键，胡伟斌. 推进共同富裕：重点、难题与破解 [J]. 中国人口科学，2021（6）：2 – 11，126.

③ 魏后凯. 从全面小康迈向共同富裕的战略选择 [J]. 经济社会体制比较，2020（6）：18 – 25.

④ 覃成林，韩美洁. 中国区域经济多极网络空间发展格局分析 [J]. 区域经济评论，2022（2）：16 – 22.

⑤ 钟俊平，杨敏. 从"共同富裕"到"共享发展"理念演进探析 [J]. 西北民族大学学报（哲学社会科学版），2019（5）：35 – 41.

⑥ 王灵桂，侯波. 新中国成立 70 年贫困治理的历史演进、经验总结和世界意义 [J]. 开发性金融研究，2020（1）：3 – 9.

⑦ 陆铭，陈钊，万广华. 因患寡，而患不均——中国的收入差距、投资、教育和增长的相互影响 [J]. 经济研究，2005（12）.

的竞争策略行动，尤其是市场封锁等竞争形式拉大了区域经济发展差距。也即，财政竞争是区域协调发展的"攫取之手"，而财政合作则是区域协调发展的"援助之手"。郭金忠（2018）、高志刚（2019）以"对口援疆"为例，初步评估了"对口援疆"的运行绩效，并探索了政府间财政合作模式。

政府间财政合作未来如何发展？有学者如罗长林等（2022）建议从立法高度将其规范化，改革为规范化的横向财政转移支付制度。伍文中等（2022）则建议将财政合作中的基本公共服务和区域共同开发等两种基本形式，作为政府间财政合作的重点推进领域，进而在"共建"的基础上实现"共享"。

（3）既有研究的不足及未来研究趋势。以上研究一致认为区域平衡发展进程中财政行为"从竞争走向合作"是必然和必须的。至于多种多样的政府间财政合作行为如何规范，尚未见系统性研究。区域非均衡发展决定了我国注定就是政府间财政合作大国。区域平衡发展既是政府间财政合作的结果，又是实现共同富裕的基础。既有研究鲜有在对政府间财政合作作用机理探索的基础上，对我国实施多年的财政合作的区域协调发展效应进行检验，总结中国特色政府间财政合作的经验和不足，进而规范我国未来政府间财政合作机制，更好服务于共同富裕这一伟大目标。

6.3　财政合作的区域平衡发展效应理论分析

6.3.1　政府间财政合作存在的必要性

由于区域的独立性和区域优惠政策不对等，往往造成政府间互相竞争。各个地方政府总是想尽各种办法争取资源流向本地。在各种各样地方保护主义支配下，政府之间的竞争造成各种要素不能自由流动与高效配置，最终拉大了区域差距并影响了经济可持续发展。理性的地方政府之间渐渐意识到合作的必要性。财政行为是地方政府行为的重要组成部分，政府与市场的合力作用促进了政府间财政行为从无序竞争向有序合作转变。从理论演进和我国经济发展现实看，政府间财政合作行为的存在一般基于以下原因：

第一，空间差异性的存在。一定程度上说，区域之间经济差异的存在是政府财政合作的基础和起点，而消除这种异质性则自然成为财政合作的不二目标。

我国空间发展极不平衡，东中西及其各区域内部差距长期存在。从经济实力来看，2020年东部地区人均GDP超过10万元，中部、西部、东北地区人均分别为5.9万元、5.61万元和5.1万元。同一个省份空间差距也不容小觑。如广东省2019年人均GDP最高的深圳市是最低的梅州市的7.5倍。当然，我国区域空间所存在的经济差距为东西部协作和定点帮扶的政府间财政合作留下了多维空间。

第二，财政行为演变规律。政府间财政关系当中，竞争绝对是主导。地方政府间的财政竞争行为无疑会对区域协调发展产生诸多重要影响。尤其是，财政竞争一旦激烈到一定程度，必然衍生无序，甚至抵消竞争带来的效率。而财政合作则消除了财政竞争的负外部效应。鉴于财政竞争行为的破坏性和非均衡性，政府间财政合作逐步得以重视，并逐渐成为一种常态化政府间财政关系。

改革开放以来，尤其是分权财政体制确立之后，为更好地吸引稀缺资源，地方政府更倾向于财政竞争行为。尽管提高了局部区域经济快速聚集式发展，但往往形成"因患寡而患不均"的窘境，进一步扩大了区域经济差距。在我国近几年经济发展外部环境更为严峻的形势下，国内政府间更应该紧密推进财政合作，增强我国抵制经济不确定性能力。

第三，社会发展动能变迁的需要。从根本上说，政府间财政状况的非对称性是现实常态，这包括各地之间财政能力和政策环境的非对称性。这种非对称性直接导致辖区间财政博弈和策略行为，典型的财政策略行为包括财政竞争和财政合作。在经济发展初期，地方政府为了经济快速增长进行竞争，这种方式往往以牺牲社会福利来换取经济高速增长。在经济发展的成熟期，发展动能往往演进为经济和社会的全面高质量发展，财政行为逻辑必然由"为增长而竞争"调整到"为发展而合作"。

就我国而言，当经济体量达到一定规模之后，经济发展动能已经从"让一部人先富起来"转变为"最终实现公共富裕"。在此背景下，弥合区域发展差距将是未来政府间财政合作的核心目标。中国特色的政府间财政合作机制如对口支援、互助救济、结对合作等，仍将在东中西相互促进、优势互补、共同发展的格局中发挥重要作用。

6.3.2 政府间财政合作区域协调效应的理论分析

政府间财政合作既包括直接的财政资金转移，也包括间接的公共服务共享。经过我国多年的实践演进，已经产生了产业合作、技术共享、区域共同开发、应急联动等中国特色的财政合作方式。一般而言，财政合作可以降低空间交易成本，促进要素的空间流动，最终促进区域经济差距的收敛。具体而言，财政合作可产生如下区域协调发展效应：

（1）经济平衡增长效应。一般而言，财政竞争拉大了区域经济发展差距，成为富裕地区对贫困地区的"攫取之手"；而财政合作无论是公共服务合作还是技术合作，都有利于落后地区经济发展、熨平经济差距，从而成为富裕地区对贫困地区的"援助之手"。这一效应的内在机理在于，财政竞争主要是富裕地区和贫困地区无差别地争夺资源，尤其是高流动性的优质资源，贫困地区往往缺乏竞争能力甚至竞争意愿，最终形成了"因患寡而患不均"的现实困境。但是，财政合作则不同，多个地方政府基于一个共同目标或者共同遵守同一上级政府的安排，互相支持，尤以富裕地区通过产业、资本、技术、公共服务对落后地区帮扶，从而提高落后地区内生发展能力，亦即"造血"能力。最终加快落后地区经济发展速度，缩小与富裕地区经济差距，实现区域发展的绝对收敛或相对收敛。既有的研究也发现，政府间财政合作往往促成了区域之间经济一体化进程，在扩大市场容量的同时，最终促进区域经济协调发展。

（2）收入增长效应。政府间财政合作，中外国家形式多样化。例如德国富裕地区给贫困地区直接横向转移资金，中国实施多年的"开支票"或"交钥匙"式的对口帮扶，都导致了财政资金流向了贫困地区，形成了财政资源"洼地"，这既提高了贫困地区财政自给能力，也能促进贫困地区居民收入水平提高。因为，一旦中央政府组织或安排富裕地区和贫困地区财政合作，尤其是组织或安排富裕地区对贫困地区进行各种形式的财政补贴（如修建学校和医院），相当于对贫困地区公共产品的生产成本提供补贴。进一步地，由于公共产品消费的均衡价格因为富裕地区的补贴而降低，贫困地区居民税收负担明显降低，财政合作过程中富裕地区补贴的财政资金可通过公共产品价格机制"转移"到居民收入中去，进而提高贫困地区居民可支配收入。

（3）公共服务均等效应。由于财力差距，各地区之间基本公共服务水平势必存在差距。在共同的价值观驱使下，财政合作往往以公共服务援助的形式将财政资源精准溢出到公共资源匮乏的地区，从而有利于逐步实现公共服务均等化。这其中主要有两种作用机理：第一，政府间财政合作必将产生公共产品的溢出效应，或者说合作能放大各自辖区公共服务的效应边界，使得受益范围扩大，从而降低整体的公共服务边际成本；第二，富裕地区政府对贫困地区政府提供补贴，在提高贫困地区财政自给能力的基础上，扩大其公共产品供给意愿和产出水平。

综上所述，政府间财政合作最终都可能使受援地区公共服务水平、居民可支配收入绝对和相对提高，这也是中央政府政策设计的初衷。当然，政府间财政合作也能产生其他效应，例如财政制度创新效应。实践永远是财政制度创新的源泉。财政合作过程中的策略互动性导致双方都基于自身利益最大化，在既定制度空间内进行财政机制创新，甚至推动重大制度变革，为财政制度创新提供了"试验田"。例如浙江省结对帮扶四川省 68 个县的过程中，创新性采取了消费帮扶、"互联网＋脱贫攻坚"等合作帮扶机制，成效斐然，为未来我国政府间财政合作提供了创新示范模板。

6.4 财政合作的区域平衡发展效应实践检验

通过政府间财政合作促进共同富裕，中国有基础、有条件，但也面临挑战。多民族统一大国、区域发展非均衡和非充分等特点，决定了共同富裕过程中财政合作行为的长期性。本书从区域内层面财政合作实践出发，对我国财政合作的区域平衡发展效应进行实践总结，提炼财政合作促进共同富裕的"中国经验"。

6.4.1 省内财政合作区域平衡发展效应的实践检验：以"广清合作"为例

（1）背景概况。除了省际间财政合作之外，我国各省乃至省以下一直存在着省内互相帮扶的财政合作实践，通过富裕地区帮助贫困地区，促进辖区内经济社会均衡发展。

富裕的广东省也存在省内经济发展不平衡等问题。土地占全省 70%、人口占全省 50% 的粤东西北地区，一直是广东经济发展的短板，与珠三角地区经济差距非常明显。2016 年 3 月，广东省决定由珠三角 6 市对口帮扶粤东西北 12 个市。其中，广州市对口帮扶清远市。清远市属粤北地带，按照广东省的扶贫标准，贫困发生率为 4.9%，扶贫工作对象有 6.1 万户、14 万人。

自对口帮扶以来，广州市加大产业扶贫力度，创新性运用资本市场发力，加速技术转移，促进两城融合发展。三年来，广州市财政及广州市各区财政落实帮扶资金共 34.35 亿元，对口帮扶清远市 205 个贫困村，共启动 697 个产业帮扶项目和 396 个其他帮扶项目，实现收益超 1.35 亿元，人均每年增收达 4400 元①。

（2）基本做法。广州市对口帮扶清远市过程中，充分发挥了广州市资金、市场、教育、技术等优势，对清远市进行了精准支持。总结起来主要做法有：

第一，硬件先行，补齐短板。基础设施建设是区域经济发展乃至共同富裕的关键和基础。广州市发挥资金优势，建立了对口支援清远专项基金，采取市场化的运作方式，基金融资规模达 20 亿元，重点投资于清远产业转移工业园等基础设施项目，其中包括广清城际轨道项目、广连高速公路项目、佛清从高速公路建设项目，以期将清远市纳入以广州为中心的"一小时经济圈"。

第二，靶向精准，教育为重。广州有着丰富的教育资源，清远市教育资源相对较弱，且分布不均衡，尤其是连山、连南等民族聚集区。广州市从一开始就将教育帮扶作为此次合作的重点，进行精准支持，通过补齐基础教育短板、设立高等教育分校、联合职业技术办学、教师互派和教学研究合作等多种方式，推动教学资源共建、共担、共享。截至 2019 年，完成 53 所小学建设，推进 21 所高级中学扩建；结对帮扶各类学校 206 所，支持改善 124 所学校教学条件。

第三，技术衔接，创新驱动。截至 2019 年，广州对口帮扶清远市 205 个贫困村镇 697 个产业帮扶项目，充分发挥高校和科研院所创新主体作用，共建新型研发平台 11 个，引进博士后科研工作站和实践创新基地 3 个，培育高新技术企业 9 家，走出了一条"财政引导 + 创新驱动 + 企业联动"的产业帮扶路径。同时通过税收激励和财政奖补，促成了广汽集团、广药集团等领军企业到清远等地投资，形成了"技术衔接 + 产业集群"的产业共建合作模式。

（3）成效分析。在广州的大力帮扶下，2019 年清远市实现地区生产总值 1698.2 亿元，增长 6.3%；人均可支配收入 24362 元，增长 8.91%。其中，农村居民人均可支配收入 16524 元，增长 9.0%。

文章沿用省际财政合作成效分析三个指标：人均 GDP、居民可支配收入、基本公共服务指数进行对比分析。

---

① 不止于脱贫，更应探索扶贫长效机制［N］. 广州日报，2020－07－03.

从表 6-1 可以看出，清远市和广东全省人均 GDP 增速 2017 年相差 5.8 个百分点；2018 年差距缩小到 0.9 个百分点；2019～2021 年，清远人均 GDP 增速反超广东全省平均增长率。这将为未来经济和社会持续发展提供有力保证。

表 6-1　　　　　　2017～2021 年清远市与广东省人均 GDP 对比

年份	清远人均（元）	广东人均（元）	清远增速（%）	广东增速（%）
2017	37858	76218	3.6	9.4
2018	40198	81625	6.2	7.1
2019	43228	86956	7.5	6.5
2020	44828	88210	3.7	1.4
2021	50572	98285	12.8	11.4

资料来源：《清远市国民经济和社会发展统计公报》（2017～2021 年）；《广东统计年鉴》（2017～2021 年），下同。

从表 6-2 可以看出，尽管清远市人均可支配收入和全省绝对差距仍然存在。但是，这三年尤其是广州市对口帮扶之后，清远市人均可支配收入和全省的增长速度日益接近。2017 年、2018 年两者之间差距分别为 0.14、0.41 个百分点；2019 年差距仍为 0.04 个百分点。可喜的是，从 2020 年开始，清远市人均可支配收入增长速度终于反超广东省平均水平。

表 6-2　　　　　　2017～2021 年清远市与广东省人均可支配收入对比

年份	清远人均（元）	广东人均（元）	清远增速（%）	广东增速（%）
2017	20692	33003	8.9	9.04
2018	22369	35810	8.1	8.51
2019	24362	39014	8.91	8.95
2020	26055	41028	6.95	5.16
2021	28741	44993	10.31	9.66

从表 6-3 可以看出，清远市人均基本公共服务水平逐渐接近或超过了全省平均水平。尽管公共服务质量上可能存在差距，但数量差距日渐被财政合作"熨平"。这说明，作为受援地其基本公共服务供给能力增强，逐步接近均等化水平，有利于增强相对贫困地区人民幸福感和公平感。

表 6 - 3 　　　　　清远市与广东省人均基本公共服务指数对比

年份	清远人均（元）	广东人均（元）	清远增速（%）	广东增速（%）
2017	77.9	81.7	12.90	10.41
2018	88.7	85.2	13.86	4.28
2019	92.7	92.3	4.51	8.33
2020	95.8	95.3	3.34	3.25
2021	97.3	97.1	1.57	1.89

6.4.2 政府间财政合作促进区域协调发展的"中国经验"

新中国成立以来，以对口支援为主体的政府间财政合作行动谱写了求富求强的"中国故事"，不但推进了区域协调发展，更有力凝聚了民族向心力，完全有理由相信其在未来实现共同富裕道路上将发挥更大作用。一系列财政合作"中国故事"背后的"中国经验"，主要有以下三点：

（1）加强中央政府统一领导。实现共同富裕是中国共产党的执政目标，中央政府的强有力领导和全面统筹是政府间财政合作的制度保障。只有在社会主义中国才能推动几十年的"全国一盘棋"式的互帮互助，从积贫积弱到全面脱贫再到共同富裕。尤其是当前以内循环为主的经济格局，更要向内使劲，团结一致克服由于"需求收缩、供给冲击、预期转弱"等内外环境带来的诸多不确定性。

（2）在竞争的基础上合作。财政竞争是常态，规范的政府间财政竞争有利于提高经济效率，而友好的政府间财政合作则有利于实现社会公平。这种纵横交错的政府间财政运行机制既是对资源的重新整合，又是实现共同富裕的机制创新。政府间财政合作并不排斥财政竞争，没有竞争就没有活力，没有合作就无法形成中华民族利益共同体这一主体基础。

（3）理顺财政合作秩序。当前我国存在着中央政府纵向的财政帮扶，其偏向于总量扶持。同时，又存在着以各省或省内政府间的横向财政合作，其偏向于结构性帮扶。纵向财政帮扶具有普惠功效，而横向财政合作具有精准奇效。因此，必须建立良好的合作秩序。"中国经验"表明，纵横交错的财政合作机制耦合切点应该围于基本民生、基本公共服务、基础发展能力、基本发展机会等方面，最终形成贫困地区、上级政府纵向、财政横向合作三者交织有序的合作秩序。

6.5　对策建议

理论和实践都证明，财政合作在促进落后地区经济增长基础上，提升了基本公共服务水平，最终提高落后区域人均收入。其政策启示就是，在实现共同富裕目标进程中，必须进一步强化和优化中国特色的政府间财政合作机制，以期发挥更大作用。

（1）鼓励和保护政府间财政合作。实现区域协调发展，在"作对激励"的同时必须"作对协调"，在政府间财政竞争的基础上实现深度的财政合作。尤其是在大力促进经济内循环的背景下，将政府间财政合作机制"楔入"到区域经济平衡发展之中，实现财政资源内循环，调动一切力量实现百年未有经济大变局中率先突围。

（2）理顺财政合作的内容体系。这其中主要是甄别横向转移支付、纵向转移支付、对口支援、国家应急动员体系、国家储备体系的分工及边界，进而在此基础上进行有机耦合。本书认为应该将政府间财政合作内容界定为三个层次：共享（基本公共服务、生态补偿）、共担（区域开发、技术帮扶）、共赢（产业转移、资本反哺）。这样有利于财政合作机制的精细化运作，一改那种一哄而上的"一揽子"范式。

（3）优化财政合作运行机制。基于财政合作的区域平衡发展效应，结合我国区域非平衡发展的历史现实，当务之急必须完善和重构我国财政合作进程中的进入和退出机制、利益均衡及协调机制、信息共享及反馈机制、行动跟踪及评估机制等。例如进入和退出机制，应该确立支援方、受援方的遴选和退出标准，既要防止支援方实力不够"带病上阵"，又要防止受援方形成强烈依赖的"荷兰病"。

（4）提高财政合作运行绩效。当前以对口支援为主要形式的财政合作更多将其作为政治任务推进，一定程度上忽视了工作绩效的评估和关注，最终有可能导致各种"烂尾"项目。建议对受援方和支援方进行财政绩效评估，提高其目标靶向的精准性。尤其是，随着财政合作的深入推进，如何提高受援地区的自立能力，最终实现协调发展，实现共建、发展、共享、可持续性的高度统一。条件成熟的情况下，建议推行规范化的横向转移支付制度，使其成为规范化的财政杠杆，而不是单纯的政治任务。

（5）积极引导社会力量参与。共同富裕是实现中华民族伟大复兴的核心目标，事关全民族每一个人。除了通过政府间财政合作促进区域协调发展之外，各种社会力量都应该积极参与进来，最终形成合力。建议通过税收、财政补贴等手段，带动各种社会组织、各地区、各行业乃至个人，采用产业合作、市场合作、技术合作、消费合作、信息合作等形式，深入持久地推动区域协调发展，形成势不可挡的"中国力量"。

第7章 技术还是制度：粤港澳大湾区公共服务合作瓶颈约束及路径创新

公共服务合作有利于提高粤港澳大湾区民生福利，有利于大湾区持续高质量发展。由于制度及技术原因，粤港澳大湾区公共服务合作仍存在障碍，迟滞了大湾区一体化深度发展进程。研究发现，导致粤港澳大湾区公共服务合作不足，既有制度方面的无形约束，也有技术方面的有形约束，其中制度创新不足是问题的根源。粤港澳大湾区坚持"制度突破、技术保证、先行先试"的原则，以创新公共服务合作机制为突破口，提高大湾区内公共治理的技术能力。主要包括夯实国家认同的公共价值、完善相关配套制度建设、建立公共服务合作民主决策机制、统一公共服务合作技术标准和资质标准、优化公共服务合作技术手段等方面。研究成果的边际贡献在于，从制度和技术角度剖析粤港澳大湾区公共服务合作的瓶颈约束，解构运行框架和运行路径的障碍之处，进而精准性地提出对策建议。

邻近行政区围绕共同的战略目标走向一体化过程中，往往推动政府间公共服务合作供给。因为，区域经济一体化的本质就是在区域内实现经济辐射，进而形成规模效应和向心力优势。而实现这一目标首先需要要素充分流动，尤其是稀缺的经济要素，如资本、技术等。其次，实现这一目标需要有完善的传递媒介，才能促进要素流动并激发要素潜能。更多时候，这个传递媒介就是区域间公共服务合作平台。因此，区域经济圈从形成到强大，无不是通过远程驱动来吸引资源，再通过近程联动整合域内公共服务共建共享。世界三大湾区的成功经验显示，要想充分整合区域内外资源，就一定要实现公共服务合作供给。否则，会迟滞或阻碍区域一体化纵深发展进程。

粤港澳大湾区具有"一个国家、两种制度、三个关税区、三种法域"的特殊性。三地政府各自形成迥异而独立的公共治理空间，其公共服务法理基础、公共治理价值、提供机制明显不同。这在一定程度上抑制了粤港澳大湾区的建设和发展。但与全球典型湾区相比，由于湾区内制度整体性、运行协同性、法律包容性有很大差距。尤其是粤港澳大湾区内公共服务一体化供给尽管有历史基础，但瓶颈因素仍未能突破，导致资本、劳动力、技术等生产要素未能完全充分流动。

党的二十大进一步把"推进粤港澳大湾区建设"作为推进国家治理体系和治理能力现代化的重要内容。站在国家战略及世界经济格局变化的历史节点，未来粤港澳大湾区需要进行制度和技术的优化设计，高效推进三地政府间公共服务合作，打造我国经济高质量发展的重要增长极。

7.1 文献回顾及问题提出

所谓跨区域公共服务是指那些跨省、市（地级市）、县，影响较大的公共服务，除了具有一般公共服务的共性外，还具有"高度渗透性""不可分性"的特征。财政作为政府调控经济社会运行的主要杠杆，是政府配置资源、提供公共服务并弥补市场失效的主体（张馨，1999）。近年来，随着我国市场化与分权化的发展，大量的跨区域公共服务问题也日益凸显，它既包括一些跨区域的公共基础设施，如道路、交通、港口等，也包括跨区域的治安、防疫、环保等公共服务。由于跨区域公共服务具有不可分性，地方政府间供给能力差距较大，与按行政性地理边界分割的财政支出责任产生了矛盾，使财力与事权不相匹配，公共服务均等化目标难以实现，成为经济社会可持续发展的障碍。

我国关于跨区域公共服务、政府间合作、财政资源配置与政策的研究起步较晚，至今尚未形成系统有效的研究。代表性的观点有：赵永茂（1997）提出新管理体制理论，并分析了地方政府跨区域合作类型及发展架构；陈瑞莲（2005）提出通过区域公共管理，提供更优质的公共服务；李文星、蒋瑛（2005）认为，在竞争条件下，地方政府对提供地方性公共服务的效率越敏感，就越会促使地方政府采用有效率的公共服务提供方式（岳书敬，曾召友，2006）；周黎安（2007）认为，地方政府官员存在非合作倾向，在跨区域公共服务提供上表现为地方保护主义和重复建设；张晏、龚六堂（2005）认为，地方政府公共支出重基础设施，轻公共服务；陈昌盛、蔡跃洲（2007）采用经典 DEA 方法，得到我国各地区公共服务水平间的相对效率以及各类公共服务地区间的相对效率，并无显著差异的结论；苗婧、段国旭（2008）利用面板数据模型，验证了政府间财政支出竞争对跨区域公共服务效率的影响；郑曙光、骆路金（2012）认为，公共服务区域合作关涉公共利益和合作各方利益，构建跨行政区划、跨行政层级以及吸纳非政府组织参与的区域公共服务协商协调机制很有必要。蔡衡等（2014）认为，区域性公共产品应由受益地的各地方政府联合提供，中央出面进行协调。

大量研究发现政府间财政合作是区域协调发展的"援助之手"（陈抗等，2002）。与税收合作不同，政府间公共服务合作是打破行政区壁垒，为跨区域居民和流动要素提供无差别公共服务，通过整合公共管理能力以提高公共服务质量（竺乾威，2016）。良好的政府间公共服务合作机制能够避免无序竞争，降低要素流动成本，从而增加区域吸引力和竞争力（李文钊，2017）。中西方财政合作经过发展和演进，逐步以公共服务合作为主（伍文中等，2021）。

公共服务供给理论围绕着"谁供给""怎么供给"等问题不断创新发展。最初的重大突破就是将竞争机制引入公共产品供给，以期克服政府失灵带来的低效率（Johannes Rincke，2009）。之后的多中心治理理论认为，在维持契约关系的前提下，促进多元主体共同参与公共服务的决策与生产，能弥补市场和政府的双重失灵（Osborne，S.，P.，2018）。不可否认，多中心治理理论实质上是封闭辖区内的多中心治理，难以解释跨区域公共服务供给问题（Brandsen，T.，2016）。现实一再证实，各辖区政府"自利化"倾向往往导致了整体非理性窘境，形成了区域间公共服务供给"碎片化"（辛冲冲等，2019）。这些问题的存在引致了公共服务合作治理理论的产生与发展。该理论认为，区域经济一体化趋势下，公共需求跨界外延特征日益明显，公共服务的合作供给已经成为一种流行趋势（张云翔，2018）。其主要通过制度创新在不同政府主体间建立信任关系，共同应对日益严峻的公共治理复杂性挑战，尤其是"棘手问题"（郭佳良，2017）。随着公共治理技术的发展，该理论日渐成为公共治理路径创新的战略选择，其理想化地解决了外溢性难题，有效促进公共治理可持续发展（朱春奎等，2017）。有学者甚至认为，在竞争成为主流的情况下，合作本身就是公共需求的表达机制（Emerson，K.，2015）。有研究认为，公共服务合作治理往往以合同为主要合作形式，更加重视法治、平等、互惠等理念，本质上就是契约主义（Alford et al.，2015）。根据合作双方的权责关系，有学者将公共服务合作治理模式划分为共同承办模式、服务外包模式、非政府组织经营模式、社会治理模式（党秀云等，2020），这几种模式往往对应着不同类型的公共服务。

一个隐含的问题是，到底什么是公共服务合作供给的驱动力？是技术还是制度？抑或是技术和制度共同作用？当前诸多研究表明，制度因素为政府间公共服务跨域合作提供了理论可能性，而技术因素保证了政府间公共服务跨域合作供给的现实可行性。

一般认为，大数据信息技术参与到公共服务供给过程中，合作才可能发生（梁玉芳，2022）。只有技术进步，才能整合公共服务供给的子系统，改变原有的碎片化供给格局（李春生，2021）。技术进步最大的好处就是能从海量信息中解读跨区域居民的公共需求，也同时将政府提供公共服务信息反馈给跨域居民，提升了公共决策的科学性和民主性，能实现"威克塞尔——林达尔均衡"（颜佳华等，2019）。有学者据此提出了公共服务合作的网络治理模式，认为技术扩大了政府间公共服务合作的维度和深度，加快了公共治理数据开放共享（唐秋伟等，2018）。有研究发现，信息技术推动了公民参与进程，公共服务生产才可以由"制造逻辑"走向"公民逻辑"（张骞文等，2017）。

辩证地看，技术为政府间公共服务合作提供了可行性。但如果缺乏制度支撑，公共服务合作难免迷失方向，制度创新促成了政府间公共服务合作。当前研究主要围绕三个层面展开。第一个层面的研究认为，促成政府间公共服务合作的核心制度必然是公共价值，没有公共价值就没有政府间公共合作（Moore，M.，2014）。只有将创造公共价值、维护公共利益维系于合作行动之中，技术力量才能发挥作用（王学军，2020）。第二个层面的研究认为，必须完善政府间公共服务合作运行机制，形成强制力和约束力，并据此划分各公共服务参与主体之间的权责关系（刘丽杭等，2021）。具体的运行制度应该包括合作组织体制、合作协调与激励机制（余璐等，2018）。第三个层面的研究认为，合作过程既是成本分担过程，也是利益分配的过程，公共服务合作治理失败往往源于利益失衡（赵星等，2020）。因此，必须完善合作过程中的利益分享、利益补偿和利益冲突调解等制度（牟娟等，2019）。

行文至此，必须辩证看待公共服务合作供给过程中制度因素和技术因素的共生关系。应该说，无论制度还是技术都服务于政府间公共服务合作。两者作用方向、作用时机、作用成效不同。可以说，没有制度保障，公共服务合作供给就无法启动。但是，没有技术保障，公共服务合作将难以进行。也就是说，既要通过制度创新"聚集信任"，还要通过技术创新"扩散桥接"（李响等，2020）。

既有研究对公共服务合作进程中技术和制度因素都有涉猎，为本书研究提供了视角借鉴。但鲜见对存在基本社会制度及其体制机制多元化、高度差异化的区域间公共服务合作进行全面研究。这其中，粤港澳大湾区城市群之间公共服务供给，无论制度和技术都存在巨大落差，在全球独一无二，其政府间公共服务合作更有特色和拓展空间。基于此，本书将梳理粤港澳大湾区公共服务合作的历史及现状，剖析其制度和技术障碍，进而为未来粤港澳大湾区公共服务合作路径优化提供建议。

7.2 技术和制度：公共服务合作进程中的两大驱动力

7.2.1 区域公共服务合作理论基础

（1）集体行为理论①。该理论认为，集体利益是一种公共产品，成员不付出成本也能坐享收益。为了克服这种"搭便车"困境，需要一种强制的组织行为来推动组织成员参与集体行动。集体行动贯穿公共治理历史的始终，只要存在公共物品的合作供给问题，就必然存在集体行动。实际上，合作各方如果采取集体行动后都能获益，他们才会维护集体行动，否则公共产品供给合作将难以为继。

（2）多中心治理理论②。该理论认为现代社会必须借助多个而非单一权力中心治理公共事务，提供公共产品和服务，强调公共产品供给过程的多方参与自发建立的公共治理秩序。只有这样，才能在一般规则体系中形成互助合作的关系，能够有效提升社会福利水平。多中心治理理论论证了多主体合作模式在治理水平和治理效率上有着单一治理模式不可比拟的优势，是现代公共治理的理论基石。

（3）协同发展理论③。该理论认为非线性的子系统之间协同运行将产生有序的系统结构，进而产生协调效应。也就是说，只有子系统和子系统之间、子系统内要素之间相互合作，相互促进，才可以实现整体目标。在协同学基础上发展起来的协同治理理论，极力提倡治理主体的多元化、各子系统的协同性、自组织间的协同、共同规则的制定。只有这样，才能实现整体大于部分之和的协同效应。

---

① 该理论主要由［美］曼瑟尔·奥尔森提出，其学术思想见之于其著作《集体行动的逻辑》。

② 该理论主要由［美］文森特·奥斯特洛姆和艾莉诺·奥斯特洛姆夫妇提出，其主要学术思想见之于《多中心》《大城市地区的政府组织》《公益物品与公共选择》。

③ 该理论主要由［德］赫尔曼·哈肯提出，其主要学术思想见之于《协同学》。

7.2.2 区域公共服务合作进程中制度因素作用机理

区域公共服务合作分为两个层面，第一是协商层面；第二是执行层面。协商层面主要确立合作的目的、公共价值、合作规则和合作秩序，甚至合作法律法规等。这些都是公共服务合作过程中的制度因素，最终为执行层面提供运行环境。其作用机理如下：

（1）构建集体行动规则。行政壁垒带来的制度鸿沟往往成为区域公共服务合作的最大障碍。制度制定过程其实就是通过协商制定一系列的协议、框架、备忘录等，能有效构建区域公共合作进程中集体行动的整体行为规则，更好地凝聚向心力。区域之间尤其是城市群之间公共服务合作的集体行动是国家治理体系的重要组成部分，其往往承接了公共治理价值、结构和功能，有利于消除各治理层的无序状态和治理失灵。

（2）确立多中心治理秩序。在公共服务合作过程中，制度具备统一性、融合性和协调性，才能保证多中心治理秩序的确立，维护区域间公共服务合作向深度和广度发展。因为，多中心治理秩序的基本原理是权力共享，并以责任和义务为导向来实现公共物品供给，并最终形成多元共治的协同治理秩序。

（3）整合协同发展导向。协同发展有正导向和负导向两种结果，即上升或沉沦。区域公共服务合作往往会打破旧有的行政区划和公共权力配置体系，如果制度建设滞后或偏离正确方向，区域合作在发展到一定阶段就会遭遇瓶颈，积累公共风险，并扭曲协同方向，最终导致合作破局。

7.2.3 区域公共服务合作进程中技术作用机理

如前所述，区域公共服务合作包括协商层面和执行层面。如果说，制度因素主要源于协商层面，那么技术因素则主要服务于执行层面。在区域公共服务合作进程中，技术因素的作用主要是保证合作运行，使得集体行动和多中心治理从可能变为现实，并消除了诸如信息不对称等合作痼疾，从而提高合作效率。其作用机理如下：

（1）缓解了集体行动的成本约束。区域合作日益复杂，集体行动一个久为诟病的问题就是成本太高，而效益的释放又具有滞后性。公共服务合作供给也遭遇了这一难题。技术尤其是现代数字技术可用于整合区域集体行动的复杂信息和流程，便捷了交流和沟通，提高了公共服务合作效率，降低了合作生产的成本，集体行动的成本困境可能得到突破。

（2）助力多中心治理中介效应实现。区域公共服务合作成功与否主要取决于公共服务能否主动供给、精确供给和个性化供给。这其中最大的难题就是对跨域公众的需求进行准确捕捉和判断。现代网络技术尤其是数字技术，可以通过"人人互联，物物互联"，共享资源、信息、机会，使每个人都是信息链上的平等节点，实现去中心化和扁平化，并使得公共服务由"同质固化"向"情境适应"转变。

（3）提高协同发展的系统性。协同发展的核心就是系统性和协调性。区域公共服务体系其实就是一个个子系统耦合起来的大系统。在公共服务合作系统中，需要参与主体的互动来实现系统目标。这其中，数字技术发展和网络运用正在日益改变着信息流通路径与交换方式，使公共服务合作系统能高效处理海量数据，变成越来越开放的信息流系统。各个子系统共同参与价值创造过程，形成协同合力。

7.2.4 区域公共服务合作进程中制度和技术的耦合

制度和技术是公共服务合作进程中两大核心驱动力。前者确定了合作方向；后者保证了合作进程。但是，两者绝非孤立的，而是互相耦合的。且两者耦合的方向和程度，也决定着区域公共服务合作的成功与否。问题是，两者耦合的着力点或者耦合的桥梁在哪里？

实践一再证明，公共价值是制度和技术耦合的着力点和桥梁。现代公共服务合作进程中的要素流动分为两类，一类是显性的物质流，包括物质和资金，例如区域帮扶过程中资金和物质援助；另一类则是隐性的价值流，尤其是合作双方都秉承的公共价值，例如区域帮扶救济过程中体现的民族大家庭温暖等。尤其是，技术进步推动着传统的"服务共享"向"价值共创"嬗变。

区域公共服务合作过程中的公共价值，应该源于区域共同发展过程中面临的公共需要。这个公共需要可以体现区域发展方向、辖区居民的共同意志，也可以是区域公共权力机关共同恪守的政治意志，其具有个体差异性和动态演进性。

7.3 粤港澳大湾区公共服务合作现状分析

粤港澳大湾区得天独厚的地理优势、强大的资源汇集能力、开放的经济体系，注定其终将成为国际一流湾区和世界顶级城市群。纵观世界其他三大湾区发展历史，可以发现一个"铁律"：没有合作就没有大湾区。

多年来，粤港澳大湾区三地之间，破除各种藩篱，大胆地在基础设施、科技教育、社会保障等公共服务领域开展合作，成效显著。实践证明，港澳的发展离不开祖国的强力支持。在当前世界经济格局深刻变化的历史背景下，粤港澳大湾区如能通力合作，定能成为中国经济高质量发展的重要引擎。

公共服务范围很宽泛。鉴于粤港澳大湾区的特殊性，本书选取公共饮水、公共卫生、跨境养老、教育科技、环境保护等几类公共服务，梳理粤港澳三地之间公共服务合作的历程，为未来深入合作提供现实经验及借鉴。

7.3.1 公共饮水合作现状

严格来说，饮水并不是纯粹的公共服务。但对于港澳特殊的地理环境而言，与广东合作供水确实是港澳居民非常刚性且无法替代的公共需求。60年前，在中央政府直接关怀下，广东省克服一切困难，投入大量人力物力，通过两条庞大的引水工程，为香港澳门同胞送去淡水。60年来，广东省累计向港澳供水约300亿立方米，满足了香港80%的用水需求，满足了澳门98%以上的用水需求①。

以香港供水为例。60多年来，广东向香港输送淡水超半个三峡水库水量。香港利用内地丰沛的水资源，迅速发展经济。而广东为了保护水源质量，做出了巨大的牺牲。例如，河源先后拒绝了多个污染类项目落户，还在财力紧张的情况下投入上百亿元整治沿线河流水质，花费巨资建防护林。毫不夸张地说，广东宁可牺牲河源的发展，也要把最好的水资源供给香港②。而且，类似深圳、东莞这样的沿线城市本身也缺水，但优先供应香港始终是沿线城市首要的政治任务。

7.3.2 公共卫生合作现状

粤港澳三地之间同根同源，一方有难，三方同心。粤港澳三地之间公共卫生领域合作历史悠久。本书拟重点透析本轮新冠肺炎疫情抗疫过程中的公共卫生合作。

2020年广东疫情期间，澳门特区政府第一时间捐赠几十万个医用外科口罩，紧急支援珠海定点医院。2021年疫情期间，珠海加派人手增援

---

① 为港澳安全供水提供坚实保障［EB/OL］. 人民网，2022 – 03 – 25.
② 缺水的广东，把最好的水输送给香港［EB/OL］. 新浪财经，2019 – 08 – 21.

澳门卫生部门，珠海多个口岸加派人手，全力协助澳门口岸做好疫情防控工作，防止疫情扩散①。

2022 年 2 月以来，香港第五波疫情来势汹汹。新冠肺炎阳性病例不断走高，从日增过百人到日增破千人，再到日增数万人。多家医院病房入住率爆满，甚至超出 110% 使用率水平。危难时刻，祖国永远是香港的坚强靠山，这给了疫情下香港同胞无限的温暖。中央迅速组织全国尤其是广东省政府全力驰援。2022 年 3 月，广东先行向香港派出 5000 名防疫人员，协助香港进行病例排查和分析工作。其中，深圳向各省支援香港防疫人员提供后勤支援保障。至 3 月 24 日，广东省援建 7 个方舱医院全部竣工，共提供 2 万张床位②。

7.3.3 跨境养老合作现状

近几年来，粤港澳大湾区三地之间大力推进民生福利、社会保障等领域合作。例如广东省无条件按照本地居民同等待遇取消港澳居民就业许可审批，将在广东省工作的港澳同胞纳入本地基本就业服务范围，鼓励港澳同胞报考广东省行政事业单位。

港澳都是长寿社会，人口老化指数不断上升，同时都面临土地空间狭窄、人工成本高企等约束条件，给港澳两地的社会保障、医疗养老带来巨大压力。基于此，广东省把握粤港澳大湾区合作机遇，积极探索打造"跨境养老模式"。2019 年，广东省政府《关于进一步完善我省港澳台居民养老保险措施的意见》明确规定，在广东省参加企业职工养老保险的港澳同胞享受本地居民同等待遇；达到法定退休年龄且缴费小于 15 年，参照广东省灵活就业人员补缴至满 15 年即可享受同等待遇；对可以参加机关事业单位养老保险的港澳同胞，享受广东省同等退休待遇；对持有港澳同胞居住证的未就业人员，可在广东省内居住地参加养老保险，享受相应的财政补贴③。与此同时，香港和澳门出台了"广东计划"，鼓励老年人到内地养老。截至 2022 年 2 月 28 日，共有 19533 人通过"广东计划"在广州各地市领取现金津贴④。

---

① 珠澳两地建立疫情联防联控机制［EB/OL］. 中国日报网，2020 – 02 – 26.

② 风雨同舟 守望相助 香港市民感谢内地援港医疗队助力香港抗击疫情［EB/OL］. 央视新闻，2022 – 05 – 05.

③ 关于进一步完善我省港澳台居民养老保险措施的意见［Z］. 广东省人民政府，2019 – 12 – 19.

④ 香港拟推养老"广东计划"老人在广东也可领津贴［N］. 广州日报，2013 – 07 – 13.

实践证明，由于三地政府积极合作，港澳同胞跨境养老规模越来越大。截至 2021 年底，港澳居民在广东省参加养老累计达 27.92 万人次。仅在广州市参加基本养老保险的港澳居民有 15957 人，参加失业保险 8897 人，参加工伤保险 8751 人①。

7.3.4　教育科技合作现状

大规模人口流动是城市兴旺发展的动力，也是城市竞争力的具体体现。人口流动涉及教育及科技随之流动等一系列机遇和问题。粤港澳大湾区多年来开展了教育和科技合作，取得了一定成效。

广东省为全面更好地贯彻落实好《粤港澳大湾区发展规划纲要》要求，积极推动来粤工作的港澳同胞随迁子女平等教育权利。目前，持居住证的港澳子女在广东省无条件参加全过程教育，包括学前教育、基础教育以及高等教育。港澳子女来广东就读，广东省按照"一视同仁、就近入学"的原则，享受与当地子女同等教育服务。同时，广东省支持港澳居民随迁子女在粤参加升学考试，同等学籍待遇，同等填报志愿，同等分数录取。广东省各市成立了"港澳子弟学校"，开创了港澳同胞子弟 15 年一贯制的培养模式，其他非港澳专弟学校也开设了"港澳子弟班"②。据统计，在广东各市就读港生近 3 万人③。

高等教育是经济社会发展的重要推手。广东整体高等教育水平与北京、上海、江苏等地相比明显落后。例如，软科 2021 大学排名，广东只有 8 所高校进入百强，而北京、江苏、上海分别有 18 所、15 所、9 所。经济领跑全国的大省却是"教育洼地"之中的"灯下黑"。随着教育部关于粤港澳大湾区高等教育合作的战略安排，港澳高校纷纷入驻广东。深圳引来香港中文大学、珠海引来香港浸会大学联合国际学院、香港科技大学入驻广州并正式招生。未来，我们将看到香港城市大学在东莞、香港理工大学在佛山、香港都会大学在肇庆、香港大学在深圳、澳门科技大学在珠海等参与大湾区教育事业发展④。

粤港澳三地之间无论义务教育还是高等教育合作，不但做大做强湾区教育事业，提高人力资源素质。更为关键的是促进港澳学生熟悉国情，增

---

① 粤港澳大湾区：携手同心 破浪前行［EB/OL］. 中国青年网，2022 – 06 – 21.
② 广东开设"港澳子弟班"港澳家长开心点赞［EB/OL］. 中国侨网，2019 – 11 – 04.
③ 粤港澳大湾区发展规划纲要［N］. 人民日报，2019 – 02 – 19.
④ 建设大湾区国际教育示范区，港澳高校正在集体赶往广东［EB/OL］. 新浪财经，2021 – 01 – 13.

强祖国认同感，当然也能解决港澳大学扩张的土地约束等问题。

湾区无疑已经成为世界经济振兴和腾飞的承载空间，也是全球创新要素资源集聚的枢纽，世界上几个大湾区如东京湾区、纽约湾区、旧金山湾区无不是科技创新中心。粤港澳大湾区内地9城与港澳的经济合作必然带来科技合作，而科技合作又进一步推进经济深度合作。目前，大湾区中广东省9个城市高新技术企业很多，但基础研究薄弱；香港、澳门基础研究雄厚，而高科技企业不多。这些短板也正是粤港澳三地科技合作的空间。《粤港澳大湾区发展规划纲要》也明确支持粤港澳采用共建优势学科、实验室和研究中心等形式进行科技合作，助力大湾区在百年未有之大变局的历史时期突出重围，引领全国经济高质量发展。因此，三地之间的科技合作正在蓬勃兴起和渐次展开。例如，2021年，广东省向港澳两地大学和科研机构开放大型科学仪器200多台，港澳高校和科研机构中标广东省各类财政科研资金2.6亿元，粤港澳三地通力合作初步投资200多亿元新建30家联合实验室和科研中心，70余位港澳科学家到广东珠海、广州、佛山等高新技术企业联合研发[①]。可以乐见，粤港澳大湾区必将成为世界级的产业湾区和科技湾区。

7.3.5 环保合作现状

《粤港澳大湾区发展规划纲要》明确提出以建设美丽湾区为引领，着力提升生态环境质量，实现绿色低碳循环发展[②]，这是大湾区居民最基本的公共需求，也将成为全国高质量发展的样板。

粤港澳三地环保合作早已展开。早在1981年12月，深圳市与原港英政府就深圳河治理展开过合作；2000年共同制定《后海湾（深圳湾）水污染控制联合实施方案》；2002年4月，粤港两地共同发布《改善珠江三角洲地区空气质素的联合声明（2002~2010）》，2007年订立深圳湾污染物减排目标；2009年，完成粤港澳三地珠江口湿地生态保护工程，种植5万公顷的红树林，并抢救珠江口周围50万公顷湿地；2011年，粤港双方同意实施《粤港珠三角地区空气质素管理计划（2011~2020年)》。事实证明，粤港澳大湾区环境保护合作是卓有成效的，2006~2017年，区域内二氧化硫、二氧化氮和颗粒物PM10的年均值分别下降77%、26%和34%[③]。

---

① 把粤港澳大湾区打造成世界级战略性创新高地 [EB/OL]. 新华财经网, 2022 - 07 - 20.
② 粤港澳大湾区发展规划纲要 [N]. 人民日报, 2019 - 02 - 19.
③ 建设美丽湾区 实现绿色低碳循环发展 [EB/OL]. 广东省生态环境厅官网, 2019 - 02 - 22.

7.3.6　安全合作现状

稳定和繁荣互为前提，没有稳定就很难繁荣，没有繁荣也难以保持长期稳定。香港国安法有利于香港的长治久安。在稳定的基础上，通过高质量建设粤港澳大湾区，深化粤港澳合作、泛珠三角区域合作等则能更进一步促进香港的繁荣。在多年的警务合作中，粤港澳警方形成了通报机制、工作会晤、情报共享、个案合作等较为成熟的合作机制。粤港澳三地警方先后在经济犯罪侦查、反黑、禁毒、刑事技术、反恐、网络犯罪侦查、出入境管理、治安管理等多个业务部门建立了对口直接联络渠道，减少了情报交流的中转环节，进一步提高工作效率。自香港、澳门回归以来，粤港澳三地警方建立起全方位、多层次的警务合作模式，不断提升维护三地安全稳定的能力和水平，为粤港澳三地社会经济繁荣发展创造了良好的治安环境。

近几年，香港走过极不平凡的由乱到治的历程。自 2019 年 6 月以来，香港反对派和一些激进势力借和平游行集会之名，进行各种激进抗争活动，以"反修例"为幌子，得寸进尺、变本加厉，暴力行为不断升级，社会波及面越来越广。

2020 年，受修例风波和新冠肺炎疫情先后影响，香港经济和民生受到重创。香港的旅游业、酒店业元气大伤，作为贯穿城市发展的交通运输业，当时也一度陷入困境，包括航空、汽车、铁路及海港等领域先后传出要求员工减薪、放无薪假或被直接解雇的消息。

在跌宕起伏中，香港迎来"定海神针"，《香港国安法》正式实施，社会迅速恢复和平稳定。各界正加快融入粤港澳大湾区建设进程，驶入快车道。香港国安法自 2020 年 6 月 30 日颁布实施以来，社会恢复安宁，基本稳定了营商环境。香港的未来发展，既可以保持香港国际金融、贸易、航运中心地位，延续其繁荣稳定的经济基础，又要加快推进粤港澳大湾区一体化发展，促进香港深度融入国家区域发展战略。

《香港国安法》实施后的一年，香港新股集资额超过 5000 亿元，较《香港国安法》实施前的 12 个月增加逾五成。港股平均每日成交额超过 1600 亿元，较《香港国安法》实施前高出近七成。足见香港仍然是受国际投资者欢迎的市场。因此，必须在"一国两制"框架内，共建"平安湾区"，加大对分裂国家、颠覆国家政权、恐怖活动和勾结外国或者境外势力危害国家安全等四类犯罪行为的打击力度。

7.3.7 人民基本生活合作

民以食为天,确保供港食品的安全关系着香港数百万市民的一日三餐。公开数据显示,目前香港市场95%的活猪、100%的活牛、33%的活鸡、100%的河鲜产品、90%的蔬菜、70%以上的面粉都由内地供应。专供港澳地区的食品一直是高品质和安全的代名词,合格率接近100%。在广东肇庆供港蔬菜基地四个蔬菜出口基地基本保证香港同胞蔬菜供应。在怀集县建有供港蔬菜基地3100多亩。香洲区是内地供澳门食用农产品的主要加工配送来源地。

珠海供港澳蔬菜加工配送中心来自各地备案种植基地的蔬菜源源不断从这里发出,经拱北口岸供往澳门各大市场。为守住港澳同胞"菜篮子"安全底线,香洲海关密切关注港澳市场检验检疫要求,严格执行有毒有害物质抽样检验和风险监测工作,并且督促指导企业加强源头管理和原料控制,切实防范好农产品疫病疫情和质量安全风险。在海关的监管下,粤东地区优质特色食品农产品正源源不断地从田间地头、生产基地,端上港澳市民的餐桌。毗邻港澳的广东省供应了两地市场七成的食品。2020年,广东检验检疫局辖区供港澳食品达30万批、163万吨。

7.4 技术还是制度——粤港澳大湾区公共服务合作瓶颈分析

公共服务合作有利于提高粤港澳大湾区民生福利,事关粤港澳大湾区的持续繁荣稳定。更为重要的是,通过公共服务合作可以带动港澳同胞对"一国两制"的认同,促进人心回归,最终实现"共赢"。就粤港澳大湾区公共服务合作而言,其具备得天独厚的地缘优势、深厚的合作基础、叠加的政策支持、共同的利益目标等优势。但是,由于认识未统一、制度未统一、技术标准未统一等原因,导致大湾区公共服务合作的核心公共价值彰显不足,最终迟滞了粤港澳大湾区一体化发展。

基于此,下文对粤港澳大湾区公共服务合作过程中的制度瓶颈、技术瓶颈进行透析,以期为进一步的制度优化和技术创新提供方向,促进粤港澳大湾区整体高质量发展。

7.4.1 技术瓶颈分析

本书认为,公共服务合作进程中的技术瓶颈主要限于信息约束、技术标准及资质标准、行业规划背离约束等。根据这一界定，粤港澳大湾区公共服务合作过程中存在的技术瓶颈梳理如下：

（1）信息不对称约束。粤港澳三地尽管都是朝着一体化方向发展，但在公共服务合作进程中，三方信息并不充分对称。例如，在供水合作过程中，由于成本信息不对称导致合作梗阻时有发生。香港立法机构不知道供水的全部成本，而片面关注运营成本、汇率变动等技术成本，要求广东省"按实际供水数量支付"，不认可上游城市为保证东江水质而投入的巨大人力和财力①。

（2）资质标准及技术标准约束。主要表现如下：①在医疗合作过程中，港澳沿用欧洲医疗执业资质标准，其保险机构不认可广东省医护人员的医疗资质，甚至在疫情期间拒绝广东省支援的医护人员。②大湾区三地养老服务从业人员评价标准和培训体系尚未统一，诸如养老医师执业、护理人员认定等资质标准也不统一。香港和澳门跨境养老热情高，但是信心不足，就主要源于不认可广东的护理资质。③在科技合作过程中，同样存在资质认定障碍。例如高科技企业和高层次人才，广东省以政府行政审核审批为主，而港澳则以行业自评为主，统一认证难度较大，增加了科技型企业和高层次专业人才跨境难度。④在环保合作过程中，也存在环保标准冲突、信息交流不健全等问题。例如，香港采用世界卫生组织"中期目标－2"的标准，而广东省则采用了世界卫生组织"中期目标－1"的标准。

（3）规划衔接约束。作为中国目前唯一规划湾区，粤港澳三地之间理应在公共服务领域实现规划衔接，实现区域内各项规划的无缝对接。但目前规划设计在技术上尚未实现有机对接。例如，在基础设施建设规划中存在各自为政现象，降低了基础设施建设整体效率。

7.4.2　制度瓶颈分析

一般而言，公共服务合作进程中的制度瓶颈主要限于公共管理理念差异、国家认同感不足、制度配套和制度创新不足等因素。根据这一界定，此处将粤港澳大湾区公共服务合作过程中存在的制度瓶颈约束梳理如下：

（1）国家认同感缺失。国家认同其实可以说是粤港澳三地公共服务合

---

① 赵辰霖，徐菁媛. 粤港澳大湾区一体化下的粤港协同治理——基于三种合作形式的案例比较研究［J］. 公共行政评论，2020（2）.

作的核心公共价值。国家认同不足增加了合作难度和合作成本，导致合作难以取得实质性进展。在"一国两制"的制度背景下，港澳拥有高度自治权，大湾区三地的政策沟通与协调面临着难以克服的本地主义治理倾向。主要表现如下：①尽管粤港澳三地同根同源，但一部分港澳年轻人缺乏对内地的正确认知，甚至还停留在"香港优先"等陈旧思维中。②在医疗防疫卫生合作过程中，缺乏全局观或国家整体利益观。香港医界甚至有一部分人担心与内地全面合作会失去医疗市场。

（2）公共管理制度差异瓶颈。因为多种原因，粤港澳三地公共管理模式及公共管理理念存在很大差别。随着时间推移，原本是优势所在，在尚未深入改革的情况下，制约着公共服务合作进程。主要表现如下：①公共安全合作存在诸多盲区和死角。香港用的是英国法律体系，澳门用的是葡萄牙法律体系，在诸如犯罪等司法界定方面差别很大，难以共同行动。②决策机制差异影响合作进度。广东省实行社会主义制度，其财政预决算迅捷且能高度一致。而港澳实行资本主义制度，财政预决算过程中议会对政府形成强力的牵制。

（3）配套制度滞后且制度创新不足。尽管《粤港澳大湾区发展规划纲要》已经出台，但是由于种种问题，各项配套制度尚未跟进，导致制度协力不足。这在教育科技合作过程中表现得尤为明显。主要表现如下：①教育合作缺乏法律支持。例如，港澳高校到内地办学必须参照《中华人民共和国中外合作办学条例》执行，也就是将港澳高校视同外国教育机构，要求较高。再如课程设置衔接问题。由于历史原因，粤港澳三地课程设置差异较大。②科技合作过程中，人才流动存在社会保障、医疗、税收、专业资格互认等一系列身份差异带来的成本负担。例如三地个人所得税税制的差异，就是一堵多年来阻碍三地高素质人才流动的"玻璃墙"。③制度创新不足。正由于创新不足才导致制度配套跟不上。例如，广东省对港澳供水这一公共服务合作主要采用长期合同外包模式，相同的还有内地对港澳蔬菜供应和电力供应。这一方式从本质上应该由市场驱动，而不是政府。尽管广东省将港澳供水等同于政治任务，但在市场化程度非常高的粤港澳大湾区，更应该发挥市场高效的运作特征，淡化政府角色，创新先进的合作机制。

7.4.3 对大湾区公共服务合作技术和制度问题的辩证认识

上述制度和技术问题的划分并不绝对。有的问题既是技术问题也是制度问题，例如安全信息共享问题、课程设置问题等。技术问题累积起来能滋生制度问题，同样的制度问题累积也能引致技术失效。两者对大湾区公共服务合作的进度、方式、效果影响各异。因此，应对两者关系进行辩证分析：

（1）制度问题是核心。也就是说，目前粤港澳大湾区公共服务合作过程中存在各种问题的核心原因是制度障碍。从近几年大湾区经济一体化的最新发展看，湾区深度合作已经触及核心领域。世界上其他湾区以及国内长三角城市群、京津冀城市群都没有粤港澳大湾区公共治理结构如此复杂。其核心难点就是异质化的政府如何合作提供同质化的公共服务，尤其是如何在社会制度、法律制度、经济制度等方面实行跨制度、跨区域进行公共治理。

（2）技术也可以成为障碍。无论互联网技术、大数据技术、数字经济技术等，粤港澳大湾区都是全国乃至全球前列，完全能满足公共服务合作治理的需要。但是，如果不积极利用既有技术优势，其终将成为合作的障碍，并影响着制度深入创新。例如，香港和内地医疗资质认证、高层次人才认证、社保资质认证等问题，完全可以采取互通互认的技术转换。

（3）制度和技术瓶颈的症结在于改革迟滞。任何制度都必须根据形势进行因应性改革。世界上没有永恒不变的真理，必须与时俱进创新优化。只有通过制度和技术创新，才能实现大湾区公共服务合作的目标契合、价值契合、机制契合、策略契合。这就迫切呼唤制度创新，进而推动治理技术创新。当前，粤港澳大湾区制度差异巨大，对相关制度的实现机制、运行模式等适时创新和优化。

7.5　粤港澳大湾区公共服务合作路径创新探索

7.5.1　经验借鉴

纵观全球发展格局，单个城市单打独斗的时代已经过去。城市群发展是国家竞争力、全球及区域影响力提升的重要平台和手段。因此，粤港澳大湾区城市群公共服务合作供给是大湾区发展的必由之路。鉴于当前世界经济发展的重大历史变局，粤港澳大湾区必须以创新公共服务合作机制为突破口，提高大湾区内公共治理的技术能力，建立覆盖多元制度区域的公共服务合作体系，促进粤港澳大湾区率先实现高质量发展。

在这方面，国外有很多成熟经验可以借鉴。例如欧盟，尽管其与粤港澳大湾区没有可比性，但是很有借鉴价值。欧盟不管各个国家政治体制差异，高度统一成员国的市场准入、公共服务标准等，从而有效降低交易成本。在欧盟内部的丹麦、瑞典两国成立了一个奥尔胡斯合作区，两国创新采用了"两国一制"的运行模式，同时积极利用互联网等现代技术维护良好的公共治理合作。多年以来，该区域实现了大学、医院以及科技研发的紧密融合，已成为吸引外国投资的"领头羊"。

具体来看，欧洲经济一体化之所以能够取得较大的成就，成为国际一体化典范，其核心经验就是"异中求同"，在差异化基础上，推进一体化的公共合作。中国从欧盟借鉴的核心问题，就是要树立整体性思维，推进国家的整体性一体化治理。

首先，整体性治理需要树立经济社会一体化思维方式。欧盟是第二次世界大战后欧洲国家抱团取暖的结果，当时的背景是世界陷入美苏争霸的两极化格局，环境压力给欧洲国家"团结一心"带来动力。整体性治理以一体化作为理论基础，强调在治理中树立一体化思维方式，试图挽回欧洲治理碎片化的残局，这为中国国家区域发展治理提供了有益的借鉴。

其次，中国国家治理在顶层设计方面要落实协调发展的理念。从科学发展观将全面协调可持续发展作为基本要求，到"四个全面"战略布局的提出，都是整体性思维的体现。但在这方面，中国的特色是，相较于欧盟而言，中国是一个主权国家，权力相对集中的制度架构为解决城乡、区域之间的经济社会一体化问题提供了制度保障。其次，整体性治理要求统筹不同区域的发展。

7.5.2 路径创新探索

可以发现，粤港澳大湾区公共服务合作必将涉及各主体局部利益调整，大湾区三地政府只有坚持"制度突破、技术保证、先行先试"的原则，进行制度和技术创新，才能实现大湾区经济一体化发展。

（1）夯实国家认同核心公共价值。无论经济圈、大湾区，还是城市群，其公共服务合作供给的最终目的就是在增加信任的基础上实现其区域公共价值。粤港澳三地能够发起公共服务合作，能够维持公共服务合作，最核心的公共价值就是国家认同。国家认同的具体内容就是维护国家统一、维持社会稳定、促进大湾区繁荣富强。强化大湾区公共服务合作的核心价值取向，并将这一理念整体性融进公共服务合作过程每一个环节之中，以国家认同来弥合公共治理技术上的差异和裂痕。

（2）公共安全合作重中之重。基于危害国家安全犯罪行为具有跨区域性特征、法制存在差异等现状，粤港澳三地在中央政府领导下，加强公安、司法、情报、外交、财政等多个部门的衔接机制，探索定期协商机制，构建经常性议事机构。鉴于大湾区现实情况，要明确大湾区安全合作的重点领域：全面推动粤港澳大湾区应急管理合作交流，互融共促，健全大湾区应急管理合作机制。依托广东省应急指挥系统，对接港澳应急平台资源，建立粤港澳大湾区应急协调平台。尤其是，健全港珠澳大桥、广深港高铁、通关口岸、城市生命线保障等跨境重点设施安全风险防控合作机制。重点要创新性构建两地维护国家安全执行机制，探索包括国安领域在内的跨区域、跨制度司法合作，罪犯移交机制，切实保障国家和人民的安全。既要尊重两制的差异之处，更要利用一国的相同要素，在尊重三地法律差异的基础上寻求法律制度和执法模式的有效突破和制度创新。

（3）完善配套制度对接。粤港澳大湾区公共服务合作供给是区域融合发展的必然要求。合作过程无法绕开的制度分治造成了鸿沟，必须与时俱进进行配套制度改革跟进。具体包括：①清理不利于大湾区公共服务合作的制度，建立负面制度清单。例如通关管理办法、跨境办校管理办法、科技交流管理办法等。②站在全局高度改革或重新设立相关制度。制度改革和重新设立的背后也是利益的重新配置，粤港澳三地必须站在全局高度，根据比较优势选择更好的制度。例如养老培训及资质管理，广东必须向港澳学习；还有政府与市场关系方面，广东也可以借鉴港澳做法，例如蔬菜、自来水等外包管理，完全可以交给市场。世界一流湾区无不是市场和政府共同发力的结果。

（4）建立公共服务民主决策机制。粤港澳政府间公共服务合作供给的实质就是满足三个辖区公民偏好进而实现大湾区整体利益最大化，其最核心的问题包含两个方面：公共服务费用问题，尤其是跨区域公共服务成本分解；公共服务供给方式问题，即需要提供什么种类的跨区域公共服务、跨区域公共服务的数量和质量标准、跨区域公共服务供给方式等。鉴于粤港澳三地公共决策机制的差异，为抚平三地公共服务决策纠纷，建议立足于民主决策机制基础上，整合三地公共需要，尝试性构建基于三地经济社会发展水平的公共服务供给标准，提供基本同质的公共服务。

（5）优化技术手段。当前，既要利用大数据提升服务能力、改进服务质量，也要积极搭建政府信息资源共享及服务支撑平台，推动三地电子政务系统整合，消除"信息孤岛"。为此，必须大力构建大湾区信息共享平台、区域公共事务在线服务等技术平台。例如跨境养老、子弟入学等信息完全可以充分共享，为大湾区居民提供快速精准服务。这其中，可以积极尝试区块链技术在大湾区公共治理过程中的运用，该技术模式能够有效识别公众的需求，捕捉公众的真实愿望，其去中心化的过程其实也是一个无缝合作的过程。

（6）统一技术标准。粤港澳大湾区建设世界级城市群具有特殊性。应该统一湾区公共服务技术标准和资质标准，缩小或拉近粤港澳三地之间的治理水平落差。这个统一标准过程必须坚持"向先进标准靠拢"，不能囿于自我"一亩三分地"，更不能发生先进标准服从落后标准的现象。例如护工资质、技术职称认定、环保标准等，通过先进标准的介入，更能促进落后地区改革。在这个过程中，大湾区各地政府应该积极利用国家赋予的先行先试机遇，包括先行立法权、变通规定权、试错免责权等。

第8章 助力还是阻力：粤港澳大湾区 税务合作困境及改进对策

近年来，粤港澳三地逐渐加强税收合作，取得了很大成效。2018年12月，《货物贸易协议》进一步规定，原产港澳的货物进口内地将全面享受零关税。而且，广东在全国首创对港澳高端和紧缺人才个税超过15%的部分给予补贴，享受"港人港税、澳人澳税"政策。

但是在粤港澳大湾区一体化进程中，三地之间税收合作程度不高，甚至诱发了恶性竞争、重复征税、税收转移和避税等种种行为，不利于粤港澳大湾区高质量发展，不利于三地紧密合作进而提高整体竞争力。基于此，本书在梳理大湾区税收合作历史和现状的基础上，分析大湾区税收合作的动力和阻力机制，进而提出优化合作机制的对策建议，以期解决粤港澳大湾区建设过程中因税收制度、税收征管体制差异所带来的问题，营造公平公正的税收环境。本书既可以丰富现有的税收合作理论，又可以为在粤港澳大湾区进行跨境区域税收合作提供思路。

8.1 既有研究及问题提出

学者研究普遍表示，区域税收合作是能够给区域全要素生产率起到正向影响作用的。梁伟健和张乐（2017）分析了我国1999～2015年的省级面板数据，发现增加财政支出可以有效地提高我国的全要素生产率，但是税收政策对全要素生产率的影响不显著。丁汀和钱晓东（2019）研究发现，"营改增"对制造业区域的全要素生产率起到明显的促进作用。

8.1.1 税收合作必要性研究

内鲁多瓦（Nerudova，2015）介绍分析欧盟税收竞争与合作出现的系列问题，针对性提出关于税收竞争有害的概念。宙斯（José，2017）认为，低水平国际税收合作将伴随着税收竞争的问题，进而出现要素流动，进一步提升国际税收合作关系，应该逐步退出税收竞争。侯塞因（Hussain，2015）通过研究税收政策的变动对全要素生产率的影响发现，国家税收收入增长对全要素生产率的影响是负向的，其中永久性和外生性政策的作用是长期且不可逆的。埃弗雷特等（Everaert et al.，2015）从国际贸易的角度进行分析，研究财政政策和税收政策对全要素生产率直接或间接的作用机制，发现降低区域税率和较少贸易壁垒可以吸引更多的外商投资来提高区域的技术水平，从而有效提高全要素生产率。

8.1.2　区域经济发展进行税收合作与协调的必要性研究

我国关于区域税收合作研究集中在税收政策方面。王金龙（2015）从税收政策、财政政策、金融政策的角度，评估金融财税政策与区域经济发展的相互影响关系，检验法定准备金率、实际利率、宏观金融政策、区域经济等要素的相互关联，强化不同地方财税政策的合作，完善区域金融、财政税收政策，有效推动区域经济的协同发展。陈天琪（2015）站在京津冀协同发展维度分析，其认为财政税收政策属于国家调控经济运作、改变收入分配的重要思路。利用区域经济财税政策合作和协同发展，将有效提升区域经济发展质量，实现资源的有效配置。张莹（2016）认为，税收协同和发展，能为经济一体化发展创造有利条件，以此应对地方间的无序竞争问题。此外，税收收入是地方政府的核心来源，通过税收合作的方式，能提升区域公共服务质量和水平，以此保障区域生态环境的协同发展。郭滨辉和成慕杰（2018）以国际税收协调研究为基础，其认为全球经济和区域经济一体化是未来的趋势，在发展时，中国不仅需要增加区域国际经济组织要素，同时还应该创建不同区域的经济带，通过对区域税收进行研究，能保持不同地方税收负担的均衡性，以此拉动经济协同发展。

8.1.3　粤港澳大湾区进行税收合作的特殊性研究

罗增庆（2013）认为，粤港澳税收合作与协调实际上是主权国不同地方的合作关系，显然和欧美、北美自由贸易税收合作有显著不同。粤港澳税收合作属于三种税收制度的相互配合，相同国家在同等税收制度下存在省际合作关系，但是和全球其他的湾区相比，粤港澳三地有所不同，目前在1个国家、2种制度、3个关税区多个因素影响下，积极探索"一国两制"发展框架，随后有效应用创新协调机制，将妥善解决行政分割、体制差异等问题，以此改善三地优势，便于推动国家发展战略的落地。林江

（2017）认为，粤港澳大湾区建设属于以国家"一带一路"倡议、供给侧结构性改革为基础的发展战略，但是三个地方在金融、法律、经济等层面有明显差异，所以如果简单通过税收政策组合，显然难以应对粤港澳大湾区建设发展的需要。郭滨辉（2018）重点评估"一国两制"背景，分析粤港澳大湾区建设在三地税收制度方面的不同，并且因为国家税收立法、管理税高度集中等因素的影响，导致珠三角区域也伴随着税收制度和征收管理的不同。因此粤港澳三地税收政策协调发展时，还需要综合分析内地税收制度差异的协调。

8.1.4 促进粤港澳大湾区税收合作政策的研究

吴泱等（2018）对比分析粤港澳三地税收制度的不同，随后结合欧盟税收合作经验，针对性提出关于粤港澳大湾区建设过程优化内地增值税税率、扩展企业所得税税收目录、完善个人所得税信息交换等方面的建议。林江（2017）认为，粤港澳三地应该利用 PPP 模式，进而提供更丰富的国际性、区域性公共产品，参考学习上海自贸区和广东自贸区的税收发展经验，通过制度直接取代政策性优惠，积极创建直接税为核心税制，以此保障三个地方税收制度的协同发展。徐维军和付志能（2019）整理关于粤港澳三地的金融财税政策差异和问题，针对性提出关于珠三角 9 市互补发展的策略，与此同时，在港广深发展中，需要关注互补和错位发展问题，减少同质化的竞争压力；有效发挥自贸区先行先试功能，直接将珠海横琴"港人港税、澳人澳税"政策作用在珠三角 9 市。国家税务总局广州市税务局课题组（2019）参考和学习广州自贸区的建设经验，针对性提出关于创建高级别税收协调机构、简化三地税收征管流程等建议。

8.2 区域税收合作效应作用机理

8.2.1 资本流动效应

政府通过税收方式获取资金提供公共产品，形成经济溢出效应改善区域外部经营环境的同时，某种程度上也对区域内资本流向产生影响。因此，政府把握税收合作力度显得非常重要。在现实生活中，政府或者政府之间往往通过区域税收合作调节区域的税收负担，降低区域的经营成本，或者引导企业投资朝着符合政府鼓励的方向发展，促进区域经济发展。在这样的背景下，政府出台了非常多的区域税收合作政策，主要用于激励资本流到本地。一般来说都是通过调节区域所得税和增值税，通过税收抵免、优惠税率、税收递延和加速折旧等方式，改变区域内税收环境，激励企业或潜在投资者把更多资金投入到本辖区。

通常来说，区域税收合作能够显著吸引资本流入，这主要是因为区域税收合作往往形成了较好的政策环境，如果上级政府大力支持，那就更能形成一个良好的"政策洼地"，提高了本地区的税后收益，减少了税收遵从成本。从而，刺激企业将更多的资金投入到生产经营环节，扩大区域投资规模，有利于提高区域总产出水平和全要素生产率。

以往的研究发现，除了资本和劳动的投入能够影响区域资本流入规模和速度，劳动效率的提升往往也能够有效提高区域的生产效率。这主要是因为随着劳动力对机械设备的熟练程度以及对先进技术掌握运用程度的提升，固定资产投入和研发投入的利用效率能够显著提高，进而改进了区域全要素生产率。这在我们现实经济活动中可以得到印证，很多外资投到某一个地方，特别要求当地技工素质高低。不仅如此，区域税收合作还具有外溢效应，释放积极信号调节行业间的人才流动，吸引其他行业的人才和投资者进来，往往通过加大基本公共服务投入力度来配合，最终改变资本流动格局。

8.2.2　公共服务效应

税收合作的福利效应通过政府支出对税收变化的效应得到放大，并折射到公共服务供给方面。一般而言，区域税收合作往往是为了营造更为宽松的营商环境，除了通过税收协定降低税负，往往辅之以较好的政府服务、优质的公共设施等。在这个过程中，为了保持政府支出不变，税收变化对福利的影响是由区域人口及其税收负担决定的。如果人口及资本快速流入，其税收负担较低，更容易吸引资本流入。

也就是说，居民从税收合作中获得的福利收益会通过政府支出而放大。当税收合作之后，在公共支出占 GDP 比重最初较低的区域，税收和政府支出都会增加。在这些地方中，更高支出带来的福利改善吸引力因子。由此产生的各区域和收入群体的有效税率降低了，政府将实际总支出转化为公共服务的比率，这一比率包括用于资助工人所珍视的公共服务的部分国家预算。它还可以从政府提供的国家公共产品中得到正效用。

8.2.3　技术创新效应

区域税收合作能够通过影响区域的投资决策来调整资源配置策略，进而改变区域现有资源的规模效率，影响技术创新效益。资本和劳动投入是影响区域发展的重要因素，区域在刚起步阶段还处在规模报酬递增的状态，这时加大资本和劳动的投入能够显著提高区域的规模效率，但是当区域逐渐成熟，规模报酬递增的效果会逐渐减弱甚至出现规模报酬递减的情况，这往往是因为受限于区域的管理能力或者是生产设备效率等。通过财税政策引导区域往国家需要的方向发展投入，改变原有的资源配置方式，提高区域资源利用效率，激发区域生产活力。随着生产效率的提高，生产成本降低，区域会更有意愿扩大经营规模，形成规模效应，进而显著提升区域全要素生产率。以往的研究发现，区域税收合作对区域的资源配置效率提升具有显著效果。

对于区域而言，资金短缺以及研发创新激励机制不完善都会影响到区域的研发投入。如果在区域经济发展过程中，尤其是那些国家战略意义的区域经济发展过程中，国家能够提供特殊的区域税收合作政策，就能够刺激资本和技术流入，对区域的技术进步产生积极的正面促进作用。事实证明，我国改革开放以来推进的区域发展政策，早期的经济特区，后来的湾区战略，都同时推出了优惠的税收政策。这在两个方面引发了区域技术创新效应，一是区域税收合作政策能够提高区域研发创新的资金支持，意味着随着区域研发创新的成本降低，区域必然会有更大的意愿去进行研发创新。二是区域研发创新成功后，往往能够在市场上取得领先的优势，获取更大的市场份额，区域为了继续扩大自己的市场力，也形成良性循环，进一步提升自身的生产效率。

8.2.4　寻租效应

对于区域而言，区域税收合作的适用并减轻税收负担的程度，有时并不完全是由市场机制决定的，往往会受到政府和区域关系的影响，和政府关系密切的区域可以获得更多的区域税收合作，并且越是在不发达的地区政府的寻租空间就越大，因此区域就有可能利用各种手段获取高额的区域税收合作，而并不是用于区域税收合作本身的目的。

与此同时，在市场与政府博弈的过程中，企业和个人同样进行寻租活动。当一个区域税收合作政策公布或者开始实施，区域为了获取更多的区域税收合作就有动机做事前逆向选择，根据政策调整区域的投资经营模式，释放虚假的信号达到欺骗政府，利用区域税收合作的政策套取利益，从而导致资源错配，税收合作政策初衷无法实现。我国目前很多区域一体化进程中，如乌昌一体化、西咸一体化等，都对高新技术企业落户该区域给予大量的税收优惠。科技部 财政部国家税务总局发布的《高新技术企业认定管理办法》规定，高新技术区域的认定标准根据研发投入占销售收入的比值来确定。如此单一的认定标准，很多企业就可以通过操纵研发投入，进而获取高额回报，这就与政策制定的初衷相违背了。现实中存在不少的骗税骗保行为就是最有力的证据。

8.3 粤港澳大湾区税收合作现状

粤、港、澳三个地方各有着自己不同的税收方式，这对三个地区的经济整体性发展有着很大的影响，三者之间的税收合作还需进一步加深。为了消除内地和港澳地区二次征税以及偷税漏税的现象，中央政府与港澳特区政府针对此问题签订了相关协定，以此来保证同一项收入，不管直接收入还是间接收入都不会缴纳两次税费。根据双方签订的安排，筛选出相对合适的税种，它们有澳门地区的房屋税和职业税等；香港地区的物业税和所得税等；内地的企业所得税和个人所得税。同样的，中央政府还和港澳特区政府签署了其他方面的税务上互惠互利的安排，例如利息、股息和不动产所得等方面。从最近几年来看，中国内地和港澳地区在反避税方面上的合作越来越密切，内地分别和香港、澳门地区签订了一系列关于防止二次征税和征税漏税的协定，解决了许多内地和港澳地区之间存在的税收方面的问题。

全球经济区域一体化加深了税收合作的深度，这就使中国内地和港澳地区之间的税收合作成为必然。广东省属于内地，与香港、澳门之间进行税收合作不只是为广东省的企业提供优良的发展环境，从整体上来看更是内地与港澳地区之间的公平。只有在公平的前提下，推广和加强三地之间的税收合作才会使三方的利益最大化，而其他不利于任何一方的行为均不可行。

虽然内地与港澳地区签订的一系列协定有了很好的成效，但是双方还需要不断地推进反避税合作工作上的进展，原因主要有两方面，一是税收制度和税负差异，内地的企业很有可能借此差异进行非法偷税漏税；二是香港和澳门地区均为出口贸易的重要地区，国际资本很有可能借由港澳地区对内地的投资进行偷税漏税。逐渐减小广东、香港和澳门之间税收制度的区别，从而出现稳定发展的税收合作，并使其成为可实行的国家发展战略。

8.3.1 合作历程

（1）大湾区规划之前税收合作。改革开放以来，为促进粤港澳三大区域融合发展，国家推出了一系列加强粤港澳税收合作与协调的举措。"一个国家、两种制度、三个关税区、四个核心城市"的特殊格局使得粤港澳大湾区在税制结构、税率设置、征税范围等方面均存在不同程度的差异。既非国际又非省际是税收合作的难点，使在这方面的合作困难增大。

大湾区提出之前以平衡税负、吸引投资的税收优惠为主。改革开放初期，广东省作为改革开放的"先行先试"地，制定了一系列涉外税收优惠政策，吸引了大量的港澳资本进入广东，带动了广东的发展。进入 20 世纪 90 年代之后，对港澳资本的全面优惠逐步向特定行业优惠过渡，内地对港澳资本的税收优惠正式从普惠制转向特惠制。

内地先后于 2003 年、2006 年与港澳地区签订了避免双重征税和防止偷漏税的相关制度安排，之后又相继出台了若干补充规定，进一步深化了内地与港澳地区的税收合作与协调。

重大政策解读：粤港澳税收合作的制度创新——CEPA

2003 年，中国内地与香港、澳门特区政府分别签署了内地与香港、澳门《关于建立更紧密经贸关系的安排》（以下简称"CEPA"）CEPA 是在"一国两制"方针下，在 WTO 框架内，由主权国家与其独立关税区签署的一种类似于自由贸易区的经贸安排。CEPA 的签署与实施，标志着香港与内地经济一体化从原来单一的功能性一体化，转向制度性与功能性一体化的互动发展，标志着香港与内地经济一体化进入了一个崭新的发展阶段，将为两地经济一体化的深入发展提供新的动力与空间。

CEPA 给予了绝大部分港产品零关税进入内地市场的待遇，这有助于降低港产品成本，增强港产品在内地市场的竞争力，对内地竞争性产品的制造企业具有一定的冲击。但由于香港的人工、土地等成本远高于内地，税收成本的减少仍不能从根本上改变港产品的成本劣势，且香港制造业总量极小，因此，对内地制造业的冲击十分有限。CEPA 对内地制造业的另一个冲击在于，可能会导致部分内地的港资制造企业回迁香港，以获得零关税优惠。

CEPA 的服务贸易自由化条款，为香港服务业打开了内地市场的大门。据香港立法会有关文件，香港服务业进入内地市场，为内地服务业的发展带来了外部压力与助力。从压力来看，香港服务业的竞争优势远胜于内地服务业，大量优质香港服务企业的进入，对内地原有的服务企业带来巨大的外部压力,内地服务业企业如果不提升自己的服务质量,就可能在竞争中被淘汰出局。这种优胜劣汰的市场机制,将以外部压力的形式促进内地服务业升级。从助力来看,优秀的香港服务企业进入内地,为内地服务业的发展注入了新的活力。它们的进入,不仅直接从增量上提升内地服务业水平,而且通过竞争与示范作用,带动原有内地服务业升级与发展,从而进一步提升内地服务业水平。

(2)大湾区规划之后税收合作。大湾区规划出台之后,粤港澳大湾区三地税收合作以内地税制和征管体制的自我优化为主。近年来,内地持续推进税制改革、税收征管体制改革及减税降费、优化营商环境等各类举措,逐步缩小了内地与港澳在税收制度、征管水平、税收营商环境方面的差距。这些改革举措包括"营改增"及旨在简并税率、降低税负的增值税改革;综合与分类相结合的个人所得税制度改革,尽可能与港澳地区接近。

重大制度解读——中央系列政策出台解析

此处将大湾区规划以来的重大税收合作政策进行比对分析和解读(见表8-1)。

表8-1 粤港澳大湾区规划以来出台的税收政策

时间	文件名称	主要内容
2022年9月	财政部、税务总局《关于广州南沙企业所得税优惠政策的通知》(财税〔2022〕40号)	对设在南沙先行区符合条件的鼓励企业,按照15%的税率征收企业所得税
2022年7月	财政部、税务总局《关于广州南沙个人所得税优惠政策的通知》(财税〔2022〕29号)	对在广州南沙工作的香港居民,其个人所得税税负超过香港税负的部分予以免征;对在广州南沙工作的澳门居民,其个人所得税税负超过澳门税负的部分予以免征
2022年5月	财政部、税务总局《关于横琴粤澳深度合作区 企业所得税优惠政策的通知》(财税〔2022〕19号)	对设在横琴粤澳深度合作区符合条件的产业企业,减按15%的税率征收企业所得税
2022年5月	广东省人力资源和社会保障厅、广东省财政厅、国家税务总局广东省税务局、广东省人民政府港澳事务办公室《关于印发支持港澳青年在粤港澳大湾区就业创业的实施细则的通知》	对在大湾区工作的符合高端人才和紧缺人才条件的港澳青年,其在珠三角九市缴纳的个人所得税已缴税额超过按应纳税所得额的15%计算的税额部分给予财政补贴

时间	文件名称	主要内容
2022 年 4 月	广东省财政厅、国家税务总局广东省税务局《关于我省实施小微企业"六税两费"减免政策的通知》（粤财税〔2022〕10 号）	对广东省增值税小规模纳税人、小型微利企业，减按 50% 征收资源税、城市维护建设税、房产税、城镇土地使用税、印花税等
2022 年 1 月	财政部、税务总局《关于横琴粤澳深度合作区个人所得税优惠政策的通知》（财税〔2022〕3 号）	对在横琴粤澳深度合作区工作的境内外高端人才和紧缺人才，其个人所得税负超过 15% 的部分予以免征
2021 年 4 月	财政部、海关总署、税务总局《关于"十四五"期间支持科技创新进口税收政策的通知》（财关税〔2021〕23 号）	对科学研究机构、技术开发机构等科技开发和教学用品，免征进口关税和进口环节增值税、消费税
2020 年 12 月	广东省财政厅、广东省科学技术厅、广东省人力资源和社会保障厅、国家税务总局广东省税务局《关于继续贯彻落实粤港澳大湾区个人所得税优惠政策的通知》（粤财税〔2020〕29 号）	对在大湾区工作的境外高端人才和紧缺人才，其在珠三角九市缴纳的个人所得税已缴税额超过其按应纳税所得额的 15% 计算的税额部分，由珠三角九市人民政府给予财政补贴
2019 年 12 月	国家税务总局关于《内地和香港特别行政区关于对所得避免双重征税和防止偷漏税的安排第五议定书生效执行的公告》	在内地，第五议定书适用于 2020 年 1 月 1 日或以后开始的纳税年度中取得的所得；在香港特别行政区，适用于 2020 年 4 月 1 日或以后开始的课税年度中取得的所得
2019 年 11 月	香港特别行政区政府、澳门特别行政区政府《香港特别行政区和澳门特别行政区关于对所得消除双重征税和防止逃避税的安排》	界定两地税收管辖权、各类所得地域权限和争议处理办法
2019 年 10 月	国家税务总局《非居民纳税人享受协定待遇管理办法》（国家税务总局公告 2019 年第 35 号）	非居民纳税人自行判断符合享受协定待遇条件，可在纳税申报时，或通过扣缴义务人在扣缴申报时，自行享受协定待遇
2019 年 4 月	国家税务总局《调整中国税收居民身份证明有关事项的公告》（税务总局公告 2019 年第 17 号）	中国居民企业的境内、境外分支机构应由其中国总机构向总机构主管税务机关申请
2019 年 3 月	财政部、税务总局《关于粤港澳大湾区个人所得税优惠政策的通知》（财税〔2019〕31 号）	对在大湾区工作的境外（含港澳台）高端人才和紧缺人才给予补贴，该补贴免征个人所得税

上述自粤港澳大湾区规划之后出台的税收政策，具有如下特点：

（1）目标明确，合作为先。较之港澳，内地税收制度税负较重，管理严格。为了推进一体化进程，中央政府主动按照港澳税制特点进行自我优化。无论个税和企业所得税的税率，稳步朝着港澳看齐，同时又保持内地税制特色，例如增值税的变通执行。

（2）渐进特色，稳步推进。例如个人所得税，对港澳高层次人才来广东工作，最初的税收优惠做法是按照内地所得税征收办法征收，对超过15%部分，由工作所在地政府给予补贴。后来改为直接按照15%税率征收。这样减少了纳税人的税收遵从成本。

（3）重点突破，全面兼顾。上述一系列税收合作相关文件，背后无不体现政策的调控方向。上述政策，既有对特定地区的调控和扶持，例如重点扶持横琴、前海、南沙三地。又对特殊人群进行精准调控，例如到广东创业的港澳青年、来广东工作的高层次人才。在产业调控上，也出台了优先发展产业清单等。与此同时，也出台了如三地税收管辖权、收入认定等一般性政策措施。

8.3.2　存在问题分析

粤港澳税收合作是粤港澳合作的重要组成部分，是推进粤港澳地区实现区域一体化的前提之一。然而，三地之间制度差异较大，合作困难随之而来。

（1）税收转移问题。区域经济合作发展时，必将面临区域税收利益分配的问题。反观香港、澳门等地针对企业所征收的税种税率并不高，所以香港、澳门税收优势较为明显。当前众多企业将总部、销售中心设立于港澳等地，但是生产基地则安排在广东，最终使内地税收大量流失，对三地税收利益分配产生直接影响。内地、港澳间双重征税问题依然没得到解决。港澳间的税收竞争优势更为显著，将使部分企业将生产总部设立在香港、澳门地区，同时将生产基地安排在珠三角城市，以转让定价等方式对利润进行调配和转移。一方面导致国内税款流失；另一方面不利于大湾区产业结构布局。粤港澳大湾区三地税收制度将使税收竞争冲突不断涌现，结合内地发展情况看，港澳地区有着低税负、零关税等优势，广东各市都处于不利地位。

（2）双重征税问题。尽管当前内地与香港、澳门等地顺利完成《关于对所得避免双重征税和防止偷漏税的安排》等合作进程。但是因为内地与香港、澳门在税收制度、税收法律方面的差异，部分地方税收管理权依然存在争议，经常出现双重征税的问题。值得关注的是，粤港澳三地地域税收管辖权、居民税收管辖权存在冲突性。港澳两地选择地域税收管辖原则征税，并不关注纳税人居民身份。

（3）税收争议问题。粤港澳三地征管体制存在矛盾，难免引发大量的税收争议。由于粤港澳三地存在税制差异，导致跨境投资由于跨境税收问题持续弱化。内地与港澳签订税收安排就包含MAP，这也是粤港澳大湾区应对跨境税收争议问题的主要参考模式。当前粤港澳大湾区经贸有各国频繁的往来，同时涉税交易模式更为多样化，随着跨境税收争议内涵和外延演变，目前MAP为核心的争议解决机制已经无法应对粤港澳大湾区正在发生的税收争议的实际诉求。

（4）协调机制问题。在"一国两制"方针下，香港、澳门两地保留立法、司法、执法权。在粤港澳大湾区经济融合高效发展的同时，跨区域经济活动规模日益扩大，纳税人在多个区域缴纳税款时，将直接与粤港澳三个地区税收制度、征收管理过程产生矛盾。同时因为粤港澳三大区域司法背景的差异，在法律制度协调性方面严重不足，有些制度甚至是无法调和的，所以粤港澳大湾区税收合作在协调机制方面严重缺失。

8.3.3 粤港澳大湾区税收合作困境分析

（1）个人所得税比较。第一，对比征税范围，内地个人所得税要求居民明确税收管理权、收入来源等标准，但是在香港和澳门则要求执行税收来源地管辖权，仅对本地的收入征税。因此内地的征税模式容易对跨境活动纳税人出现重复征税。第二，税率的比较和分析。内地个人所得税综合税率执行3%～45%标准，反观香港薪俸税按照总收入抵扣费用以后，以15%税率征收处理。澳门对应的税率只是6%～12%。

（2）企业所得税税率差异比较。内地企业所得税基本税率按照25%设计，而小型微利企业所得税直接减至20%，国家重点扶持高新技术产业，并按照15%减免税收。香港利得税执行两级税率：20万美元以下的价格，按8.25%的税率进行纳税；针对20万美元以上的部分金额，按16.5%的税率纳税。澳门企业所得税则以3%～12%为基础，设立五级超额累进税率。总之，港澳两地要比内地税率低得多，珠三角九市税收负担相较之下较重。

（3）增值税对比分析。香港并未设立增值税等，针对进口货物不需要缴纳关税，与内地消费税相当。澳门本土并未增设增值税，间接税收入整体偏低，2018年占税收总收入的13.4%。

（4）征管体制机制比较。香港和澳门税收征管主要依赖纳税人高度遵守的自律性，在申报时相对简便，显然和珠三角有巨大差距。税收征管体系的不同，将使税收隐形壁垒进一步放大，进而对跨境自由流动产生不利影响。

（5）税收营商环境不同。港澳地区长期以来采取自由治理政策，投资手续相对简单。根据世界银行《2020年营商环境报告》，香港营商环境之中的"纳税"指标长期保持在第二名；内地则排在第105名。澳门具备税制简单、税负偏低等优势，其营商环境也高于内地。

8.4 对策建议

（1）创建税收协调平台。粤港澳三大区域税收协同应该在《粤港澳大湾区规划纲要》要求下，完善粤港澳大湾区税收合作平台，保持监督和沟通的常态化管理体系，进而保持粤港澳大湾区税收合作发展，实现管理体系的创新。同时，突破常规的税收壁垒，有效提升要素流动效率，发挥税收政策调节效果，进一步突出区域一体化限制，确保粤港澳大湾区税收征纳环境改善。

（2）弱化税制差异。结合香港、澳门地区税收制度特色，例如税率偏低、征税面窄等，坚持"求同存异"原则，进而使粤港澳三个地区税收制度保持趋同性、平衡化发展方向。

①个人所得税合作。内地个人所得的税收负担、最高边际税率等都高于香港、澳门地区，对大湾区内人才要素流动限制产生直接影响。当前最关键的是营造人才引进需求的税收新环境，以此实现"港人港税、澳人澳税"普惠政策。此外，境外人才个人所得税优先选择"财政补贴"政策，进一步增加专项附加扣除项目，确定以家庭为基础的申报模式，以此控制纳税人的税收压力。最后，简单设计居民认定程序，促进纳税服务质量提升。

②企业所得税合作。内地企业所得税税负要比香港、澳门等地高很多。因此，未来大湾区税收合作过程中，内地企业所得税一是推动累进税率的建设，坚守税收公平主义原则，并考虑将国内比例税率调整成累进税率结构，推广5%~25%的多档累进税率，以此避免多个企业按照相同的标准纳税，进而出现纳税不公平等相关问题；二是提升税收优惠强度，当前《粤港澳大湾区税收服务指南》明确指出，在经济特区深圳前海等地方，针对特定产业按照15%缴纳企业所得税优惠税率，并向珠三角其他城

市推广。以点带面，有序推进广东横琴、前海自贸区的发展，这也是粤港澳融合发展的重要试点。

（3）完善跨境税收争议解决机制。第一，健全相互协商的管理流程，促进纳税人参与税收争议解决过程，保障程序公平性和公开性。第二，适当控制 MAP 层级。现阶段，MAP 交由国家税务总局与香港、澳门税务局等机构配合运作，但是因为层级偏差明显，使运作效率大受影响。此时可交由广东省税务局与香港、澳门税务局等机构共同运作，同时还需要在粤港澳大湾区专设外派机构。第三，在合适的时机使用税收仲裁机制。税收仲裁机制本身能发挥确定性、专业化的特点。但是因为粤港澳大湾区司法的差异，所以在选择税收仲裁机制时需要考虑司法差异。第四，积极改善税收执法环境评价体系，定期发布税收环境评价指标，主动优化税务营商环境，使税制协调和征管能力持续提高。

（4）推动税收信息共享机制建立。当前粤港澳大湾区三地政府可以有效利用大数据、区块链等技术资源，建立公共税收信息交换平台。通过创建税收信息交换平台，能直接把纳税人信息导入系统，避免企业出现利用离岸公司、跨境电子商务等流转进入境外避税。在操作时，可有效应用广东省"微信办税"等软件，为纳税人提供纳税服务，同时能在大湾区内建立涉税信息一次登记多地区办理体系。当然，这需要积极开发区块链为核心的数字技术运用，利用区块链技术进行去中心化、自动执行等技术处理，以此保证涉税数据安全性与可靠性。

（5）协调税收优惠政策。大湾区三地可以结合城市的战略定位，以此制定更有效的税收优惠政策，提升整体的激励效果，适当引导大湾区高新技术、现代服务业等资源，防止恶性税收竞争的出现。所以可以通过"珠三角"九市确立流转税优惠税率，也可以建立低税率产品清单，进而保持大湾区三地之间税负基本平衡。

第9章 粤港澳大湾区财政合作
科技创新收敛效应检验

粤港澳大湾区市场化程度高，产业链条完整，具有科技成果转移转化的显著优势，但国际顶尖高校资源不足，基础研究、原始创新相对薄弱。香港不少高校在部分基础研究领域具有一定优势，但由于空间狭小，产业结构以服务业为主，产学研结合、科技成果转移转化依托不够。因此，大湾区在科技创新方面既有互补需求，也有较好的合作基础。《粤港澳大湾区发展规划纲要》明确提出，将大湾区建设成为"具有全球影响力的国际科技创新中心"。国家"十四五"规划进一步提出，支持"粤港澳大湾区形成国际科技创新中心"，这充分体现了党中央、国务院对大湾区的殷切期待，应将国际科技创新中心建设作为新发展阶段大湾区高质量发展的首要战略重点。

基于此，此处将研究大湾区财政合作行为对大湾区科技创新收敛的作用机理及效应，以期更好地促进大湾区国际科技创新中心建设，推动大湾区高质量发展。

9.1　既有研究及问题提出

9.1.1　科技创新相关研究

关于科技创新及影响因素研究。目前主要集中在政府行为对科技创新的影响，其中主要包括环境规制和政府资助对科技创新的影响。李婉红等（2015）运用空间计量方法 GWR 模型得出，在发达的省份中，排污补助能够显著促进科技创新。郭捷等（2020）实证证明，环境规制与政府研发资助均能有效缓解科技创新的双重外部性，显著促进科技创新，且通过引入交互项证明了环境规制与政府研发资助的互补耦合。也有学者研究风险投资（王欣欣，2021）、绿色信贷（赵娜，2021）、信贷配置（李秀珍等，2021）、贸易结构升级（王洪庆，2020）、创新型城市建设（宋德勇，2021）对科技创新的影响。

很多学者以省域、市域为主研究区域科技创新绩效、效率差异、创新集聚等方面的内容。杜德斌（2016）发现外资企业在华 R&D 存在三大明显的地理集中区；张惠璇等（2016）运用空间相互作用模型测度广东省各个地级市的创新联系，提炼出新型"核心—边缘"空间结构；吴志强等（2015）通过创新引力和外向创新联系度来测度长三角创新城市群落的组织特征和空间结构；张战仁基于我国区域创新集群布局的实证分析，从时空两个维度上研究两种创新互动溢出行为所导致的创新差异机制；范斐等应用 DEA 和 ESDA 方法，对地级以上城市的科技资源配置效率进行时空演变探析，发现城市群之间呈现出较好的拟合状态。

有学者研究区域之间科技创新的差距或收敛问题。但是有少部分学者已经将科技创新的区域空间关系融入相关变量研究中。斯丽娟等（2020）运用空间权重矩阵和空间杜宾模型，检验黄河流域环境规制对科技创新的影响。李子豪等（2021）在研究科技创新作为环保支出对雾霾污染影响的中介机制时，检验了邻地环保支出能否通过科技创新的外溢作用改善本地雾霾污染。

9.1.2 科技创新收敛性研究

有国外学者（Ramsey，1928）对区域经济收敛性进行研究，推动了区域收敛性在经济学上的研究与应用。有的学者（Pavitt and Pate，1994）对 OECD 国家创新水平的 σ 收敛性进行研究。还有的学者（Jungmittag et al.，2006）实证研究了欧盟部分国家创新水平的收敛问题。

对于科技创新的收敛性，目前研究甚少。参考收敛性相关研究，可将科技创新的收敛性分为 α 收敛和 β 收敛。α 收敛是指不同地区科技创新水平的离差随时间推移而逐渐缩小（郑万腾，2021）；β 收敛是指科技创新落后地区的科技创新水平增长率快于科技创新先进地区，即科技创新水平的提升速度与初始水平成反比，科技创新落后地区的科技创新水平与先进地区在长期内会走向趋同（白俊红，2020）。β 收敛又分为绝对 β 收敛和相对 β 收敛。绝对收敛是指不考虑外界因素的影响，不同区域间出现的收敛趋势；而相对收敛则要将外界影响因素考虑在内，不同地区之间也出现趋同的趋势（马大来，2017）。

国内学者对科技创新的收敛性研究也相对丰富，基于不同方法和不同样本，研究的结果也存在差异。孙建等（2015）考虑空间和人力资本门槛因素，实证研究得出中国各省份创新存在显著的区域收敛性，科技经费投入是导致其收敛的重要因素，并按人力资本强度划分为三大俱乐部，进行俱乐部收敛分析。白俊红等（2020）在考虑了区域创新活动的空间关联后，得出中国区域创新不存在绝对 β 收敛，但存在条件 β 收敛。目前中国区域创新极化效应仍起主导作用，扩散效应作用较弱，而市场整合加剧了极化效应。黄德森等（2017）采用考虑了空间效应的内生的区域分组方法ESDA 对中国各区域进行分组，得出了全国层面科技创新不存在 β 收敛，但 HH 组和 LL 组存在一定程度的收敛。

近年来有了寥寥可数的关于科技创新收敛性的研究，大多证明了其存在的合理性。刘章生等（2017）通过观察离散程度呈现下降趋势，得出中国科技创新能力存在 σ 收敛，并采用动态面板一阶差分 GMM 法实证证明了科技创新能力存在绝对 β 收敛和条件 β 收敛。杨朝均等（2020）在比较中国低碳创新区域差异的基础上，得出中国的低碳创新不存在 α 收敛，并且采用普通面板模型、SAR 和 SEM 模型研究得出中国低碳创新存在 β 收敛。吕岩威等（2020）在运用 SBM – DEA 模型对创新效率进行测度的基础上，通过构建空间滞后模型和空间误差模型，证明了区域科技创新效率绝对收敛和条件收敛。

9.1.3 财政合作对科技创新收敛性影响

科技创新收敛性的影响因素研究主要集中在财政行为、对外开放程度、经济发展水平、人力资本、产业结构、外商直接投资等（潘雄锋，2014）、研发人员流动（王钺，2016）、市场整合（白俊红，2020）。刘章生（2017）通过控制变量研究了环境管制政策、经济发展状况、对外开放程度、产业结构情况、基础设施情况对科技创新收敛性的影响。吕岩威等（2020）注意到财政合作对科技创新收敛性的影响，采用科技经费筹集总额中银行贷款的比例表示财政合作强度作为控制变量来研究科技创新效率条件 β 收敛。

杨朝均（2020）研究认为，城市群作为当前经济发展格局中最具活力和潜力的核心地区，是引领国家城镇化新格局的重要依托，也是国家参与全球竞争与国际分工的重要地域单元。马大来（2017）研究认为，在创新驱动战略推进的背景下，以城市群为研究对象，通过创新活动特征与城市群发展空间的有机耦合，分析创新要素在城市群内各城市间的配置结构所形成的空间特征，进一步优化区域创新资源布局，创造适宜其运作的创新空间格局显得尤为重要。吕岩威（2020）研究认为，要想全面系统地把握区域创新发展的空间规律及影响机制，凸显城市创新空间载体的特殊地位，就应打破传统空间尺度研究的束缚，聚焦于更微观的城市单元。

既有研究对科技创新及其收敛趋势、收敛动力进行过研究，但是缺少对大湾区的针对性研究。基于此，本文针对粤港澳大湾区这一国家级战略性城市群，从其区位条件、资源禀赋、创新效能等因素出发，挖掘财政合作对大湾区科技创新趋势的影响。以期创新资源的相互作用等形成区域创新格局，对大湾区的科技创新建设提出合理的思考与对策，为大湾区科技协同创新发展提供新思路和新方法。

9.2　财政合作与科技创新区域收敛的机理分析

国内外理论和实践表明，对于具有公共性、风险性和正外部性的科技创新来说，财政政策是其他科技创新政策（如财政政策、外资外贸政策、专利政策）的推动者，财政政策是政府促进科技创新最为关键的促进政策。财政对科技创新最主要的作用在于公共财政本身就是提供公共产品的部门，能有效地解决科技创新的不确定性与外溢性问题，政府提供科技创新服务平台等公共产品，支持企业创新，使科技创新成果的外溢性得到体现。

但是由于初始创新水平和创新资源的差距，各地区的科技创新水平及其增长速度也可能存在较大差异。那么各地级市的这种差异是会随时间逐渐缩小从而最终达到一个稳态发展水平，使各地在科技创新方面达到均衡发展？还是随着时间的推进，各地级市科技创新水平的差距越来越大，导致各地区科技创新的非均衡发展，从而出现科技创新高度分化现象？此处将借鉴结合区域非均衡发展理论，从"扩散效应"和"极化效应"角度分析科技创新的收敛问题。

9.2.1　财政合作对科技创新区域收敛性影响的分析

（1）财政合作促进区域内部科技创新要素的资源配置效率。财政合作所具有的政策性、靶向性和广覆盖特征，能够加快资金和信息的整合，对接财政资源供需两侧的用户。资本是创新要素里面重要的一部分，资本创新也是科技创新的一种类型，它不仅具有传统科技创新的特点，还具有投资期限长、前期投入大、产出成果不确定等特殊性，这些特性导致科技创新往往是传统财政模式想要规避的投资对象，而科技创新的创新成果转化及实际应用又需要持续的合作平台，所以能够为创新提供更多资金支持的财政模式是提高创新水平的关键。财政合作依托大数据、云计算等技术，可以较好地整合市场上闲置的资金，扩大融资渠道与规模，打破外源性融资限制，加快落后地区科技创新水平的提高。

（2）财政合作能降低各地的创新融资成本，间接提高创新收益，激发各地创新活力。由于科技创新具有"双重外部性"，导致很多企业不愿意承担这些成本。财政合作能发挥公共治理的规模优势，为企业提供了低成本的融资平台，打破空间和时间因素壁垒，降低创新相关信息及资源的搜索和甄别成本，共同进行创新。

（3）财政合作能够打破地域界限，让外地资本也有机会参与到本地区的科技创新当中，从而促进科技创新的收敛。财政合作能实现财政资源供给的移动化、便利化、实惠化和信用化，从而在一定程度上驱动跨区域创新资本的自由流动和区域的协同创新活动，从而能够促进那些异质化的政府参与同质化的科技创新活动。

（4）财政合作能增加落后地区财政资源，改善创新环境，吸引人才，充分利用外地创新知识的溢出。财政合作的普惠性能够为经济相对落后地区提供技术培训和相关贷款资金等方面的支持，这样的利好背景下能增强落后地区居民就业能力，增加其收入，从而有利于吸引创新人才回流，实现落后地区"自主造血"，达到增加创新要素和提高创新效率的效果。

9.2.2 区域科技收敛两种趋势及其影响

（1）扩散效应及其影响。"扩散效应"是指处在高梯度的先进地区通过要素的流动将其创新成果传播给落后地区，或者高梯度地区通过增加对落后地区投资需求，使得落后地区的创新得以提升，从而缩小彼此间的差距。具体来看，第一，创新具有正外部性，创新要素可以在各区域之间流动，要素的流动就会带有知识溢出。要素创新是一种特殊的科技创新，但它具有一般科技创新的特点，所以要素创新同样也可能存在区域收敛性。第二，多中心化发展背景下，企业跨区域的科技创新投资和科技创新投资需求都会增加。高创新水平地区的创新密集型产业在不断扩大的过程中，为降低要素成本，本地区部分产业转移至其他地区的需求也会有所增加，这意味着科技创新先进地区对科技创新落后地区的投资能弥补落后地区的创新资金要素等缺口，促进其科技创新的发展，为其追赶高科技创新水平地区提供了条件。所以科技创新落后地区政府很可能会向科技创新先进的地区看齐。从竞争的角度看，政府会采取一些手段和政策来吸引创新人才的回流和外部资金的流入，同样起到"扩散效应"的作用。另外这种竞争下的"同群效应"也会使政府从城市内部着手，通过一些方式鼓励本地科技创新发展，充分利用内部的创新资源，激励当地的科技创新活力，从而达到追赶的效果，最终实现区域收敛。

（2）极化效应及其影响。创新要素是有限的甚至是稀缺的，基于经济学理性人假设，要素具有趋优性，会从对自己不利的地方流向对自己有利的地方，科技创新也是由创新要素创造的产物，这些要素也会往有利于实现科技创新的地方靠近。由于历史发展和地理差异，中国区域间存在巨大的资源差别，而且改革开放后选择的"先富带动后富"非均衡发展路径，更是导致了各地区创新环境和基础条件的显著差异，要素都是"谋利"的，可能会从创新水平落后的地区流向对自己发展更有利的高创新水平地区，再一次拉大创新先进地区和落后地区的创新水平差距。恶性循环之下，区域创新趋于发散而非收敛，即区域创新的"极化效应"。在市场机制的作用下，"极化效应"会使处于高梯度的地区不断积累有利因素，加速两极分化，从而使区域科技创新水平趋于发散。另外，科技创新落后的地区往往是经济比较落后的地区，在科技创新和经济发展的抉择上，可能会优先将资源运用到最有利于经济增长的其他科技创新当中，加之如果将每个城市视为经济个体，科技创新具有与环境污染相关的负外部性，即城市污染排放成本可能由邻近城市或者全国来共同承担，从而落后地区可能有意或无意地轻视了科技创新，进而出现恶性循环。

9.2.3 财政合作科技创新收敛的中介机制：劳动力水平

财政合作促进区域科技创新收敛必须借助传导机制得以实现。本书认为这个传导机制就是劳动力素质及其运用。因为，科技创新能够间接增加人力资本，即企业有更多的资金去聘请更有能力的创新人才，这将会吸引创新人才的回流，从而增加科技创新水平。而且因为在传统的财政系统下，创新落后地区的融资成本较高，人力资本的欠缺现象更是明显。当财政合作在这些地区得以覆盖时，其对人力资本的增加效果将会更显著，而且财政环境的改善将会进一步吸引更多的资金和人才回流，从而有利于创新落后地区的绿色技术水平更快提高，进而促进科技创新的收敛。

9.3 粤港澳大湾区科技创新概况

9.3.1 科技创新评价体系

根据区域与城市创新系统的相关理论，借鉴前人研究成果经验，本书将从创新过程质量、创新产出水平、创新产出质量、创新经济效益四个维度来对粤港澳大湾区内部的科技创新能力进行测度，遵从数据的科学性、可行性与发展性原则，共选取4大类、17小类指标构建测度指标体系，并采用熵权法来计算各项指标的权重（见表9-1）。在创新能力量化测度的过程中，从城市空间的视角出发，将科技创新投入、产出的全过程内含于指标体系中，着重关注创新资源配置组合与创新成果转化的空间价值功能。本书资料源于各城市的统计年鉴、《粤港澳大湾区统计年鉴》《珠江三角洲城市群年鉴》《中国科技统计年鉴》《中国统计年鉴》《中国火炬统计年鉴》以及广东省科学技术厅、香港创新科技署、澳门科技委员会等相关网站资料。

表9-1 科技创新评价指标体系

一级指标	二级指标	测度方法	权重（%）
创新过程质量	创新资本强度	R&D 支出/GDP	24.2
	创新人力强度	R&D 人员占从业人员之比	
	工业创新资本强度	工业 R&D 支出占总产值之比	
	工业创新强度	有技术研发部门的企业占总企业之比	
	高科技创新资本强度	高技术产业 R&D 支出占总产值之比	
	高科技创新人力强度	高技术产业 R&D 人员占从业人员之比	
创新产出水平	人均专利申请	全社会专利申请除以从业人员	21.4
	人均专利授权	全社会专利授权除以从业人员	
创新产出质量	发明专利授权率	发明专利授权占总授权专利之比	30.6
	发明专利申请率	发明专利申请占总申请专利之比	
	专利通过率	总专利授权除以总专利申请	
	高科技创新产出	高技术产业专利授权除以从业人员	
	高技术核心技术产出	高技术产业有效发明除以从业人员	

一级指标	二级指标	测度方法	权重（%）
创新经济效益	工业新产品收益	工业新产品销售占主营业务之比	23.8
	工业新产品强度	工业新产品项目数与企业数之比	
	高技术产品开发	高技术产业新产品开发占总产值之比	
	高技术产品收益	高技术产业新产品销售占主营业务	

9.3.2　主要研究方法

（1）熵权法。在多指标决策问题中，熵权法是以某项指标的变异程度及离散程度作为计算依据的一种客观赋权法，相对地受到主观意识影响较小，数理逻辑性强，能保持指标评价的客观性。熵的概念源于信息论，是对不确定性的一种度量，信息量越大，不确定性就越小，熵也就越小。根据熵的特性，可以通过计算熵值来判断指标的离散程度，从而反映确定权重。一般而言，某项指标的变异程度越大，信息熵越小，该指标在综合评价中的影响就越大，其权重也就越大。

首先，对各项指标进行归一化处理，将异质指标无量纲化，以方便统一计算：

$$R_{ij} = \frac{X_{ij} - \min\{X_i\}}{\max\{X_i\} - \min\{X_i\}} \tag{9-1}$$

式（9-1）中，X_{ij}，R_{ij} 分别代表处理前、处理后的第 i 个样本中的第 j 个指标。

其次，在得到的标准化指标矩阵基础上计算各个指标的熵值（H_{ij}）：

$$H_{ij} = -\frac{\sum_{i=1}^{N}(P_{ij}\ln P_{ij})}{\ln N} \tag{9-2}$$

式（9-2）中，$P_{ij} = \dfrac{X_{ij}}{\sum_{i=1}^{N} X_{ij}}$，$N$ 为样本个体总数。

接着，利用熵值计算出各项指标的熵权（W_{ij}），以此作为该指标在评价体系中的权重：

$$W_{ij} = \frac{(1 - P_{ij})}{\sum_{i=1}^{N}(1 - P_{ij})} \tag{9-3}$$

最后，计算各样本个体的综合得分（S_{ij}）：

$$S_{ij} = \sum_{i,j=1}^{M} W_{ij} \times X_{ij} \qquad (9-4)$$

式（9-4）中，M 为指标总数。

（2）核密度估计法。在概率统计学中，核密度估计法（kernel density estimation，KDE）是不利用样本数据分布的先验知识，来估计未知概率密度函数的一种非参数检验方法，能够通过有限观察点模拟出接近真实状态的概率密度曲线。依据近邻趋同的原理，核密度分析借助一系列移动的栅格对点状数据的空间格局进行量化识别，计算出核心周围像元密度的详细分布，以此来反映集聚和离散特征。对于一组给定的数据样本点 $x_1, x_2, x_3, \cdots, x_n$，其计算方式为：

$$\hat{f}_h(x) = \frac{1}{nh} \sum_{i=1}^{n} K\left(\frac{x - x_i}{h}\right) \qquad (9-5)$$

式（9-5）中，$\hat{f}_h(x)$ 为点 x 处的密度估计值，$K(t)$ 为核函数，这里选取 Epanechikov 四次多项式作为计算方式；h 为带宽，带宽的大小直接决定了 KDE 曲线的平滑程度，即所得观测变量估计值的精确度。由于本书所收集的数据较分散，且在不同区域有不同的局部布局特征，空间属性强，因此采用自适应带宽方法来对范围较大的研究区域进行 KDE 识别，可更显著地反映密度分布格局，揭示区域聚集特征。为使非固定带宽能对差异较大的点作出动态化适应，需在固定带宽和密度函数的基础上补充带宽修正参数：

$$k(x) = \frac{1}{M} \sum_{j-1}^{M} \frac{1}{(\omega h_j)^n} K\left(\frac{x - x^{(j)}}{\omega h_j}\right) \qquad (9-6)$$

$$h_j = \left\{ \frac{\left[\prod_{k=1}^{M} f(x^{(k)})\right]^{\frac{1}{M}}}{f(x^{(j)})} \right\}^{\alpha} \qquad (9-7)$$

式（9-6）、式（9-7）中，$k(x)$ 为每一个点 j 对应的带宽 h_j 的核函数，M 为样本总数，ω 为带宽的修正参数；α 为灵敏因子，一般取 0.5。

（3）空间自相关。在现代计量地理学中，空间统计分析是当中发展迅速的热点领域，其基本出发点是空间数据间均存在着某种程度上的空间关联性，具有空间依赖特征，而探索性空间数据分析（exploratory spatial data analysis，ESDA）就是通过建立空间统计模型来对各种社会现象之间的空间联系进行测度，并提供可视化识别的这样一种统计方法，主要使用全局空间自相关和局部空间自相关两种方式开展计量分析。

全局空间自相关能用以度量研究区域内数据单元空间关联的全局特征，通常运用全局 Moran's I 指数来反映空间邻近区域单元某种属性值的相似程度，其计算方式是：

$$I = \frac{\sum\limits_{i=1}^{n} \sum\limits_{j \neq 1}^{n} w_{ij} (x_i - \bar{x})(x_j - \bar{x})}{S^2 \sum\limits_{i=1}^{n} \sum\limits_{j \neq 1}^{n} w_{ij}} \qquad (9-8)$$

式（9-8）中，n 为研究样本总数，$\bar{x}$ 为所有样本数据的平均值，S^2 为样本方差，w_{ij} 为空间权重矩阵。Moran's I 指数的取值在 $-1 \sim 1$ 之间，越接近 1 代表正向空间自相关性越强；越接近 -1 代表负向空间自相关性越强（正向自相关性越弱）；接近 0 则代表基本上不存在空间自相关性，要素随机分散。

9.3.3　大湾区科技创新概况

根据所建立的科技创新测度指标体系，经过多项数据的格网化加权测算后，可得到研究区域内各个网格的科技创新得分。通过分析比较，可以发现大湾区科技创新能力呈现如下特征：

（1）空间分布特征。能力高值区域主要集中于粤港澳大湾区城市群的中间地带。在这些科创核心区之内，高等院校林立，科研机构众多，科技公司及高新技术企业密集，研发活动活跃，产业园区等政策扶持条件好，自然环境舒适优良，是科技创新要素最为集中，配置组合状况最为突显，激发出的科技创新潜力最为丰富的区域。

在粤港澳大湾区内，科技创新综合效能的集聚性较强，空间分异较大，其中以珠江为主轴的核心地带创新资源集中能力优、配置组合条件好，而外围的边缘地区则极为分散和弱化。进一步从珠江核心环带的视角出发，呈现出了空间上东多西少、东强西弱的科技创新分布特性，这与珠三角东岸科技企业、高新技术公司的大规模集聚，创新产业园区的强力帮扶支持等条件密不可分。

从粤港澳大湾区城市群的科技创新能力分布可发现，宏观上创新要素也呈现出明显的组团式发展布局，形成了广佛创新组团和深莞惠创新组团两大区域，与主要都市圈的分布建设有一定程度上的契合关系。在两大创新组团中，城市内部的科技创新资源进行紧密的集聚、交流与联系，并通过不断加强节点之间的创新交互合作，发挥着内部聚合性和外部溢出性效应，形成科技创新潜力高、创新协作联系强的城市空间组团。其中，广佛创新组团以广州为核心，主要以高素质人才的智力资本、高端服务业的生产创新、传统制造产业的科技创新等为基础，高等院校和科研机构等的科研创新能力指数较好；深莞惠创新组团以深圳、东莞为核心，主要以科技企业的生产研发、信息通信业与精密制造业的科技创新等为基础，研发基地和高新技术企业等产业创新能力指数较好。相较于核心聚集带中的科技创新能力分布，外围地区的科技创新资源布局则趋于零星分散，呈现了较明显的"中心—外围"的空间结构模式，区域尺度上的圈层分异有所体现。

（2）空间集聚特征。集聚是创新活动最明显最重要的空间特征，创新的地理集中容易促进聚集经济的形成，从而带动经济增长。就创新活动而言，由于创新要素资源受区位影响较大，具有较强的本地化和向核集中性特征，空间上的集聚成为科技创新发展的核心基础，是创新与科学技术产业重塑区域空间格局及网络结构的关键要点。经过核密度统计分析，从空间尺度上看，粤港澳大湾区的科技创新格局呈现出点群式集聚的特征，也有创新集聚组团及连绵带等的分布，创新节点比较突出。运用 Gi^* 指数进行局域空间自相关分析。

无论当前处在哪个层级、属于哪种类型，创新集聚区都是在不断动态变化的，而并非形成了固定模式，如空港新城、深港科技创新特别合作区（深港创新及科技园）等创新园区的规划与建设是最新才提出的，因为它们表现出较强的产业创新指数，反映了科技创新要素资源在产业发展上的强集聚特性，故划分为研发集聚型。但将营造出更适合创新产业发展的城市环境氛围，逐渐出现向环境集聚型甚至综合集聚型的转变。

9.3.4　科技创新空间格局影响因素分析

（1）知识创新的分异。进入 21 世纪，知识经济浪潮汹涌而至，基于创新的城市化稳步推进，中国城市发展的视角出现了智力资本的转向，知识人口、高技能人才逐渐成为推动城市创新与转型升级的重要影响因素，由此而激发的知识创新成为科技创新驱动发展当中至关重要的一环。

广州的高等院校和科研机构指数最强，且远高于其他城市之和，这是因为出现了数量上的断层，大学、科研机构在广州市内丰富而集中，知识人口集聚分布，高校之间的协作联系强，科研单位的创新行为活跃，知识溢出性较强，由此形成的知识创新能力高。而澳门在湾区中表现出最低的科研创新能力指数，是由于其发展战略偏向于旅游休闲业，行政区内知识型人才不足，相关的科研机构、科学发现与创造活动较匮乏，难以形成丰富的知识创新产出成果（见表9-2）。因此，对于大湾区这个整体区域而言，由知识创新而产生的分异，从而在空间上反映出不同的科技创新能力。

表9-2 　　2020年粤港澳大湾区各城市科技创新指标分项能力指数

城市	科研创新能力指数		产业创新能力指数		政策与环境创新能力指数
	高等院校	科研机构	科技企业	研发基地	
广州	60.65	56.26	14.39	32.78	36.17
深圳	10.71	15.27	45.40	27.84	19.90
东莞	5.12	7.02	14.67	11.89	10.68
佛山	5.00	6.79	6.90	12.16	7.95
中山	1.76	2.61	5.52	5.55	5.60
珠海	4.42	2.54	3.33	2.82	2.80
江门	1.13	2.63	2.72	2.29	3.73
惠州	1.76	3.06	4.17	2.20	6.56
肇庆	1.48	1.55	1.01	1.15	6.13
香港	7.11	1.87	1.77	1.32	0.41
澳门	0.86	0.39	0.11	0	0.05

（2）科技创新的分异。依据大湾区科技创新核心区的能力指数分布，其中，第三产业的比重是服务业与产业结构发展状况的基础性指标，地区 R&D（研发）经费支出及其占 GDP 的比重主要反映了科技活动的投入水平，人员全时当量着重关注研发活动中人力资本投入的分异，再通过研发、创造活动丰富的企业进行创新交互与发现过程，最终从成果转化应用的角度以专利授权量来衡量科技创新能力。

香港和澳门作为高度自治的特别行政区，在一国两制的体制背景下拥有较强的开放度，国际交流与合作频繁，与内地之间的互通往来逐步加强，尤其是高校间的人才流动、科研机构间的多向交流、企业间的交互联系、官产学研项目的深入推进等，打造形成活跃高效的科技创新主体。香港是国际大都市和全球科技金融中心，知名企业及其总部众多，有 5 所全球百强大学（QS 世界大学排名），科技研发活力很强。澳门则主要依靠人才政策及其环境基础、科研项目的多向交流合作等逐步推动科技创新的产业发展，近年来政府加大了对科技创新和青年创业的资金及基础设施等的扶持力度，也成为特色专业化发展的活力城市。

（3）政策环境载体的影响。目前，大湾区内实施的创新政策主要包括火炬计划、高新技术产业开发区、经济技术开发区、人才引进计划、重点实验室、研发中心等，其中以创新产业园区的规划建设最能为科技创新的推进奠定坚实基础，通过整合园区内部的基础设施、配套资源、生产要素、知识技术等，加强创新活力主体之间的联系，发挥创新集聚的规模效益，形成内部网络关联、外部辐散溢出的城市微观区域，激发出更多的科技创新潜能，如美国旧金山的硅谷、北京的中关村等。

9.4 财政合作的数理界定及衡量

9.4.1 财政合作的数理界定

如何从数理角度界定财政合作？首先要明确的是财政合作的本质。严格地说，财政合作是政府的一种财政行为之一。该行为背后体现的是，政府之间行为相向性，而非对抗性。与之相对的则是财政竞争。财政竞争行为的实质就是利用财政杠杆和政策工具，形成政策"洼地"，吸引资本流入，把区域经济活动中的成本输送给其他地方，将区域发展红利收归自己。

依据财政竞争的相反方向，可以认为，财政合作就是地方政府间利用财政杠杆和政策工具，消除各种不利于区域协调发展的政策"洼地"，铲除地方政府间资本和人才自由流动的藩篱。按照这个定义，目前学界有三种做法。第一，以周黎安（2007）为代表的学者，倾向于按照市场分割程度或一体化程度来衡量财政合作程度。因为其认为地方政府官员存在非合作倾向，在跨区域公共服务提供上表现为地方保护主义和市场分割。[①] 也就是说，市场分割程度越高，财政合作程度越低。以张军、张晏（2007）为代表的学者，倾向于按照地方政府基础设施建设变异程度来衡量财政合作的程度。他们认为地方政府公共支出重基础设施，轻公共服务，基础设施上的比赛，必然导致财政合作程度降低。[②] 以骆永民（2011）、伍文中（2022）为代表的学者，倾向于按照公共服务的空间自相关状况来衡量政

---

① 周黎安. 中国地方官员的晋升锦标赛模式研究 [J]. 经济研究, 2007 (7): 36–50.
② 张军. 中国经济发展: 为增长而竞争 [J]. 世界经济文汇, 2005 (Z1): 101–105.

府间财政合作程度。[①] 因为，地方政府间公共服务自相关程度越高，合作程度越大，其公共福利差距越小。而自相关程度越低，甚至为负数 u，则就成了财政竞争。

综合以上观点，按照公共服务空间关联性来衡量政府间财政合作程度。因为，政府财政的基本职责是提供公共服务，公共服务更能体现政府治理能力和区域营商环境，进而影响资本和人才流动。根据现代计量地理学的空间统计分析方法，建立空间统计模型来对区域政府间公共服务相关性系数进行测度。主要使用全局空间自相关和局部空间自相关两种方式开展计量分析。全局空间自相关性指标主要就是 Moran's I 指数。Moran's I 指数的取值在 $-1 \sim 1$ 之间，越接近 1 代表正向空间自相关性越强，说明政府间财政行为存在合作性；越接近 -1 代表负向空间自相关性越强，说明政府间财政行为存在竞争性；接近 0 则代表基本上不存在空间自相关性，要素随机分散。

9.4.2　财政合作的衡量方法

如前所述，本书拟通过借助 Moran's I 指数来描述区域财政合作程度，通过分析财政合作是否有利于促进区域经济收敛或避免区域市场分割。

全局空间相关性分析是从区域空间整体刻画经济活动的空间分布集群情况。主要测度方法有 Moran's I 指数、Geary'C 指数等，常用的是 Moran's I 指数。Moran's I 指数的数学定义式如式（9 - 9）所示：

$$\text{Moran's } I = \frac{\sum_{i=1}^{n} \sum_{j=1}^{n} W_{ij}(Y_i - \bar{Y})(Y_j - \bar{Y})}{S^2 \sum_{i}^{n} \sum_{j}^{n} W_{ij}} \qquad (9-9)$$

对于 Moran's I 指数，可以采用渐进正态分布进行检验，其标准化形式如式（9 - 10）所示：

$$Z(d) = \frac{\text{Moran's } I - E(\text{Moran's } I)}{\sqrt{VAR(\text{Moran's } I)}} \qquad (9-10)$$

根据空间数据分布，可以计算服从渐进正态分布的 Moran's I 的期望和方差：

---

① 骆永民，樊丽明. 城乡基本公共服务均等化标准的选择问题研究——基于政策敏感度和福利效果的比较分析 [J]. 中国工业经济，2011 (5)：16 - 26.

$$E_n(\text{Moran's } I) = -\frac{1}{n-1} \qquad (9-11)$$

$$VAR_n(\text{Moran's } I) = \frac{n^2 w_1 + n w_2 + 3 w_0}{w_0^2(n^2-1)} - E_n^2(\text{Moran's } I) \quad (9-12)$$

式（9 – 12）中，$w_0 = \sum\limits_{i=1}^{n}\sum\limits_{j=1}^{n} w_{ij}, w_1 = \frac{1}{2}\sum\limits_{i=1}^{n}\sum\limits_{j=1}^{n}(w_{ij}+w_{ji})^2, w_2 = \sum\limits_{i=1}^{n}(w_{i.}+w_{j.})^2$。本书采用的是 Moran's I 指数。同时，通过绘制 Moran's I 空间相关系数的散点图能将各个区域的经济活动划分为四个象限的集群模式，可以分别识别各个地区与其邻近地区的关系。

全局空间相关关系很难探测到存在于地理上不同位置的区域空间的关联模式，这就需要采用局域空间关联指标来分析可能存在的局域空间相关关系。安塞林（Anselin，1995）提出了一个局部 Moran's I 指数，或称 LISA（local indicator of spatial association）。区域 i 的局部 Moran 指数用来度量区域 i 与其邻域之间的关联程度，定义为：

$$I_i = \frac{(y_i - \bar{y})}{S^2}\sum_{j\neq i} w_{ij}(y_j - \bar{y})^2 \qquad (9-13)$$

正的 I_i 表示一个高值被高值所包围（高—高），或者是一个低值被低值所包围（低—低）。负的 I_i 表示一个高值被低值所包围（高—低）。

这个指数是用来检验局部地区是不是有高值或者低值在空间上趋于集聚。高的 G_i 值表示高值的样本集中在一起；而低的 G_i 值表示低值的样本集中在一起。

如前所述，检验回归模型空间自相关的 Moran's I 检验，到目前为止是使用最广泛的检验。根据空间权重矩阵，Moran's I 指数检验可以分为两种：

（1）当 w 不是标准式时：

$$I = \frac{n}{s_0}\frac{e^T we}{e^T e} \qquad (9-14)$$

当 w 是标准式时：

$$I = \frac{e^T we}{e^T e} \qquad (9-15)$$

（2）当 w 不是标准式时：

$$E(I) = \frac{n}{s_0}\frac{trace(MW)}{n-k} \qquad (9-16)$$

$$SD(I) = \left(\frac{n}{s_0}\right)^2 \frac{\left[trace(MWM^T) + tr(MW)^2 + (tr(MW))^2\right]}{d} - E(I)^2$$

$$\text{(9-17)}$$

$$d = (n-k)(n-k+2) \qquad \text{(9-18)}$$

$$Z = \frac{I - E(I)}{\sqrt{V(I)}} \qquad \text{(9-19)}$$

当 w 是标准式时：

$$E(I) = \frac{trace(MW)}{n-k} \qquad \text{(9-20)}$$

$$SD(I) = \frac{\left[trace(MWM^T) + tr(MW)^2 + (tr(MW))^2\right]}{d} - E(I)^2$$

$$\text{(9-21)}$$

$$d = (n-k)(n-k+2) \qquad \text{(9-22)}$$

$$Z = \frac{I - E(I)}{\sqrt{V(I)}} \qquad \text{(9-23)}$$

其中，$M_X = I - X(X^T X)^{-1} X^T$。

9.5　粤港澳大湾区财政合作对科技创新收敛实证效应检验

9.5.1　模型设计

（1）区域科技创新收敛性判定。科技创新的收敛性有 α 收敛和 β 收敛两种。本书在证明中国存在科技创新 α 收敛的基础上，运用模型对检验其是否存在绝对 β 收敛和相对 β 收敛，并验证财政合作对 β 收敛是否存在影响。

① α 收敛。收敛是指不同地区科技创新水平的离差是否随时间推移而逐渐缩小来判断是否存在 α 收敛，通过观察变异系数走势来判断是否存在 α 收敛。变异系数的公式如下：

$$\alpha = \frac{\sqrt{\frac{1}{N}\sum_{i=1}^{N}(gti_{it} - \bar{gti_t})^2}}{\bar{gti_t}} \qquad \text{(9-24)}$$

其中，N 为样本总量；gti_{it} 为城市 i 在 t 时期的科技创新水平；$\bar{gti_t}$ 为 t 年度

所有城市科技创新水平的均值。

②β 收敛。在传统收敛理论中，β 收敛是指落后地区的经济增长率快于先进地区，落后地区的人均收入水平与先进地区在长期内趋同。参照以上定义，β 收敛具体是指科技创新水平较低地区的科技创新水平会以更快的增长率提高，随着时间推移，区域间的科技创新水平差距趋于相同，即收敛。借鉴经典的收敛性检验模型（$Barro\ and\ Sala - I - Martin$，1991），并用科技创新水平代替其模型中的人均 GDP，得到科技创新区域收敛的检验模型：

$$\ln\left(\frac{gti_{i,t}}{gti_{i,t-1}}\right) = \alpha - \ln(gti_{i,t-1})(1 - e^{-\beta}) + D + \varepsilon \qquad (9-25)$$

其中，$gti_{i,t}$ 指 t 时期城市 i 的科技创新水平；$gti_{i,t-1}$ 指城市 i 在起始年份的科技创新水平。由于数据的可得性问题，借鉴白俊红（2020）和郑万腾（2021）等的研究，将被解释变量 $\ln\left(\dfrac{gti_{i,t}}{gti_{i,t-1}}\right)$ 确定为城市科技创新水平的同比增长率；β 代表科技创新的区域收敛速度；D 是影响科技创新区域收敛的其他因素，是研究相对 β 收敛的充分必要条件变量。为了避免相关变量的联立性偏误造成的内生性问题，将核心解释变量和所有控制变量都滞后一期处理。所以条件 β 收敛的模型如下所示：

$$\ln\left(\frac{gti_{i,t}}{gti_{i,t-1}}\right) = \alpha - \beta\ln(gti_{i,t-1}) + \sum Z_{i,t-1} + \varepsilon \qquad (9-26)$$

绝对 β 收敛是不考虑外界要素的影响时，地区间出现了收敛现象，模型如下：

$$\ln\left(\frac{gti_{i,t}}{gti_{i,t-1}}\right) = \alpha - \beta_1\ln(gti_{i,t-1}) + \varepsilon \qquad (9-27)$$

（2）财政合作对科技创新收敛性的影响。为了检验财政合作是否能够促进区域科技创新的收敛，设定基准回归模型：

$$\ln\left(\frac{gti_{i,t}}{gti_{i,t-1}}\right) = \alpha - \beta_1\ln(gti_{i,t-1}) + \beta_2\ln(\ln fin - mor'I) + \sum Z_{i,t-1} + \varepsilon$$

$$(9-28)$$

$\ln fin - mor'I$ 表示财政合作的莫兰指数，以下简称财政合作。Z 是除了财政合作外，其影响科技创新收敛性的其他要素，即控制变量。当 β_1 显著为负时，则说明区域科技创新存在相对 β 收敛性特征。若与此同时，β_2

显著为正，更可说明财政合作对科技创新收敛有驱动作用。

9.5.2 变量定义以及指标选取

（1）被解释变量。科技创新指数同比增长率 $\ln\left(\dfrac{gti_{i,t}}{gti_{i,t-1}}\right)$，将科技创新水平的年同比增长率作为被解释变量。

（2）解释变量。财政合作程度，即财政合作莫兰指数，就是粤港澳三地公共服务综合值的空间自相关系数[①]，用 $\ln fin - mor'I$ 表示。

（3）控制变量。参考并结合大多数学者对于科技创新以及收敛性的研究，本书同样选取地级市层面的相关数据，包括经济发展水平、政府科技支持、政府教育支持、对外开放程度，分别表示为：$\ln pgdp$，$\ln govsci$，$\ln govedu$，$\ln tmt$，$\ln open$。

（4）中介变量。财政合作是政策行为，科技创新收敛则是政策后果，中间往往通过劳动者进行传导效应。因此，将劳动者技能设为中介变量，用高等院校在校生数量占总人口比重来表示（见表9-3）。

表9-3 主要变量的定义

	变量名称	符号	度量方法
被解释变量	科技创新增长率	lnpgti	$\ln\left(\dfrac{gti_{i,t}}{gti_{i,t-1}}\right)$
解释变量	财政合作	lnfin - mor'I	人均绿色专利申请量×10000
控制变量	经济发展水平	lnpgdp	人均gdp
	政府科技支持	lngovsci	财政科学事业支出/财政总支出
	政府教育支持	lngovedu	财政教育事业支出/财政总支出
	技术市场水平	lntmt	技术市场的成交额增长率
	对外开放程度	lnopen	进出口总额/gdp
中介变量	劳动力技能	lnlabor	高等院校在校生数量/总人口

---

① 基本公共服务指数计算方法见伍文中著《从对口支援到有中国特色横向财政转移支付制度》，经济科学出版社，2021年4月。主要采用成分分析法，选择基础教育、基本卫生、基础设施、社会保障等四个二级指标，分别赋权30%、30%、20%、20%。同时选择万人在校小学生、万人在校中学生、小学生师比、中学生师比、平均受教育年限、每平方公里卫生技术人员数、每万人拥有病床数、每万人拥有卫生机构数、每平方公里高速公路长度、电话覆盖人口比率、失业保险参与率、养老保险参与率、医疗保险参与率等19个三级指标，赋权之后计算可得到人均基本公共服务指数。

9.5.3 变量统计特征描述

根据统计资料，可以得出上述变量的统计特征（见表9-4）。

表9-4　　　　　　　　　　全样本的统计特征

变量	样本容量	平均值	标准差	最小值	最大值
$\ln pgti$	220	2.712	1.051	0.681	6.253
$\ln fin - mor'l$	220	3.459	0.610	2.554	4.612
$\ln pgdp$	220	1.226	0.714	0.1290	2.719
$\ln govsci$	220	0.201	0.953	0.009	3.004
$\ln govedu$	220	2.157	0.605	0.015	3.019
$\ln tmt$	220	1.205	0.254	1.120	3.610
$\ln open$	220	1.957	1.241	0.018	4.254

9.5.4 基准模型检验结果及分析

运用上文回归方程，对所选取样本数据进行回归检验与分析，从而验证财政合作背景下区域科技创新是否存在收敛性，是存在 α 收敛、绝对 β 收敛还是相对 β 收敛，以及财政合作是否对区域科技创新收敛性起驱动作用等假设。

（1）α 收敛检验。表9-5显示，2011～2019年粤港澳大湾区三地人均专利申请数的均值在逐年增长，说明大湾区科技创新水平是在快速提升的。可以通过测算各地科技创新水平的变异系数来观察大湾区差异是否随时间呈缩小趋势，即验证大湾区三地区域科技创新是否存在 α 收敛。可以看到，2000～2019年大湾区科技创新变异系数呈现阶梯递减趋势，由此说明随时间推移，大湾区三地科技创新能力离差逐渐变小，即存在 α 收敛的情况。

表9-5　　　　　　　　2011～2019年人均绿色专利申请数统计

年份	样本	均值	标准差	最小值	最大值	变异系数
2011	220	56.04	132.8	0.346	1539	2.3322
2012	220	71.09	156.2	1.029	1687	2.1587
2013	220	81.03	177.4	0.707	1853	2.1566
2014	220	92.26	186.8	1.189	1718	1.9934

年份	样本	均值	标准差	最小值	最大值	变异系数
2015	220	125.0	237.6	2.837	2214	1.8991
2016	220	165.8	317.2	2.762	3159	1.9176
2017	220	261.9	510.0	8.075	3952	1.8981
2018	220	275.9	555.1	8.024	4868	1.9574
2019	220	312.2	598.8	8.547	4763	1.8542

（2）绝对 β 收敛检验。考虑到时间趋势对科技创新收敛性也存在影响，故采用双向固定模型来考察绝对 β 收敛。表 9 – 6 中（1）列显示，在双向固定模型中，$\ln fin - mor'l$ 的系数在 1% 的显著性水平上显著为负，即科技创新水平的增长率会随着科技创新初始水平的增加而放缓，科技创新落后地区的科技创新具有更快的增长率。科技创新存在区域收敛性，这是绝对 β 收敛，即不考虑其他因素的影响，科技创新存在区域绝对收敛。

表 9 – 6　　　　　　　　科技创新绝对 β 收敛回归检验

变量	(1) Fe	(2) Re	(3) OLS
ln*pgti*	– 0.693 *** (– 29.601)	– 0.058 *** (– 9.132)	– 0.054 *** (– 8.966)
_cons	2.361 *** (32.874)	0.481 *** (16.945)	0.431 *** (18.347)
N	1849.000	1849.000	1849.000
r^2	0.397		0.042
Prob > F	0.0000		
Hausman	0.0000		
个体	控制	不控制	不控制
年份	控制	控制	不控制

注：*** 表示在 1% 水平上显著。

（3）相对 β 收敛检验。同样运用双向固定效应模型和随机效应模型考察财政合作对科技创新区域收敛的影响。如表 9 – 7 所示，（1）~（4）列依次是财政合作这一解释变量的科技创新相对 β 收敛模型的双向固定效应回归结果；（5）~（8）列是随机效应回归结果。豪斯曼检验均选择了双向固定效应模型，所以根据（1）~（4）列模型进行结果分析。首先，（1）~（4）列显示，ln$pgti$系数都为负且都通过1%的显著性检验，说明粤港澳大湾区科技创新存在相对β收敛。其次，（1）列显示，财政合作（ln$fin-mor'l$）系数为0.296且通过了1%的显著性检验，说明财政合作对粤港澳大湾区科技创新的收敛性有驱动作用。（2）~（4）列结果显示，财政合作影响不显著。其他控制变量的估计都是显著的，符合预期结果，即经济发展水平、政府科技支持、政府教育投入、对外开放程度都对科技创新收敛性有显著正向影响。通过$s=-\ln(1+\beta)/T$表示，计算得出绝对收敛速度为1.03，条件收敛速度为1.27，进一步证明财政合作和其他控制变量促进了大湾区科技创新收敛。

表9-7 科技创新相对β收敛回归检验

变量	双向固定效应				随机效应			
	(1)	(2)	(3)	(4)	(5)	(6)	(7)	(8)
ln$pgti$	-0.742***	-0.744***	-0.738***	-0.738***	-0.177***	-0.195***	-0.190***	-0.183***
	(-31.133)	(-31.145)	(-30.962)	(-30.958)	(-14.194)	(-15.323)	(-15.222)	(-14.846)
ln$fin-mor'l$	0.296***				0.119***			
	(2.884)				(5.746)			
ln$pgdp$	0.269***	0.255***	0.295***	0.285***	0.146***	0.128***	0.167***	0.162***
	(3.337)	(3.145)	(3.664)	(3.539)	(6.997)	(5.775)	(8.058)	(7.815)
ln$govsci$	0.076***	0.075***	0.074***	0.073***	0.067***	0.083***	0.074***	0.084***
	(3.400)	(3.371)	(3.331)	(3.273)	(4.824)	(6.088)	(5.273)	(6.096)
ln$govedu$	0.063**	0.064**	0.061**	0.061**	0.039**	0.048***	0.039**	0.046***
	(2.464)	(2.482)	(2.391)	(2.369)	(2.275)	(2.716)	(2.208)	(2.604)
ln$open$	0.109***	0.106***	0.110***	0.107***	0.031***	0.030***	0.025***	0.033***
	(5.246)	(5.109)	(5.259)	(5.143)	(4.034)	(3.911)	(3.072)	(4.324)
_cons	0.602	1.136***	1.150***	1.948***	-0.089	-0.272	-0.323	0.678***
	(1.453)	(4.708)	(3.039)	(10.262)	(-0.841)	(-1.400)	(-1.442)	(4.230)
N	1849.000	1849.000	1849.000	1849.000	1849.000	1849.000	1849.000	1849.000
r^2	0.422	0.422	0.419	0.419				
个体效应	控制	控制	控制	控制	不控制	不控制	不控制	不控制
时间效应	控制	控制	控制	控制	控制	控制	控制	控制
$Prob>F$	0.0000	0.0000	0.0000	0.0000				
Hausman	0.0000	0.0000	0.0000	0.0000				

注：**、***分别表示在5%、1%水平上显著。

9.5.5 内生性检验

虽然加入了经济发展水平、政府科技支持、政府教育投入、开放程度等重要的控制变量，但是科技创新收敛性的影响因素还有很多，无法全部计入模型中，必须考虑内生性问题。所以采用当地互联网普及率（net）作为财政合作的工具变量，对变量参数进行 2SLS 回归估计。从表 9 - 8 可以看出，采用工具变量 2SLS 模型（4）显示，$\ln pgti$ 的系数仍然显著为负，财政合作指数 $\ln fin - mor'I$ 仍然在 1% 的显著性水平上显著为正。另外，回归结果（1）、（2）无论是在固定效应模型还是工具变量模型下，财政合作 $\ln fin - mor'I$ 都在 5% 的显著性水平上显著为正，这都说明解决内生性问题后，财政合作仍能促进区域科技创新收敛。

表 9 - 8　　　　　　　　　　工具变量 2SLS 模型回归

变量	（1） 双向固定效应	（2） 工具变量 2SLS	（3） 双向固定效应	（4） 工具变量 2SLS
$\ln pgti$	- 0. 698 *** （ - 29. 786）	- 0. 711 *** （ - 27. 584）	- 0. 742 *** （ - 31. 133）	- 0. 749 *** （ - 31. 842）
$\ln fin - mor'I$	0. 287 *** （2. 758）	1. 384 ** （2. 455）	0. 296 *** （2. 884）	1. 069 ** （2. 042）
$\ln pgdp$			0. 269 *** （3. 337）	0. 220 *** （2. 725）
$\ln govsci$			0. 076 *** （3. 400）	0. 080 *** （3. 667）
$\ln govedu$			0. 063 ** （2. 464）	0. 070 *** （2. 775）
$\ln open$			0. 109 *** （5. 246）	0. 121 *** （6. 253）
$\_cons$	1. 249 *** （3. 052）	- 3. 013 （ - 1. 379）	0. 602 （1. 453）	- 1. 547 （ - 0. 528）
N	1849. 000	1829. 000	1849. 000	1829. 000
r^2	0. 400		0. 422	0. 455
r^2_a	0. 287		0. 311	0. 349
$code$	控制	控制	控制	控制
$year$	控制	控制	控制	控制

注：**、***分别表示在 5%、1% 水平上显著。

9.5.6　稳健性检验结果及分析

参考其他学者的做法，本书分别将人均绿色专利授权量、绿色专利申请总量、绿色专利授权总量作为被解释变量的替代变量，进行稳健性检验。

如表9-9显示 $\ln fin - mor'I$ 显著为正，与上述基准回归（1）结果基本一致，即更换了衡量标准后，科技创新仍存在显著的 β 收敛，说明财政合作对粤港澳大湾区科技创新收敛具有显著促进作用。

表9-9　　　　　替代变量的稳健性检验结果

变量	（1）人均申请专利	（2）人均授权专利	（3）总申请专利	（4）总授权专利
$\ln pgti$	-0.742 *** (-31.133)			
$\ln fin - mor'I$	0.296 *** (2.884)	0.417 *** (4.006)	0.217 ** (2.135)	0.372 *** (3.594)
$\ln pgdp$	0.269 *** (3.337)	0.153 * (1.909)	0.242 *** (3.059)	0.128 (1.615)
$\ln govsci$	0.076 *** (3.400)	0.076 *** (3.449)	0.093 *** (4.196)	0.093 *** (4.247)
$\ln govedu$	0.063 ** (2.464)	0.070 *** (2.749)	0.088 *** (3.461)	0.095 *** (3.737)
$\ln open$	0.109 *** (5.246)	0.064 *** (3.080)	0.117 *** (5.719)	0.069 *** (3.349)
$\_cons$	0.602 (1.453)	-0.198 (-0.474)	1.852 *** (4.484)	0.946 ** (2.259)
N	1849.000	1841.000	1849.000	1841.000
r^2	0.422	0.487	0.420	0.492
r^2_a	0.311	0.388	0.309	0.395
$code$	控制	控制	控制	控制
$year$				

注：*、**、***分别表示在10%、5%、1%水平上显著。

9.5.7 中介机制检验方法

以上研究结果表明，财政合作能够显著推动区域科技创新的收敛，且该结论在稳健性检验后依然成立。那么，财政合作在驱动科技创新区域收敛的过程中通过什么中介变量？本书认为主要是劳动者技能发挥作用。基于此，选取劳动力技能（高等学校在校生占总人口比重）的滞后一期作为中介变量。其机理就是财政合作能提高劳动力技能，促进科技创新学习与模仿。

表9-10中（2）列显示，ln$fin-mor'I$的系数为0.164，且显著为正，说明财政合作对劳动力素质的提升有显著促进作用。（3）列中ln$labor$的系数为0.147，且通过5%的显著性水平检验，说明劳动力技能在促进科技创新收敛性过程中具有中介效应。

表9-10   劳动力技能中介效应

变量	(1) ln$pgti$	(2) ln$labor$	(3) ln$pgti$
ln$pgti$	-0.742^{***} (-31.133)		-0.732^{***} (-30.310)
ln$labor$			0.147^{**} (2.136)
ln$fin-mor'I$	0.296^{***} (2.884)	0.164^{***} (4.214)	0.302^{***} (2.898)
ln$pgdp$	0.269^{***} (3.337)	0.204^{***} (6.796)	0.237^{***} (2.910)
ln$govsci$	0.076^{***} (3.400)	0.004 (0.443)	0.077^{***} (3.451)
ln$govedu$	0.063^{**} (2.464)	-0.007 (-0.682)	0.066^{***} (2.581)
ln$open$	0.109^{***} (5.246)	-0.009 (-1.096)	0.102^{***} (4.853)
_cons	0.602 (1.453)	9.617^{***} (60.979)	-0.934 (-1.195)
r^2	0.422	0.783	0.422
r^2_a	0.311	0.740	0.306
个体	控制	控制	控制
时间	控制	控制	控制

注：**、***分别表示在5%、1%水平上显著。

9.6 结论及建议

上述研究总结如下：一是粤港澳大湾区科技创新水平存在收敛趋势；二是财政合作对大湾区科技创新的收敛有驱动作用；三是劳动力技能是财政合作影响科技创新收敛性的重要中介变量。

根据研究结论，在此提出以下建议：

（1）加快建设形成具有全球影响力的国际科技创新中心。一是共建世界级区域创新共同体。进入新发展阶段，通过科学把握建设国际科技创新中心对利用大湾区本土资源和市场的要求，深入推动科技设施开放共享，促进各类创新要素集聚，激发人才创新活力，积极争取国家战略科技力量在大湾区布局。通过健全区域创新协同制度，让区域科技创新资源要素循环畅通起来，全流程打造基础研究、技术开发、成果转移转化和产业创新的完整创新链，加快形成优势互补、合作共赢的世界级区域创新共同体。二是营造以大湾区为中心的国内国际双循环科技创新网络。

（2）加快建设具有更高国际竞争力的先进制造业基地。制造业是立国之本，强国之基。粤港澳大湾区是全球制造业基础最雄厚、门类最齐全、产业链最完整的地区，特别是在通信设备、计算机、电子信息、高端装备制造等领域具有很强的产业基础，产业集群化发展特征明显。国家"十四五"规划提出，坚持把发展的着力点放在实体经济上，加快发展现代产业体系，坚定不移建设制造强国，将为大湾区提升产业链供应链现代化水平，发展战略性新兴产业，统筹推进基础设施建设和加快数字化建设，形成具有更高国际竞争力的先进制造业基地带来新机遇。

（3）促进要素尤其是高层次人才无障碍地跨区域流动。这就要求在区域创新环境的建设上应更具自由性和开放性，尤其是大湾区内部的一国两制体制差异，管理机制、社会发展、科技创新政策建设等多方面均有较大的分异，往往会成为创新流动与区际互通联系的阻碍。而且，目前珠三角、港、澳三地还没有统一的区域级领导与组织机构，缺乏有效便捷的三方交流，地区之间的知识人口、高技能人才、科研机构、科技与高新技术企业等方面的差异都将在不同程度上制约着创新活力的发挥效率，并结合园区支撑、扶持政策、开放包容多元的城市氛围等载体来驱动科技创新的整体发展。

（4）强化粤港科技合作。粤港科技合作是香港与内地科技合作中活动最频繁、联系最密切、效果最显著的合作活动。但是港澳地区的产业与企业创新主体缺位，政府机构的参与力度不足，则是其劣势。香港 R&D 多年来主要局限于高等院校而无法落地于产业与企业，造成香港生产性服务业功能的发展乏力；两地政府参与力度的局限。一般来说，科技创新初期因企业规模、资金、承担风险的限制，政府作为主体参与其中，是创新成功的关键。

第10章　粤港澳大湾区财政合作经济收敛效应检验

财政竞争必然走向财政合作。应该鼓励和保护政府间开展有序的财政竞争，同时要积极引导和促进政府间制度化的财政合作，在"作对激励"的同时"作对协调"，两者的耦合有利于兼顾公平与效率，可以丰富政府间财政行为理论，尤其是政府间财政竞争和合作行为共生理论；也可以为发展中国家政府间财政合作提供样本支持。更为重要的是，有利于从国家层面引导地方政府财政行为，避免政府间恶性财政竞争，为诸如跨区域公共治理提供借鉴。

区域平衡发展既是政府间财政合作的基础，又是政府间财政合作的必然结果。立足区域不平衡不充分发展的现实，系统研究政府间财政合作机制构建，从而更好发挥其促进区域平衡协调发展之独特功效。因此，当遵从区域平衡发展的目标导向，在制度化和规范化的基础上，优化政府间财政合作运行机制，从合作内容到合作杠杆、从行动策略到行动绩效实现精准耦合，从而促进区域平衡发展和充分发展。如果说政府间财政竞争是粤港澳大湾区原来经济增长的"谜底"，那么，财政合作必将成为实现粤港澳大湾区协调发展的"钥匙"。其中赖以倚重的正是财政合作行为及体制机制创新。

10.1　收敛的定义及种类

10.1.1　收敛的定义

收敛，与发散相反，是指向某一值靠近，说明体系差异减小。经济一体化发展中的收敛现象说明，一体化机制有利于欠发达地区（国家）的较快增长，缩小发达地区（国家）的差距，从而实现一定经济差距内的均衡发展。但经济收敛也是有条件的，它还受社会因素的影响，只有在社会因素的影响下，一体化地区（国家）还发生收敛，这种条件收敛才是稳健的收敛。如果社会因素不支持经济收敛，产生相反的作用，则会产生给一体化带来诸如社会抗拒等社会问题，会影响一体化联盟的和谐稳定，甚至于会使一体化联盟解构。

从20世纪80年代末新增长理论诞生以来，经济增长理论在主流宏观经济学中的地位得到复兴，主流经济学家已经认识到经济增长问题的重要性。此外，近年在西方流行的高级宏观经济学教科书（Romer，D.，1996）也以前所未有的三章篇幅介绍经济增长理论。20世纪80年代末以来，经济增长理论的进展主要体现在两个方面：一是以罗默（Romer P.，1986）、卢卡斯（Lucas，1988）的经典论文为发端，各种新增长理论的模型层出不穷；二是对传统（新古典）增长理论和新增长理论进行检验的经验研究也大量涌现出来。

收敛性假说最初源自新古典索洛增长模型，其用下列方程式来刻画：

$$Y = K^{\alpha}(AL)^{1-\alpha}, 0 < \alpha < 1 \qquad (10-1)$$

$$\dot{L}(t) = nL(t) \qquad (10-2)$$

$$\dot{A}(t) = gA(t) \qquad (10-3)$$

$$\dot{K}(t) = sY(t) - \delta K(t) \qquad (10-4)$$

以上各式中，Y 为产量，K 为资本，A 为技术，L 为劳动，α 为资本的收入份额；$\dot{L}(t)$，$\dot{A}(t)$，$\dot{K}(t)$ 分别为劳动、知识和资本的增长量；n，g，s，δ 分别为外生给定的劳动增长率、技术进步率、储蓄率和折旧率。其中，式（10-1）为科布—道格拉斯生产函数，它具有边际报酬递减、规模报酬不变并符合稻田条件的性质。

令 $y = \dfrac{Y}{AL}$，$k = \dfrac{K}{AL}$，则式（10-1）可以写成：

$$y = f(k) = \left(\frac{K}{AL}\right)^{\alpha}, 0 < \alpha < 1, \qquad (10-5)$$

$f'(k) > 0$，$f''(k) < 0$，即人均资本的边际报酬为正且递减。

令 $\dot{k}(t)$ 为 $k(t)$ 的增长量，则由式（10-1）~式（10-5）可以推得：

$$\dot{k}(t) = sf(k(t)) - (n + g + \delta)k(t) \qquad (10-6)$$

显然，当 $sf(k(t)) = (n + g + \delta)k(t)$ 时，$\dot{k}(t) = 0$，此时经济处于唯一的稳态 k^*，k 和 y 都将保持恒定不变。而当 $k < k^*$ 时，$sf(k(t)) > (n + g + \delta)k(t)$，因此 $\dot{k}(t) > 0$，k 将增加，从左边向 k^* 接近；当 $k > k^*$ 时，$sf(k(t)) < (n + g + \delta)k(t)$，因此 $\dot{k}(t) < 0$，k 将减少，从右边向 k^* 接近。因此，索洛模型意味着，无论经济从何处开始，它都将向稳态 k^* 收敛；而且可以证明，一个经济向稳态 k^* 收敛的速度和其与 k^* 的距离成正比。也就是说，落后地区与发达地区都向同一经济稳态靠拢，落后地区反而会获得比发达地区更高的收敛速度。

10.1.2 收敛的种类及检验

在新古典增长理论当中，收敛假说提供了充分的理论架构，同时，也使过去 20 年间相关理论逐渐变得完善。在该假说当中，主要涉及的理念就是，经济体的技术以及偏好如较为类似，那么最后一定会趋于一样的稳定状态，它们暂时性地展现出来不一样的人均产出，主要是由于资本劳动占比存在差异。然而因为新古典增长函数当中，资本边际产出逐渐降低，基于特定储蓄率，资本劳动过少体现经济增长率非常高，因此从理论层面上来讲，我们能够预估出存在发达地区人均产出情况较低但是经济增长率却非常高。这样的理念不把经济特征当作条件，对于穷经济人均经济增长率比富经济提高更快，这种假说叫作绝对收敛（Barro and Sala – i – Martin，1995）。

基于经验研究这一层面来分析，1960~1985 年，世界上很多国家都出现了经济增长现象，以这些为研究对象进行研究过程中，逐渐把该假说推翻了，但是在同质化经济体集团当中，该假说却得到了证实。经济构架相似的经济体在经济增长过程中，和绝对收敛非常类似，但是构架相差较多的经济体并不会出现绝对收敛现象，而是处于发散状态，这种情况叫作俱乐部收敛（Ben – David，1998）。

但是假设我们让经济体间具备一定的差异，也就是说，我们能够看到经济体存在很多不一样的状态，那么最初经济体人均产出相对较高的，依旧有可能比较低的提升更快，一旦脱离稳态便会走得更远。因此，将稳态的决定因素成功控制之后，经济体脱离稳态增长速度逐渐加快，这样的理念叫作条件收敛（Barro and Sala – i – Martin，1995）。

如果说指数法研究差异的主要方法是分解，那么检验收敛假说的主要方法就是回归。研究中采用的回归方程式设定主要有三类，第一类是严格按照 Solow – Swan 模型将人均产出在其稳态附近对数线性展开，得到式 (10 – 1) 的回归方程式设定：

$$[\ln(y_{i,t}/y_{i,t-T})]/T = \alpha - [(1 - e^{-\beta T})/T]\ln y_{i,t-T} + \varepsilon_{it} \quad (10-7)$$

其中，$y_{i,t-T}$ 为起初的人均 GDP；$y_{i,t}$ 为期末的人均 GDP；T 为时间跨度；β 被称为收敛系数，它表示 $y_{i,t}$ 以怎样的速度接近 y_i^*，一个显著的正的 β 意味着初始人均收入低的地区比初始人均收入高的地区增长更快，即确认了绝对收敛假说，β 越大表明收敛趋势越强。这也是这一类收敛通常被称为"β 收敛"的原因。还可以计算出差异消除的半衰期 t，其含义是如果未来各地区增长仍然保持样本期间的模式，那么落后地区与高收入地区间人均 GDP 差距缩小的时间更快、速度更快。

为了考虑一些结构性因素对收敛的影响，经验研究中通常包含一个或者一组控制变量 $X_{i,t}$，从而得到式（10 – 8）~ 式（10 – 10）。

$$[\ln(y_{i,t}/y_{i,t-T})]/T = \alpha - [(1 - e^{-\beta T})/T]\ln y_{i,t-T} + \Phi X_{i,t} + \varepsilon_{it}$$
$$(10-8)$$

$$g_i = \alpha_0 + \alpha_1 \ln PGDP_i + \Psi Z_i + \Phi X_i + \varepsilon_i \quad (10-9)$$

$$g_{i,t} = \alpha_0 + \alpha_1 \ln PGDP_{i,0} + \Psi Z_{i,0} + \Phi X_{i,t} + \eta_t + \varepsilon_{i,t} \quad (10-10)$$

10.2 财政合作区域经济收敛效应机理分析

10.2.1 财政合作区域协调效应既有研究

财政合作行为的区域经济平衡发展效应探索。中外学界主要基于对财政竞争行为的批判基础上，展开对财政合作行为及其效应的肯定。大量研究发现，政府间财政竞争已产生"因患寡而患不均"的区域经济差距效应（Breton，1996；Wildasin，2001），中国也不例外（陆铭、陈钊，2005；李永友，2015；付文林，2016）。与之相对，诸多研究发现政府间财政合作能"熨平"区域经济差距，具有"扶贫济困"功效（J. Henrich et al.，2001；靳薇，2011；傅勇等，2007）。就中国而言，政府间财政合作还有利于促进民族团结及社会稳定（刘铁，2012；马戎，2016）。事实证明，财政竞争是区域协调发展的"攫取之手"，而财政合作则是区域经济协调发展的"援助之手"（T. Poncet S.，2005；范子英，张军，2015），未来财政竞争必然走向财政合作，最终形成竞合共存格局（T. Scitovsky, 1990；刘亚平，2016）。

政府间财政合作机制的研究。国外财政合作实践早于中国。最有代表性的是德国政府间横向财政援助机制，实践证明其对贫富差距具有显著的动态调整效应（Thiess，Buettner，2007；罗湘衡，2017）。其他有学者（Handa and Davis，2006；Zepeda，2006）研究了巴西、智利针对特困人口的横向财政帮扶计划，发现其提高了基本公共服务均等化水平。国内研究较晚，既有研究较多集中于政府合作研究（邓秀萍，2012；汪伟全，2016），未能深入到财政合作层面。现有关于财政合作的研究呈碎片化，部分研究（如洪银兴，2008；席建国，2013）曾提及建立财政合作机制，以降低西部地区贫困发生率。也有研究（白重恩，2016；刘金焕，2017）初步探索了对口支援、横向转移支付等财政合作模式，但未对其进行系统性设计。

10.2.2　财政合作区域经济收敛效应机理分析

通常来说，区域政府间财政合作能够显著影响资本（包括高层次和高素质人才）流动，这一过程往往导致区域间经济收敛或协调发展。这主要是因为区域财政合作往往形成各种政策洼地，形成各种利好，提高了企业的收益预期，也提高了流入人才的公共服务水平，例如支付给高层次人才的安家费等。

假设每个企业 $j \in [0, 1]$ 生产差异化品种，并被赋予区域特定生产率 $\{z_i^j\}_{i=1}^N$。为了生产数量 q_i^j 在 i 区域，企业 j 通过柯布 – 道格拉斯技术将其在该区域的生产率 z_i^j、固定要素 h^j、劳动效率单位 l^j 和中间投入 i^j 结合起来：

$$q_i^j = z_i^j \left[\frac{1}{\gamma} \left(\frac{h^j}{\beta} \right)^{\beta} \left(\frac{l^j}{1-\beta} \right)^{1-\beta} \right]^{\gamma} \left(\frac{i^j}{1-\gamma} \right)^{1-\gamma} \qquad (10-11)$$

其中，γ 是生产的增值份额；$1-\beta$ 是增加的价值中的劳动份额。固定因素是拥堵的根源：在一个给定的区域，企业和工人的数量越多，这个固定因素的相对价格就越高。

每个公司自己决定在哪个区域投资多少。假设公司是竞争性的，那么公司 j 位于 i 区域，其生产率为 z，其利润为：

$$\pi_i(z) = \max_{\{q_{hi}\}} (1 - t_i^{-j}) \left(\sum_{n=1}^{N} x_{ni}^j - \frac{c_i}{z} \sum_{n=1}^{N} \tau_{ni} q_{ni}^j \right) \qquad (10-12)$$

其中，t_i^{-j} 是 j 公司的企业税率。假如 w_i 是每效率单位的工资，r_i 代表 i 区域和 t_{fed}^w 区域单位土地成本。一家位于 i 区域政府的公司 j，其将 n 区域政府的所得税支付给区域政府。因此，j 公司的总体企业税率为：

$$t_i^{-j} = t_{fed}^{corp} + t_i^l + \sum_{n=1}^{N} t_n^x s_{ni}^j \qquad (10-13)$$

由于公司税的销售分配，在每个区域销售多少的决定是不可分割的。当一家公司将其销售份额增加至 n 区域（即 s_{ni}^j 增加）时，该公司全国利润的平均税率会根据区域 n 的销售分配企业税 t_n^x 而变化，假设企业水平的生产率 z_i^j 可以分解为一个对所有位于 i 的企业都通用的术语 z_i^0 和一个特定于企业和国家的成分 ε_i^j，即 $z_i^j = z_i^0 \varepsilon_i^j$。生产力的共同组成部分被假定为：

$$z_i^0 = \left(\frac{G_i}{M_i^{XF}} \right)^{\alpha F} z_i^{1-\alpha F} \qquad (10-14)$$

因此，坐落于 i 区域的公司 j 的利润，$\pi_i(z_i^j) = \pi_i(z_i^0)(\varepsilon_i^j)^{\sigma-1}$。因此，处于 i 区域的公司的投资比例是这样的：

$$M_i = \left(\frac{\pi_i(z_i^0)}{\bar{\pi}} \right)^{\frac{\varepsilon F}{\sigma-1}} \qquad (10-15)$$

其中，$\bar{\pi}$ 生产率成正比 $\{\varepsilon_i^j\}_{i=1}^N$。由式（10-15）可知，相对于其他地点，位于 n 的公司所占比例取决于 n 的利润的公共成分 $\pi_i(z_i^0)$，也即该地的公共服务水平。$\varepsilon F(\sigma-1)$ 的值越大，表明异质生产率曲线在不同区域间的分散程度越低；结果，区域成为更接近的替代品，一个区域相对盈利能力的增加导致选择在该区域落户的公司的比例更大的反应。

$$d\ln v = \sum_n \ln d\ln GDP_n + \sum_n \ln\left(\frac{\alpha_W - G_n/GDP_n}{1 - G_n/GDP_n} \right) d\ln\left(\frac{G_n}{GDP_n} \right)$$

$$(10-16)$$

其政策启发在于，如果辖区财政合作可以达成和解，那么税收和公共服务的拐点可视为政策抉择的最优时点，此时税收与公共服务的差额最大。因此，对于合作性的政府来说，辖区间支出份额或消费水平的差异将逐渐缩小甚至趋同，经济差距将逐渐减少到最低限度。

10.3　粤港澳大湾区财政合作经济收敛实证效应检验

10.3.1　变量选取

（1）被解释变量。人均 GDP 增长率收敛度，取人均 GDP 变异系数的对数值，用 $\ln gdp$ 表示[①]。

（2）解释变量。财政合作莫兰指数，就是粤港澳三地公共服务综合值的空间自相关系数[②]，用 $\ln fin-mor'I$ 表示。

（3）控制变量。

①投资增长率，就是三地当年投资增长情况，此处用三地固定资产投资增长率对数值来计算，用 $\ln vestment$ 表示。

②进出口增长率，指三地当年进出口规模较上一年增长率，此处取对数值，用 $\ln open$ 表示。

③消费增长率，指三地当年消费规模较上一年增长率，此处取对数值，用 $\ln consume$ 表示。

（4）中介变量。资本流入增长率。指三地当年资本净流入规模较上一年增长率，此处取对数值，用 $\ln fdi$ 表示。

以上变量及其含义，如表 10 - 1 所示。

表 10 - 1　　　　　　　　　　变量定义

变量类型	变量符号	变量名称	变量定义
被解释变量	$\ln gdp$	人均 GDP 增长率收敛度	$\dfrac{gdp_t}{gdp_{t-1}}$，然后取对数值
解释变量	$\ln fin-mor'I$	财政合作莫兰指数	本年度公共服务指数除以上一年度公共服务指数，然后取对数值

---

① 参见本书第 9 章财政合作的数理界定及衡量方法。

② 基本公共服务指数计算方法见伍文中著《从对口支援到有中国特色横向财政转移支付制度》，经济科学出版社，2021 年 4 月。主要采用成分分析法，选择基础教育、基本卫生、基础设施、社会保障等四个二级指标，分别赋权 30%、30%、20%、20%。同时选择万人在校小学生、万人在校中学生、小学生师比、中学生师比、平均受教育年限、每平方公里卫生技术人员数、每万人拥有病床数、每万人拥有卫生机构数、每平方公里高速公路长度、电话覆盖人口比率、失业保险参与率、养老保险参与率、医疗保险参与率等 19 个三级指标，赋权之后计算可得到人均基本公共服务指数。

变量类型	变量符号	变量名称	变量定义
中介变量	lnfdi	资本流入增长率	本年度公共服务指数除以上一年度公共服务指数，然后取对数值
控制变量	ln$vestment$	投资增长率	本年度固定资产投资额除以上一年度固定资产投资额，然后取对数值
	ln$open$	进出口增长率	本年度进出口总额除以上一年度进出口总额，然后取对数值
	ln$consume$	消费增长率	本年度商品零售总额除以上一年度商品零售总额，然后取对数值

以上大部分变量都采用取对数的形式参与计量建模，以消除异方差顾虑。选取的数据样本来源于国泰安 CSMAR 数据库和 Wind 数据库，以及《中国科技统计年鉴》《中国统计年鉴》等。

10.3.2 变量统计特征

根据统计数据，可以得出如表 10 – 2 所示变量的统计特征。

表 10 – 2   变量的描述性统计

变量	观测值	均值	标准差	最大值	最小值
lngdp	220	0.766	0.198	1.400	0.017
ln$fin - mor'I$	220	1.9406	0.754	3.881	0.249
lnfdi	220	0.734	0.226	1.319	0.024
ln$vestment$	220	1.683	0.412	1.510	0.140
ln$open$	220	0.627	0.208	2.827	0.541
ln$consume$	220	0.294	0.194	0.941	0.021

10.3.3 基准回归

在理论分析的基础上，接下来聚焦粤港澳政府间财政合作与三地经济增长收敛性的实证关系。借鉴现有的研究，构建式（10 – 17）来探讨财政合作对区域经济收敛的影响，即：

$$\ln gdp_{i,t} = \beta_0 + \beta_1 \ln fin - mor'I_{i,t} + \gamma X_{i,t} + \varphi_t + \varphi_i + \varepsilon_{i,t} \quad (10-17)$$

在式（10 – 17）中，i 表示地点，t 表示年份，lngdp 表示经济收敛程度，lnfin – mor'l 表示财政合作程度，X 表示控制变量，ϕ 表示时间固定效应，φ 表示地点固定效应，ε 为随机干扰项。此外，考虑到经济收敛需要一定的时间，为了减弱因为反向因果关系造成的内生性干扰，将所有的解释变量与控制变量进行滞后一期处理。

如表 10 – 3 所示，财政合作指数的影响系数为 0.049，且在 1% 水平上显著，意味着财政合作能够对大湾区经济收敛产生显著作用，也符合前文的理论及机理分析的结论。

表 10 – 3　　　　　　　　　　　基准回归结果

变量	(1)	(2)	(3)	(4)
lnfin – mor'l	0.049 *** (3.689)			
lnvestment		0.049 *** (3.367)		
lnopen			0.043 *** (3.874)	
lnconsume	– 0.000 (– 0.945)	– 0.000 (– 0.859)	– 0.000 (– 1.062)	– 0.000 (– 0.801)
lnfdi	– 0.001 ** (– 2.436)	– 0.001 ** (– 2.523)	– 0.001 ** (– 2.290)	– 0.001 ** (– 2.536)
常数项	0.079 ** (2.361)	0.089 *** (2.632)	0.094 *** (3.184)	0.119 *** (3.905)
时间固定效应	控制	控制	控制	控制
地点固定效应	控制	控制	控制	控制
观测数	220	220	220	220
R^2	0.020	0.020	0.020	0.019

注：括号内数值为标准差；**、*** 分别表示在 5%、1% 水平上显著。

10.3.4　内生性检验

为了解决财政合作与区域经济收敛之间可能存在的内生性问题，将采用 2SLS 工具变量估计方法作进一步的检验。将工具变量（各城市与深圳距离）与财政合作指数进行交互处理[1]，取为 shen，让工具变量具备时间

----

[1]　白俊红，陈新. 数字经济、空间溢出效应与区域创新效率 [J/OL]. 研究与发展管理，1 – 12 [2022 – 12 – 16].

变化效应，再进行二阶段回归，检验结果如表 10 - 4 所示。

表 10 - 4 工具变量估计结果

变量	(1) 第一阶段 $\ln fin - mor'l$	(2) 第二阶段 $\ln gdp$
$\ln fin - mor'l$		0.0512 ***
		(0.014)
$shen$	- 0.0332 ***	
	(0.003)	
$\ln vestment$	- 0.0139 ***	- 0.0001
	(0.001)	(0.002)
$\ln open$	0.0003 ***	- 0.0000
	(0.000)	(0.000)
$\ln consume$	- 0.0056 ***	- 0.0018 **
	(0.000)	(0.001)
$\ln fdi$	- 0.2888 ***	- 0.0886 *
	(0.034)	(0.046)
常数项	1.1309 ***	0.0839
	(0.040)	(0.101)
年份固定效应	控制	控制
地点固定效应	控制	控制
观测数	220	220
R^2	0.197	0.019

注：括号内数值为标准差；*、**、*** 分别表示在 10%、5%、1% 水平上显著。

从表 10 - 4 回归结果可以看出，无论是在固定效应模型还是工具变量模型下，财政合作指数都在 1% 的显著性水平上显著为正，这都说明在缓解了内生性问题后，财政合作在促进区域经济整体增长的同时，也促进区域经济的收敛。

10.3.5 中介效应检验

为了刻画出财政合作影响经济收敛的具体传导机制，参考赵果庆（2014）所提出的中介效应检验模型，根据资本流入这一渠道进行检验。中介效应检验模型的构建如下所示。

$$\ln gdp_{i,t} = \beta_0 + \beta_1 \ln fin - mor'I_{i,t} + \gamma X_{i,t} + \varphi_t + \varphi_i + \varepsilon_{i,t} \quad (10-18)$$

$$Mediator_{i,t} = \theta_0 + \theta_1 \ln fin - mor'I_{i,t} + \gamma X_{i,t} + \varphi_t + \varphi_i + \varepsilon_{i,t}$$
$$(10-19)$$

$$\ln gdp_{i,t} = \lambda_0 + \lambda_1 Mediator_{i,t} + \lambda_2 \ln fin - mor'I_{i,t} + g X_{i,t-1} + \varphi_t + \varphi_i + \varepsilon_{i,t} \quad (10-20)$$

按照资本流入这一中介变量，回归如表 10 – 5 所示。

表 10 – 5　　　　机制检验：资本流入对经济收敛的中介效应

变量名称	（1）	（2）	（3）
	lngdp	fdi	lngdp
ln$fin – mor'I$	0.233 *** (6.812)	0.668 ** (2.210)	0.223 *** (6.577)
fdi			0.017 *** (14.244)
常数项	– 0.309 *** (– 4.101)	9.022 *** (13.531)	– 0.415 *** (– 5.527)
控制变量	控制	控制	控制
年份固定效应	控制	控制	控制
地点固定效应	控制	控制	控制
观测数	9828	9828	9828
R^2	0.026	0.418	0.045

注：括号内数值为标准差；＊、＊＊、＊＊＊分别表示在 10%、5%、1% 水平上显著。

表 10 – 5 中（2）列的结果表明，财政合作指数的回归系数为显著的正相关，意味着财政的发展降低了外商投资的流动速度，也就是说，再也不在区域内抢资本、抢项目了。（3）列显示了财政合作指数依然在 1% 的水平下显著但系数有所减小，说明了资本流动在财政合作促进经济收敛过程中发挥着中介作用。财政合作改善了营商环境，导致资本投资环境优化，能提高落后地区生产率，进而实现区域经济协调发展，即经济收敛。

10.3.6　稳健性检验

以上实证检验结果大体符合期望，但为了验证该结果的科学性和可信度，考察该结果中变量的显著性是否会在不同的模型设定约束下发生比较大的波动，有必要进行稳健性检验。稳健性检验的一般方法有改变变量定义、数据来源、控制变量、函数设定形式、样本区间等，通过适当改变模型的拟定观察新的计量结果，可以更直观地考察所得到的计量结果的稳定程度。

选择改变解释变量的定义的方法，拟改变解释变量财政合作的数据定义，引入与其相似的变量基础设施建设效率指数来代替。主要参考了骆永民等（2016）对于基础设施投资效率的测量方法，用新基建投资增长率来替代前文所定义的财政合作指数。一般而言，基础设施投资与经济增长之间有很强的相关性，增加基础设施投资可以扩大基础设施容量，减少交易成本，从而产生经济规模增长效应。反过来，经济增长会对基础设施和公共产品产生新的需求，如果此时基础设施容量不变，则基础设施将被过度使用，拥挤成本增加，社会福利水平下降，经济效率也无法提高。

尤其是粤港澳大湾区基础设施建设中包含很多新型基础设施建设，其促进经济收敛效果更好，主要通过两个路径：一是新基建孕育了新的生产要素，突出表现就是催生了数字经济空前发展。在新基建支撑下，数据日益成为核心生产要素加入到经济活动中。在新科技革命背景下，衡量产业结构现代化水平，很大程度上要看数据要素投入带来的边际效率改善和全要素生产率的提高。二是新基建进一步拓展生产可能性边界。尤其是在工业化后期阶段，服务业比重提高，但同时由于服务业资本有机构成较低，全要素生产率增长放缓，经济增长呈现结构性减速。新基建带来的产业革命性变化，能够有效拓展经济增长新空间，提供经济收敛的驱动力。

根据大湾区各地新型基础设施投资增长率，替换财政合作指数，得出回归结果如表10-6所示。

表10-6　　　　　　　替换数新基建变量的回归结果

变量	(1)	(2)
	lngdp	lngdp
ln$fin-mor'I$	0.481 *** (8.20)	0.483 *** (8.23)
ln$infra$		0.219 ** (2.36)
ln$fin-mor'I$ × ln$infra$		0.213 ** (2.01)
$Constant$	11.330 *** (57.65)	11.187 *** (54.69)

变量	(1)	(2)
	ln*gdp*	ln*gdp*
样本量	10315	10315
R^2	0.193	0.193
调整的 R^2	0.192	0.192
年度效应	YES	YES
区域效应	YES	YES
其他控制变量	YES	YES

注：括号内数值为标准差；** 、*** 分别表示在 5% 、1% 水平上显著。

可以看出主要变量的显著性与前文结论基本一致。从回归结果来看，拟合优度良好，两种模型都具较强解释力。从各解释变量参数估计的 *T* 统计量看，根据 *T* 分布表可知所有参数均通过显著性水平为 1% 的假设检验，再次证明了财政合作促进了大湾区经济收敛。

10.4　对策建议

（1）市场经济与区域关系既具兼容性，也具矛盾性。兼容性表现为区域经济合作与竞争是市场经济的重要表现形式，能够通过自由流通、互通有无，实现区域优势互补，实现资源的优化配置；矛盾性表现为市场关系不以区域为限，过于强调区域的主体性，反而会限制市场竞争，导致区域各自为政和分割市场的情形出现。通过建立规范区域合作与竞争的市场经济法律制度，在发挥市场基础性配置作用的基础上开展区域合作与竞争，能够在一定程度上缓解二者的矛盾，使其具有更多协调，更少冲突。因此区域内经济合作具有天然优势，其合作也通常以平面型合作为主，通过通关一体化、统一区域内产业政策和共同发布市场规则等方式实现区域内的经济一体化，扫除区域贸易壁垒，加强区域内合作和联系。

（2）多年来的理论和实践都业已证明，"兄弟互助式"政府间财政合作有很强的区域平衡发展功效。但是，当前粤港澳大湾区政府间财政合作尚未规范化，影响了其内在区域平衡发展功效的发挥。基于此，未来应该规范和健全大湾区政府间财政合作机制，旨在将财政合作机制"楔入"到大湾区平衡和充分发展实践之中，最大限度释放其区域平衡发展功效。

（3）在有序财政竞争基础上，发展多种形式、多方向的多圈层财政合作机制。粤港澳大湾区内部、大湾区与其他城市群之间都必须展开财政合作，尤其是当前内循环经济格局下。纵横交错财政合作运行机制的互动耦合切点在于基本民生、基本公共服务、基础发展能力等方面，最终形成精准有序的区域财政行为格局。

第11章　粤港澳大湾区财政行为协调运行机制构建

粤港澳大湾区已经逐渐发展成为世界级湾区。和全球范围内的三大湾区相比较而言，具备较强的综合实力，能够进入世界级湾区的行列。随着"一国两制"运行机制的不断成熟，"一国两制"对两地功能性经济一体化的促进作用必将继续增强。粤港澳大湾区应该在彼此促进的状态中前行，将挑战转变为显著的发展机遇，从而更加有效完成伟大的发展目标。

11.1　粤港澳大湾区财政行为协调目标

11.1.1　财政行为竞合协调理论分析

在区域外合作与竞争关系中，由于区域的独立性和区域优惠政策不辐射，往往造成区域间经济关系的割裂，导致竞争关系成为主流。各地总是想尽各种办法争取资源要素流向本地市场，个别情况下不惜违反法律法规，由此导致区域间关系趋于紧张。

地方保护主义式的市场分割了市场以及各自追求自身的经济增长，造成各种要素不能自由流动与高效配置，不利于城市群经济整合。这就势必要打破无处不在的行政主导、权力驱动的资源配置模式，创新统一、开放的市场机制与环境，才有利于保证这个过程的持续进行，最终促进湾区城市群市场要素自由流动、基础设施互联互通、产业体系分工协同、生态环境共同维护和公共服务共建共享。

地方政府之间的财政关系，是一条从竞争走向合作的道路。这意味着粤港澳之间，同样是从区域竞争走向合作的关系。其中有以下原因。

首先，中央政府的促成。由于地方政府之间不存在互相领导的关系，他们之间的合作需要其他力量的推动，其中，中央政府起到非常大的作用。建议中央政府从资金、政策和绩效评价机制入手，鼓励地方政府之间的合作。此外，中央政府还应该对地方政府间的过度竞争加以限制，主要从产业结构调整和促成统一市场方面入手。

其次，地方政府有较大意愿展开合作。对于合作事项，考虑哪些事务必须要合作，哪些事务合作后能使多方获益，还要建立起合作的共识，建立好合作的形成和维护机制。

最后，需要对已有的地方政府合作机制进行总结。考虑到目前我国较多层次的地方政府，各个地方之间存在着较大的发展差距，因此，采用自发的形式进行地方合作最为适宜。例如，进行合作时可以选择以共同面临的问题为出发点，基于某一区域范围内的各个地方政府所遇到的共同问题，构建相应的合作机制来对面临的共同问题进行解决。

11.1.2　粤港澳大湾区财政行为协调的现实原因

目前，随着经济全球化的进一步发展，区域经济也逐渐一体化，我国市场经济近年来也处于高速发展中，未来区域经济的发展趋势必然是一体化。现行的行政区划较为固定，这不利于区域一体化的发展，区域经济一体化的发展进程在某种程度上会受到行政区划的刚性的阻碍，从而发生"公地的悲剧"。

从全球范围来看，主要是通过中央政府出面和区域内地方政府合作两种方式解决上述问题的。然而，由于中央政府并不了解地方事务，在信息不对称情况下中央政府的出面事倍功半，并不能消除滋生区域性公共问题的土壤。因此，针对跨越行政区的公共事务而言，地方政府之间紧密合作才是解决的优选。粤港澳大湾区都属于经济发达地区，地方政府视野相对开阔，在大湾区成立之前就已经开展了十分广泛的合作。

（1）经济圈的快速发展。经济圈是一种具有紧密联系的地域生产综合体，它是在社会分工地域分工的基础上逐渐形成的，经济的发展促使其形成。经济圈的合作，有利于区域经济一体化和区域经济共同体的形成，可以实现市场的统一、产业的互补、基础设施的衔接、自然资源和公共物品的共享等。

粤港澳大湾区正是在珠三角经济圈形成下加强与港澳经济联系的产物，其加强了和港澳经济之间的联系。从理论角度来看，在市场经济的相关规律作用下，经济圈成为将市场作为主导，同时能够为圈内成员创造预期收益的一个区域经济联合体。然而，基于中国特色社会主义市场经济体制，目前我国经济圈仍以地方政府为主导。区域范围内各地方政府彼此之间的良性竞争以及相互合作，是区域经济一体化实现的关键所在。从某种角度来看，经济圈中各地方政府之间关系的融洽与否，是决定经济圈发展成败的关键所在。粤港澳大湾区一体化在未来很长一段时间内的发展，是由地方政府之间关系的和谐程度来决定的。换而言之，促进区域经济一体化发展进程的关键在于政府之间的合作。

（2）跨区公共事务治理。随着改革开放进程的进一步发展，地区经济的发展越来越受到地方政府的主导。与此同时，民间生产活动在相关利益的驱使下积极性高涨，这使得很多跨行政区的公共事务诞生。由于受到计划体制的长期影响，地方政府目前仍未对相关思路进行转变，各级政府在计划经济体制下已然习惯了各自为政。另外，由于科技水平的落后以及相关人才的缺乏，地方政府遇到了投资成本过高、治理周期过长等问题，当他们面对跨行政区的相关公共问题时，就会感到手足无措、无从下手，于是很多地方就选择了"搭便车"。从西方国家相关处理经验来看，地方政府之间进行协商是治理跨区域公共问题的有效方法，相关区域的政府将成本进行分摊。这样一来，可以较少政府的相应负担，还使得地方政府能够正确看待问题的重要性，进而有效控制或者避免跨区域公共事件的出现。然而，利益关系是地方政府彼此之间的首要关系，在处理相关公共事务的时候，地方政府通常考虑的是自己所在区域的局部利益，并不会积极主动地处理相关公共事务，有些地方政府甚至不想付出任何成本，想要"搭便车"。

（3）脱离行政区经济的控制。行政区划与行政区域的经济之间存在着密切关系，因此行政区经济又被称作"诸侯经济"。"诸侯经济"指的是区域经济受到行政区划的相关刚性束缚，进而产生的一种特殊的经济现象。对于那些市场机制较为成熟、市场化程度较高的国家而言，真正意义上的法律经济是市场经济，法律应对市场主体的相关行为进行约束控制；由于市场的统一性，不同的行政区之间要素能够进行自由地流动，故而不存在行政壁垒以及相关市场分割。然而，从我国目前的实际情况来看，由于长期受到计划经济的相关影响，市场经济显然受到行政区划的约束，市场对于行政区经济的导向显然弱于地方政府的导向。因此，有些学者认为我国的市场经济隶属于政府主导型的一种市场经济。

11.2　粤港澳大湾区财政行为耦合路径

11.2.1　世界大湾区财政行为经验借鉴

大湾区作为一个城市集群，多以某个大都市为核心，核心城市周边地区所受到的辐射范围常常远超该地区的相应管辖范围。因此通过科学合理地配置规划，使资源的使用实现帕累托效应，其关键在于对跨区域的相关规划。下面，以纽约大湾区为研究对象，对其财政规划进行探讨分析。

1914年，纽约港的需求因为巴拿马运河的开通而激增，纽约因此开启了飞速发展的时代。1920年，美国全国范围内，城市人口数量已经多于农村居住人口，一些中心城市的人口开始向农村移居。纽约当地政府具有高度自治的权力，这使得纽约在爆炸性增长面前无法作出有效的举措，满足该地区公共利益的需要，这种情况下一些区域性的规划工作得以衍生。虽然纽约区域规划委员会是一个非政府机构，但它已经制定了全世界第一个对海湾地区具有深远影响的大都市地区全面规划。此项全面规划的实施面临的关键问题是，如何适应城市人口的爆发性增长，以及经济增长的速度与物理空间的建设远远不匹配。

与规划相同的地方是，协调交通不可能仅仅单独依靠某个地方政府协调实现。纽约的区域规划委员会在19世纪20年代，随着社会的发展需要成立了港务局。为了优化交通，改善海港设施，使港区的发展更加协调，从而使得港区在经济方面的竞争力更加强大，美国为此专门建立了跨洲合作性质的枢纽港务局。这份决议是得到了州立法授权的，并制定了与港区发展相关的总体规划，这不仅有利于城市的发展，还为纽约这样的大都市提供了一种新公共管理模式。1972年，纽约和新泽西港务局成为该机构的正式名字，它是纽约湾区十分重要的一个机构，其财政来源于纽约和新泽西的拨款，该单位的有关项目也被联邦列为重点建设项目。大都汇运输署（MTA）建立时间为1967年，跟纽约港务局都是该市管理交通的机构，其管理的区域包含了该市的5个大区，共计12个县，同时新泽西州和康州的部分区域的交通运输也属于该部门监管，管理面积总共有4000平方英里。该市的公共运输局、长岛铁路等公司都是该单位的下属企业。

全球经济一体化是强化"跨"城市合作的力量，而处于我国粤港澳大湾区的城市群在城市发展上没有健全高效的整合机制，在这种影响下必然将给城市在其他方面的经济发展带来负面的影响，甚至造成困难。因此，为了给粤港澳地区城市的发展创造经济优势，各个城市必须摒弃地域问题，在竞争的同时实行共同合作。城市之间的竞争和合作必须通过政府推行有关政策，以及环境进行整合。尤其在城市群体经济发展因素的自由流动，要对整合机制进行合理创建和有效的优化，从而使得城市之间的整体经济发展和竞争优势得到提升。

11.2.2　粤港澳大湾区财政行为耦合领域

粤港澳大湾区涉及广东省、香港、澳门，虽然同属于中国，但香港、澳门和广东是不同的社会制度，广东省作为地方政府省份，受到中央政府的管辖，港澳虽然同属于中央政府管辖，但比起广东省来拥有较大的自主权。粤港澳三地之间的关系仍属于地方政府之间的关系，存在着竞争。地方政府作为特殊的市场经济主体，具体存在于生态发展、经济增长、文化繁荣等诸多方面。具体竞争包括对补贴以及税收进行竞争；对相关专利、知识产权以及相关技术人才进行竞争；在公共服务、基础设施、发展环境等方面进行竞争；在中央给予的相关优惠政策方面进行竞争。这将非常不利于大湾区长足发展，必须立足大湾区实际，从如下领域进行财政合作：

（1）支持打造全球重要科技产业创新中心。粤港澳三地在打造区域创新生态系统中的不同优劣，本身存在互补的关系。一方的短缺，恰是另一方的优势，这种互补关系正好反映了三地具有共同发展的利益。在各方无法短时期内逆转各自劣势，建立独立的区域创新生态系统的情况下，通过合作，建立粤港澳城市群功能空间分工的一体化区域创新生态体系，应当是中国经济、三地经济发展的共同需求。在这个一体化的区域创新生态系统中，香港可以适应广东产业与企业创新发展的巨大需求，发挥自身的全球网络连接、服务中介完备和知识产权保护的环境优势，发展密集型的知识产业，把知识引进与广东的企业相连接，从而推进香港成为地区性的全球一流知识引进、研发和创新中心；而广东则能够从香港引进大量产业与企业所需的知识、技术资源，通过科技模仿与创新路径，建立地区性全球产业创新基地，促进产业与经济的持续转型升级；澳门与粤港的合作则可以着重于发展创意产品，利用广东的人才因素、香港的金融因素，推进本地文化创意与内容产品发展，通过本地大型国际性娱乐平台向全球推广，成为地区性创意平台与中心。为此，合作推动与建立区域一体化的城市群创新生态系统，应当是粤港澳合作框架协议进入第二个五年阶段的重中之重或首要战略。

为此，粤港澳三地根据各方利益和市场需求，共同制定城市群的发展规划刻不容缓。规划不仅是确保城市群发展及成型的纲领，更是三方利益协调，形成合作利益最大化的保证。尤其是规划中根据三方的比较优势而确定的分工定位，涉及三方利益，不能仅由一方制定。

（2）逐步形成粤港澳要素自由流通的机制。国家"十三五"规划中，对港澳两地的定位是"发挥港澳独特优势，提升港澳在国家经济发展和对外开放中的地位和功能"。粤港合作不断深化进程中，这个定位的具体落地、港澳独特优势的发挥，最终要通过大珠三角城市群的分工实现。

事实上，由地区比较优势（或可以称之为独特优势）而引发经济流量的空间流动，是保证城市群各成员方充分发挥本地优势，形成专业化分工和优化整体区域资源配置的关键，也是城市群空间与功能分工最终成形的基础。只有顺应市场需求与扩张要求的多向而非单向流动，才最有利于实现城市群中不同的分工与合作。

囿于制度或行政因素而压抑流向的经济流量流动，是不可能产生分工合作的城市群的。粤港澳三地经济流量的多向流动是各城市实现比较优势，从而城市群最终落地成型的基础。例如在粤港澳这个区域中，内地目前的信贷体系是世界最昂贵、限制最严格的信贷体系之一；而香港则具有全球最便利、成本最低廉的资本融通体系，是全球的资本中心，这正是香港的独特优势之一。为此，放开资金的双向流动，鼓励广东企业进入香港借贷、上市、发债，或金融机构进入香港发行各种基金、证券，不仅可以实现广东企业的低成本融资，也可以强化香港本身的资本和金融中心地位。

（3）健全并加快建设公共基础设施的进度。城市群的建设和经济发展离不开交通基础设施的发展，城市群在经济方面整合的重要内容包含了共享交通设施。而从整体的角度建立合理、高效的交通网络对大湾区城市群而言，其难度在于内河综合航运并没有制定与城市的空间发展与经济发展相匹配的整体规划。

城市的经济发展还需要基础设施能够实现相互连通，产业链能够进行互补。城市经济发展前提和基础是创建优良的生态环境和有效的基础设施。建立基础设施在思维上必须摒弃传统的分制管理，从宏观层面上进行统筹协调，为确保相关的规划能够按时按计划地开展，在建设基础设施的时间和规划上应邀请专业的第三方机构进行监督和评估。这样不仅可以让建设效率得到提高，还可以使得建设设施在功能上出现重复的情况。

（4）实现有效的跨境协调机制与运作模式。粤港澳大湾区存在最为特殊的地方是在一国两制背景下的管理，面临的任务最艰难的地方是怎样进行有效的磨合并使得协调机制更加完善。现在这方面的体制是我国发展改革委与该地区的地方政府共同制定的协议，以后每年都会召开相关会议从而对发展中遇到的重要问题进行改进与协调，日常运作中将更好发挥工作机制在合作中的联络协调作用，来推动规划深入实施。

（5）促进城市群特色发展。从发展的目标上看，广东是充分发挥经济的带动作用，加大科技创新、现代服务业和产业园的建设；香港的目标是对国际金融中心地位、国际贸易中心、国际航运中心作进一步提升和巩固；澳门的目标是推动全球旅游中心的建设，以我国文化为中心，加大力度打造与以葡萄牙语为母语的国家之间的贸易合作。从以上各个地区合作发展目标上看，粤港澳设置的城市发展定位是实行错位发展，然而现在广东只有总体定位，而广东省的主要九大城市在发展中具体承担哪种角色并未指出。

11.2.3　粤港澳大湾区财政行为协调重点

地方政府横向关系体现了合作与竞争的高度统一，合作对于地方政府来说已经变成了区域协调发展过程中的核心动力；竞争指的是主体在生存以及发展的过程中采取的非常主要的办法，地方政府是一种非常与众不同的市场主体，其竞争是一种客观存在。然而，弄清地方政府之间存在的横向关系，一定要让竞争变得更为规范，加深合作关系。粤港澳大湾区财政行为协调的重点领域应该为：

（1）应体现出战略协同特点。建议深港应基于大湾区战略发展以及国家创新驱动角度，来做好地区创新驱动以及服务国家的战略规划，并把该区域放在粤港澳大湾区国际科技创新中心战略平台当中，给香港经济以及科技转型带来更新的动力，给深圳实现创新型科技带来新型动能。

（2）应体现出制度协同特点。建议将粤港澳综合性优势展现出来，例如制度多元化、空间高度连接、结果可控性高等，在区域当中针对就业及创业扶持、要素便捷流动以及创新税制方面的扶持等一流制度进行压力测试以及先行先试，使得国家创新特区实现多元化科技创新体制中具备的优势相叠加，给国家带来更多新型科技体制。

（3）应体现出规划协同特点。将深港土地开发情况考虑其中，提高建设以及规划的协同发展。深港地方政府应做好战略发展的编制任务，根据协同管理、开发、规划以及共同分享成果这一理念，促进合作区更好发展下去。

（4）应体现出设施协同特点。做好设施协同以及联通能够很好地推动科技协同工作，大力加强区域生态、交通以及信息等方面的一体化以及协同化建设。此外，还可以构建出专用的通关通道，采取人脸识别以及互联网等现代化技术，给科技研究者带来更加便捷的服务。

（5）应体现出科技协同特点。应将深港在科技创新方面的合作核心以及契合之处发挥到极致，例如可以针对人工智能以及生物医药等方面，开办研发中心以及联合大学等机构，承载大量科技人才，为科技创新作出贡献。

（6）应体现出产业协同特点。将香港顶级技术支持以及国际营商环境、深圳现代化网络优势充分发挥出来，针对那些能够引领产业实现变革的领域建设出工程化以及产业化平台，使其能够带领更多新兴产业逐渐发展，并且将产业发展功能逐渐运送至大湾区中。

（7）应体现出开放协同特点。应将香港具备的国际化优势充分发挥出来，将片区构建成"一带一路"政策支点以及国家实现开放创新的枢纽，构建国际化高级合作机构，尽快和全球创新网络融合起来，使其变成国家科技创新协作核心载体。

（8）应体现生态协同特点。深港应将自身优势充分发挥出来，柔性参考地方成功经验，对于很多领域都可以创建出公共服务平台，例如知识产权、科技交流以及科研数据等，共同建立健全国际化模式的创新创业型生态系统。

11.3 粤港澳大湾区财政行为协调机制

11.3.1 规范大湾区财政竞争理性秩序

粤港澳大湾区一体化并不排斥区域内财政竞争。市场经济条件下，财政竞争应该成为常态化行为。但是，同样基于区域一体化，三地之间的竞争模式必须重构，尤其是要建立"为发展而竞争，为共同发展而竞争"的竞争模式。

在市场经济体制之下，地方政府间出现的竞争现象是一种客观存在，这种竞争无法规避，但是市场经济应持续协调地发展下去，因此只能再次建立政府间竞争。重塑竞争时，可参考下列思维方式：如果政府竞争出现对资源的抢夺现象，那么就需要通过资源分布情况来明确经济区划，并且基于此整合行政区；优化党政官员做好跨行政区的任职工作制度，加强对口支援，提高人才流动率，促进地方政府采取新型竞争模式及理念，完善财政转移支付体制，在安排资金时一定要秉持着公平公正的态度，规避"跑部钱进"现象发生，构建严格的督查审问体系，使得财政资金能够将其效益充分展现出来。因此一定要优化行政管理制度，推动制度构建及创新，促进政府从管制型逐渐变成服务型，推动行政区的利益协调制度能够变得更加完善。

就像前文中提到的那样，竞争让市场经济活力四射，如果社会上不存在竞争，那就意味着不存在任何生机与活力，这样的现象很难想象得到。然而，所有事情都存在一定限度，如果超过了这个限度就会让事情朝着反方向去发展，这就好比地方政府如果出现了过度竞争，那么很可能会对一体化建设带来严重影响。现在，中国地方政府之间的竞争，要更好地加以规范，第一，加强行政管理制度方面的整改，政府职能尽快作出改变，构建出责任政府，使其变成真正的为人民提供服务的政府；第二，创新制度，促进多种要素实现自由流动，例如人才、信息以及资本等；第三，通过优化相应制度来提高地方政府间交流合作。地方政府需要将工作重点转移到政府职能方面，脱离管制式以及统治式思维，打破旧思维旧观念的约束，积极构建服务型政府，给人们带来更加全面周到的服务，让人们满意，才能让竞争变得更为规范化。

在两种制度、三个关税区、三个法律体系的异质城市群内，根据大湾区经济以及城市群在发展过程中展现出来的规律，要想达到高效且合理地进行资源配置、产业协同效应以及要素便捷流通等，必须要考虑怎样才能打破跨境行政制度以及壁垒的制约，同时还需要解决怎样构建统筹协调体系从而促进协同发展、怎样优化营商环境从而引进国际范围内高端资源汇集大湾区、怎样消弭对于多元化主体而言经济融合带来的各种影响，这对于粤港澳地方政府要实现跨境治理来说有一定的难度，应采取新型管理方法。

11.3.2　建立区域利益共享机制

区域地方政府财政竞合目的是让区域利益得到共享。地方政府做到有效合作离不开利益共享机制，这也是加强政府合作最根本因素。政府实现合作时最关键的就是利益分配以及协调工作，因此构建完整的利益共享机制能够有效地弥补每个地区存在的不足之处，并且将优势发挥充分发挥出来。由于科学体系的驱动力，区域合作能够很好地进行下去并且能起到非常重要的作用。唯有构建出利益分配以及协调制度并且加以完善，才可以有效规避政府的担忧，增强政府合作积极程度，让地方政府能够构建出长时间的合作关系。

财政利益共享机制作为地方政府实现合作最原始的驱动力，为利益分配打下坚实基础，要想让政府深入合作就一定要秉承互惠互利这一原则，构建利益共享以及协调分配制度。利益共享制度不但可以让区域利益有效提高，而且也可以确保合作政府能够均衡地享受合作时产生的利益。现在，国家区域合作正处于初级阶段，协调制度以及利益分配体系还没有正式构建起来，各地虽然也签订了相应协议，但是其效力并不是很高，仍需要进一步优化，区域联合使得很多区域为了得到更多的利益而不惜牺牲其他区域利益。这样的博弈现象肯定会造成区域间出现竞争以及利益矛盾，对区域合作顺利展开起到了很大的阻碍作用。所以，区域合作最重要的就是构建出利益分配机制以及补偿机制，地方政府应做到合作共赢、公平公正，根据相关制度来科学地分配利益，使得全部合作方均能够享受到利益，让地方政府间做到利益补偿以及转移，使合作方能够享受均衡的利益，达到共赢局面。

11.3.3 健全区域利益补偿机制

利益是存在于政府之间的本质关系。政府间所有关系当中首要的就是利益关系。要想让区域政府间关系可以很好地发展下去，在区域之内需要构建出利益协调制度并且不断加以完善。如果利益协调体系运营较好，那么地方政府间关系便可以健康顺利地发展下去；如果该系统难以维系，地方政府间关系便很可能出现僵硬局面，发展变得十分缓慢，严重者可能会导致些许倒退。

前文详细地探讨了政府间存在的利益博弈问题，并且得到了以下结论：经济水平存在差异的地区中发生博弈现象时，很可能陷进"囚徒困境"当中，要想做到均衡发展，应构建出区域内利益补偿以及转移体系，从而合理分配区域内存在的利益。所谓利益补偿机制指的是将公平作为机制原则，基于市场调节来做好宏观调控以及财政转移支付体系的规范化要求，从而做好中央和地方、地方之间利益转移，同时应体现出先富地区以及后富地区能够做到均衡的利益补偿，让整个区域逐渐趋向共同富裕，由此也能够看出其中蕴含着的共享思维。

原有机制当中共同内核主要是降低门槛、成本以及关税，尽管实施时会促进区域整合，进而加快一体化建设步伐，然而假设将其看作是一种长效机制，还无法做到最佳。其需要较高的合作成本，成效无法长期坚持下去，很容易让更有效的机制来代替。

11.3.4 落实国家功能保障

在发挥港澳独特优势的同时，又助力将更多的国家发展功能输送香港。对香港而言，能够提升其在国家经济发展和对外开放中的地位，这同时也是大湾区建设的战略目标之一。在发展经济学看来，国家功能越汇聚，就越能带动区域发展的动能。香港回归后，在"一国两制"方针下高度自治，拥有较为完整的自主发展权，这一背景要求国家发展功能的导入是不能采取行政手段的。

与此同时，进一步强化国家承诺和执行机制。承诺机制就是契约精神在大湾区财政合作中的灵魂，其既是信任关系，更是未来预期的保障。往往根据这个契约进行有关大湾区经济发展的制度安排，进而形成广泛合作共识，这就是承诺过程。地方政府间公共服务合作最终是通过合作实现公共服务的供给来落实承诺的，这个过程就是执行过程。这个过程中，大湾区三地政府必须共同努力，保证地方政府间公共服务合作顺利开展。

11.3.5 完善大湾区政府间法治环境

相对于立法方式而言，采用协议方式进行区域经济合作要广泛得多。绝大多数区域合作框架都是建立在协议基础之上的。通过达成协议进行区域经济合作具有立法方式无可比拟的优势，因为订立协议不涉及立法层面，程序相对简单，而且协议往往由协议方的各种联席会议制度和具体承办制度作为支撑，随着合作的开展可以对协议随时加以修正和改进。但是其缺陷在于订立协议容易，推进实施困难。由于协议的任意性很大，各方在合作中难免从自身利益角度出发对协议内容进行理解和变通执行，而协议对各方又没有法律上的约束，很容易导致协议合作方式流于形式。在"行政区经济"仍处处流行的我国区域经济格局下，这种担忧显得更具有意义。

附　录

附录1

2000～2019 年粤港澳大湾区科技创新效率指数

地区	2000年	2001年	2002年	2003年	2004年	2005年	2006年	2007年	2008年	2009年	2010年	2011年	2012年	2013年	2014年	2015年	2016年	2017年	2018年	2019年
广州	1.0053	0.9755	1.0468	1.0106	1.0288	1.0388	1.0534	1.0504	1.0696	1.0240	1.0205	1.0614	0.9808	1.0676	1.0576	0.9791	1.0503	1.0204	1.0401	1.0459
深圳	1.0151	0.9954	1.0278	0.9793	0.9780	1.0111	1.0200	0.9951	0.9730	1.0132	0.9827	0.9963	1.0378	0.9738	0.9875	1.0154	1.0454	1.0279	0.9943	1.0602
珠海	0.9800	1.0021	1.0498	0.9833	0.9832	0.9852	1.0674	1.0246	1.0154	1.0324	1.0214	0.9901	1.0344	1.0161	1.0255	0.9965	1.0265	0.9704	1.0526	1.0464
佛山	0.9974	1.0339	1.0514	1.0290	1.0383	1.0229	0.9754	1.0138	1.0295	1.0377	0.9866	0.9832	1.0438	1.0188	0.9801	1.0630	1.0337	1.0202	0.9835	0.9787
惠州	1.0623	0.9984	0.9854	1.0460	1.0297	1.0546	1.0498	1.0143	1.0614	1.0223	1.0645	1.0534	1.0623	1.0451	1.0107	1.0022	1.0358	1.0284	1.0488	1.0699
东莞	1.0555	1.0158	1.0221	0.9877	1.0598	0.9913	1.0051	1.0590	0.9930	1.0219	1.0147	1.0353	0.9948	0.9802	0.9805	1.0557	1.0535	1.0692	1.0404	1.0129
中山	1.0095	0.9707	1.0012	1.0519	1.0058	1.0056	1.0323	0.9868	0.9976	1.0697	0.9802	1.0696	0.9853	1.0107	1.0576	0.9896	1.0234	0.9730	1.0480	1.0199
江门	1.0384	1.0037	0.9906	1.0139	1.0170	1.0128	1.0045	1.0085	0.9831	0.9912	1.0572	1.0169	0.9705	1.0276	0.9744	1.0237	0.9986	0.9861	1.0153	1.0137
肇庆	1.0501	1.0637	0.9875	0.9933	0.9777	1.0596	1.0076	1.0547	0.9891	1.0318	1.0142	1.0195	1.0695	0.9968	1.0384	1.0367	0.9942	1.0423	0.9884	0.9809
香港	1.0360	1.0760	1.0603	1.0819	1.0628	1.0080	1.0469	1.0843	0.9970	1.0807	1.0214	1.0792	1.0323	1.0764	0.9950	1.0617	1.0211	1.0881	0.9936	1.0028
澳门	1.0792	1.0687	1.0031	1.0168	1.0055	0.9971	1.0010	1.0829	1.0693	1.0394	1.0646	1.0229	1.0421	1.0361	1.0174	1.0742	1.0502	1.0858	1.0208	1.0724

资料来源:《中国统计年鉴》《香港统计年鉴》《广东统计年鉴》以及澳门统计暨普查局 DSEC 数据库。下同。

附录 2

2005~2019 年国内主要港口货物吞吐量

单位:万吨

年份	大连港货物吞吐量	天津港货物吞吐量	青岛港货物吞吐量	日照港货物吞吐量	上海港货物吞吐量	宁波舟山港货物吞吐量	厦门港货物吞吐量	深圳港货物吞吐量	广州港货物吞吐量
2005	17085	24069	18678	8421	44317	26881	4771	15351	25036
2006	20046	25760	22415	11007	47040	42387	7792	17598	30282
2007	22286	30946	26502	13063	49227	47336	8117	19994	34325
2008	24588	35593	30029	15102	50808	52048	9702	21125	34700
2009	27203	38111	31546	18131	49467	57684	11096	19365	36395
2010	31399	41325	35012	22597	56320	63300	12728	22098	41095
2011	33691	45338	37230	25260	62432	69393	15654	22325	43149
2012	37426	47697	40690	28098	63740	74401	17227	22807	43517
2013	40746	50063	45003	30937	68273	80978	19088	23398	45517
2014	42337	54002	46802	33502	66954	87346	20504	22324	48217
2015	41482	54051	48453	33707	64906	88929	21023	21706	50053
2016	43660	55056	50036	35007	64482	92209	20911	21410	52254
2017	45517	50056	51031	36136	70542	100933	21116	24136	57003
2018	46784	50774	54250	43763	68392	108439	21720	25127	59396
2019	36641	49220	57736	46377	66351	112009	21344	25785	60616

附录3

2000～2020年粤港澳大湾区人均地方一般公共预算收入

单位:亿元

地区	2000年	2005年	2010年	2011年	2012年	2013年	2014年	2015年	2016年	2017年	2018年	2019年	2020年
广州	2061.72	3875.93	7100.70	7693.97	8615.73	8862.98	9559.65	8639.48	8515.15	8974.56	9221.44	9362.79	9299.20
深圳	3327.64	5064.37	10892.78	12856.12	14105.11	16350.94	19457.70	20006.93	21605.73	21618.61	21752.07	22350.72	22209.02
珠海	2024.57	3492.54	8025.47	9166.01	10323.14	12241.05	13999.46	14357.08	15159.22	15601.79	15492.16	15172.94	15858.65
佛山	1146.57	2265.69	4349.20	4736.35	5300.29	6020.44	6843.94	6506.03	6951.83	7455.45	7701.32	7828.20	7953.07
惠州	408.85	946.27	2931.87	3526.46	4316.39	5337.57	6380.78	6249.93	6491.63	6856.40	6793.88	6783.02	6853.94
东莞	503.97	1585.20	3454.53	3799.37	4306.79	4928.56	5464.83	5191.88	5403.91	5762.28	6243.17	6444.99	6636.08
中山	762.08	2231.98	4578.83	5848.99	6411.82	7123.35	7908.30	7330.21	7333.33	7575.29	7444.60	6533.77	6522.11
江门	540.87	1014.9	2365.62	2673.09	3018.13	3519.54	3933.88	4354.90	4439.20	4797.84	5217.49	5431.53	5524.66
肇庆	325.95	558.68	1979.41	2342.76	2616.91	3017.68	3453.32	3587.10	2286.65	2354.79	2616.84	2799.84	3033.31
香港	33531	36126.8	53386.42	61564.42	61658.07	63146.03	65995.86	61560.47	77690.66	83614.87	80119.42	79611.09	78558.7
澳门	22297.3	48795.3	152726.6	211234.3	232261.2	259313.6	256824.9	176589.4	168937.8	197646.6	209492.1	215166.3	82727.27

附录4

2000～2020年粤港澳大湾区专利授权量数据

专利授权量	2000年	2001年	2002年	2003年	2004年	2005年	2006年	2007年	2008年	2009年	2010年	2011年	2012年	2013年	2014年	2015年	2016年	2017年	2018年	2019年	2020年
澳门	13	10	3	14	12	3	15	16	23	15	34	19	26	93	55	142	179	138	125	234	173
东莞	1399	1753	2680	2858	3167	3114	4872	6752	8093	12918	20397	19352	20900	22595	20340	26820	28559	45204	65985	60419	74303
佛山	3299	4022	4892	6456	6193	8704	9064	10085	10677	12861	16946	16353	17839	19624	19756	27523	28724	36767	51010	58747	73870
广州	3318	3337	3656	5020	5535	5724	6399	8524	8081	11095	15091	18346	21997	26156	28137	39834	48313	60201	89826	104813	155835
惠州	207	283	443	532	680	651	641	726	1011	985	1628	2917	4093	5914	7396	9797	9891	11706	14705	14577	19059
江门	520	577	771	1048	1365	1553	2014	2494	2360	3450	5415	5226	5283	5345	5534	6384	6762	8577	12273	13282	16891
深圳	2401	3506	4486	4937	7737	8983	11494	15552	18805	25894	34951	39363	48662	49756	53687	72120	75043	94252	140202	166609	222412
香港	1285	1026	1185	1565	1495	1669	1881	2106	1892	2250	2601	2588	2619	2297	2867	2940	2970	2888	3142	3437	3147
肇庆	102	83	106	158	197	187	163	268	269	329	550	889	1227	1288	1449	1726	1945	2332	3901	4524	6326
中山	1079	1216	1545	1699	1795	2108	2435	3396	4342	5076	8538	10027	10878	14218	15048	22198	22127	27444	34114	33395	39698
珠海	504	458	599	703	696	931	1251	1657	1797	2008	2768	3690	4936	4805	6258	6790	9287	12544	17090	18967	24434

附录5

2016～2020年粤港澳大湾区经济发展状况

	2016年		2017年		2018年		2019年		2020年	
	人口（万人）	GDP（万亿元）	人口（万人）	GDP（万亿元）	人口（万人）	GDP（万亿元）	人口（万人）	GDP（万亿元）	人口（万人）	GDP（万亿元）
合计	7896.57	9.68	8142.70	10.56	8357.46	11.32	8502.70	12.01	8639.96	11.87
广州	1678.38	1.86	1746.27	1.99	1798.13	2.10	1831.21	2.38	1874.03	2.51
深圳	1495.35	2.07	1587.31	2.33	1666.12	2.53	1710.40	2.70	1763.38	2.77
珠海	195.98	0.25	207.02	0.29	220.90	0.32	233.18	0.34	244.96	0.35
佛山	874.77	0.88	899.99	0.94	926.04	1.00	943.14	1.07	951.88	1.08
江门	461.85	0.25	465.12	0.27	470.38	0.30	475.32	0.32	480.41	0.32
东莞	1016.58	0.73	1038.22	0.81	1043.77	0.88	1045.50	0.95	1048.36	0.97
中山	407.69	0.28	418.04	0.29	428.82	0.31	438.73	0.31	443.11	0.32
惠州	562.73	0.34	572.22	0.37	584.72	0.40	597.23	0.42	605.72	0.42
肇庆	401.75	0.18	403.88	0.20	406.58	0.21	409.24	0.23	411.69	0.23
香港	737.00	2.49	739.32	2.66	745.26	2.84	750.79	2.84	748.10	2.71
澳门	64.49	0.36	65.31	0.41	66.74	0.44	67.96	0.45	68.32	0.20

附录6

2000~2020年粤港澳大湾区九市地方一般公共预算支出

单位:亿元

地区	2000年	2005年	2010年	2011年	2012年	2013年	2014年	2015年	2016年	2017年	2018年	2019年	2020年
广州	240.72	438.41	977.32	1181.25	1343.65	1386.13	1436.22	1727.72	1943.75	2186.01	2506.18	2865.33	2952.65
深圳	225.04	599.16	1266.07	1590.56	1569.01	1690.83	2166.18	3521.67	4211.04	4593.80	4282.56	4552.73	4178.42
珠海	31.08	57.77	166.41	190.37	212.20	252.03	275.90	388.77	417.16	493.89	572.52	615.74	677.62
佛山	72.48	150.85	363.35	388.68	433.96	488.40	525.01	799.93	695.85	774.96	806.54	941.32	1003.04
惠州	20.14	52.41	185.44	227.21	274.08	328.29	372.97	486.07	509.25	554.01	544.25	614.86	637.38
东莞	33.61	117.04	289.83	351.92	385.58	444.66	457.68	581.24	599.29	667.65	765.41	863.01	840.33
中山	19.24	56.71	145.85	192.67	215.32	237.24	261.46	355.37	367.57	455.22	437.92	411.74	375.63
江门	28.18	54.24	132.98	165.30	188.12	212.61	236.10	292.90	293.21	333.26	377.88	421.24	422.38
肇庆	20.09	40.64	127.66	157.01	176.49	200.40	241.71	267.71	248.16	271.15	315.72	351.65	430.58
香港	2328.93	2330.71	3013.60	3640.37	3773.24	4335.43	4058.71	4356.33	4620.52	4708.63	5318.25	6093.30	8160.75
澳门	161.12	238.24	609.17	636.75	823.49	853.89	835.12	940.51	965.38	934.24	1051.14	1033.62	1022.38

附录 7

2000～2020 年粤港澳大湾区九市人均地区生产总值和指数

	2000 年 人均地区生产总值(元)	指数	2005 年 人均地区生产总值(元)	指数	2010 年 人均地区生产总值(元)	指数	2011 年 人均地区生产总值(元)	指数	2012 年 人均地区生产总值(元)	指数	2013 年 人均地区生产总值(元)	指数	2014 年 人均地区生产总值(元)	指数	2015 年 人均地区生产总值(元)	指数	2016 年 人均地区生产总值(元)	指数	2017 年 人均地区生产总值(元)	指数	2018 年 人均地区生产总值(元)	指数	2019 年 人均地区生产总值(元)	指数	2020 年 人均地区生产总值(元)	指数
合计	20369.00	106.50	40661.00	114.60	69281.00	108.20	76014.00	105.60	78967.00	104.10	84537.00	106.30	88318.00	104.90	92510.00	105.20	97721.00	104.60	103863.00	104.30	108094.00	103.60	114120.00	104.00	115459.00	100.50
广州	25758.00	108.30	54160.00	114.30	86582.00	105.80	93224.00	104.60	95550.00	104.60	104255.00	106.70	107528.00	104.40	111060.00	104.00	113400.00	102.70	116051.00	102.00	118511.00	102.50	131400.00	104.40	135047.00	100.60
深圳	33276.00	105.80	61844.00	111.80	99095.00	107.80	110389.00	103.60	116407.00	102.60	124208.00	104.60	130448.00	103.80	135271.00	102.90	142494.00	102.70	150739.00	102.30	155320.00	102.30	159883.00	102.80	159309.00	100.20
珠海	28068.00	104.89	45682.00	110.51	80024.00	111.10	90922.00	108.01	93589.00	102.28	100959.00	106.40	109846.00	106.52	117879.00	106.96	127167.00	105.43	146696.00	106.32	150345.00	101.65	151702.00	100.63	145645.00	97.82
佛山	20231.00	106.30	42066.00	117.80	79902.00	109.00	84130.28	105.94	85288.99	102.83	87193.63	105.52	89742.47	104.78	94607.72	105.66	100698.74	106.35	105728.75	105.80	109272.21	103.38	114914.13	103.40	114156.80	100.17
惠州	13877.00	107.70	21909.00	113.20	38507.00	112.70	44149.00	109.30	47734.00	107.70	52211.00	109.40	55900.00	106.40	56802.00	106.30	60361.00	105.60	66007.00	105.90	69206.00	103.90	70949.00	102.00	70191.00	99.70
东莞	13563.00	105.10	33383.00	119.50	53959.00	105.50	57526.00	102.50	57633.00	100.30	60843.00	105.00	63065.00	104.10	66810.00	106.40	72028.00	106.80	78637.00	106.70	84708.00	106.10	90696.00	107.00	92176.00	100.90
中山	15077.00	105.40	36800.00	120.60	59411.00	108.20	64948.00	106.30	66860.00	104.20	67973.00	104.20	67955.00	102.90	69129.00	104.70	70352.00	101.70	71198.00	101.00	72119.00	100.50	72014.00	99.60	71478.00	99.90
江门	12844.00	108.80	19546.00	108.80	35719.00	112.10	41147.00	111.70	42148.00	107.70	44718.00	107.70	46177.00	106.80	49767.00	106.80	53941.00	107.80	59244.00	107.30	64163.00	106.80	66622.00	103.20	66984.00	101.10
肇庆	7422.00	109.90	11505.00	109.90	24875.00	113.80	29749.00	112.20	32403.00	109.30	36171.00	109.10	39625.00	109.30	42333.00	107.70	45151.00	104.70	48781.00	104.60	51879.00	105.90	55176.00	105.60	56318.00	102.30
香港	197697.00	103.11	202928.00	106.55	252952.00	108.54	273783.00	108.24	285403.00	104.24	297860.00	104.36	312609.00	104.95	328924.00	105.22	339478.00	103.21	360247.00	106.12	381870.00	102.20	382046.00	98.10	362310.00	94.90
澳门	119420.00	107.94	204607.00	113.69	419153.00	134.72	536178.00	127.92	603495.00	112.55	697502.00	115.58	710895.00	101.92	565301.00	79.52	554619.00	98.11	627625.00	113.16	673481.00	102.90	645438.00	93.40	285314.00	43.20

参考文献

[1] 安树伟, 李瑞鹏. 城市群核心城市带动外围地区经济增长了吗?——以京津冀和长三角城市群为例 [J]. 中国软科学, 2022 (9): 85 – 96.

[2] 白彦锋, 贾思宇. 粤港澳大湾区经济一体化发展与税收协调研究 [J]. 财政科学, 2019 (7): 5 – 15.

[3] 蔡昌, 林高怡, 薛黎明. 粤港澳大湾区跨境税务焦点及税收合作研究 [J]. 税务研究, 2019 (11): 60 – 65.

[4] 蔡赤萌. 粤港澳大湾区城市群建设的战略意义和现实挑战 [J], 广东社会科学, 2017 (7).

[5] 陈广汉, 刘洋. 从 "前店后厂" 到粤港澳大湾区 [J]. 国际经贸探索, 2018, 34 (11): 19 – 24.

[6] 陈广汉, 任晓丽. 粤港澳大湾区城市群产业集聚变动的经济效应分析 [J]. 亚太经济, 2021 (2): 143 – 152.

[7] 陈广汉, 谭颖. 构建粤港澳大湾区产业科技协调创新体系研究 [J]. 亚太经济, 2018 (6): 127 – 134, 149.

[8] 陈广汉. 香港回归20年经济发展的回顾与展望 [J]. 亚太经济, 2017 (4): 163 – 172.

[9] 陈广汉. "一带一路" 建设中香港和澳门的独特优势 [J]. 人民论坛, 2019 (10): 31 – 33.

[10] 陈广汉, 张光南, 卢扬帆. 回归后香港经济发展的成就、问题与对策 [J]. 亚太经济, 2012 (4): 130 – 135.

[11] 陈抗, Arye L. Hillman, 顾清扬. 财政集权与地方政府行为变化——从援助之手到攫取之手 [J]. 经济学 (季刊), 2002 (4): 111 – 130.

[12] 陈朋亲, 毛艳华, 荣健欣. 城市群 "双城" 联动的理论逻辑与实践策略——以粤港澳大湾区广州、深圳为例 [J]. 城市发展研究,

2021, 28 (12): 110 – 117.

[13] 陈平, 韩永辉. 粤港澳大湾区创新链耦合协调度研究 [J]. 学术研究, 2021 (9): 100 – 106.

[14] 陈世栋. 粤港澳大湾区要素流动空间特征及国际对接路径研究 [J]. 华南师范大学学报社会科学版, 2018 (4).

[15] 陈先哲. 粤港澳大湾区高等教育集群的竞合发展逻辑 [J]. 华南师范大学学报 (社会科学版), 2021 (5): 83 – 90, 206.

[16] 陈甫军, 晏宗新, 余曼琪. "双循环" 新发展格局的重要枢纽——粤港澳大湾区示范的理论逻辑与实现路径 [J]. 广东财经大学学报, 2022 (6): 4 – 16.

[17] 陈章喜, 颙孙冠华. 粤港澳大湾区科技创新与经济高质量发展耦合协调研究 [J]. 云南社会科学, 2021 (4): 92 – 100.

[18] 陈昭, 梁淑贞. 粤港澳大湾区科技创新协同机制研究 [J]. 科技管理研究, 2021, 41 (19): 86 – 96.

[19] 陈志军. 地方政府间财政竞争、空间策略行为与企业技术创新 [J]. 财政研究, 2017 (8): 69 – 78.

[20] 程风雨. 粤港澳大湾区科技创新的空间关联及其驱动机制 [J]. 统计与决策, 2022, 38 (20): 77 – 82.

[21] 丛屹, 王焱. 协同发展、合作治理、困境摆脱与京津冀体制机制创新 [J]. 区域经济. 2014 (6): 75 – 81.

[22] 单婧, 张文闻. 高质量发展下粤港澳大湾区产业结构转换和全要素生产率 [J]. 经济问题探索, 2021 (12): 178 – 190.

[23] 党秀云, 张丽娟. 公共服务多元合作供给机制有效运行中的政府行为选择 [J]. 教学与研究, 2020 (11): 58 – 65.

[24] 邓志新. 粤港澳大湾区与世界著名湾区经济的比较分析 [J]. 对外经贸实务, 2018 (4): 92 – 95.

[25] 董成惠. 粤港澳大湾区共享合作协同机制研究 [J]. 经济体制改革, 2021 (4): 74 – 79.

[26] 董皞, 张强. 推进粤港澳大湾区建设的法律制度供给 [J]. 法学评论, 2021, 39 (5): 101 – 110.

[27] 董鹏. 粤港澳大湾区税收协调: 缘由、挑战和对策 [J]. 财政科学, 2022 (9): 106 – 114.

[28] 杜彤伟, 张屹山, 李天宇. 财政竞争、预算软约束与地方财政可持续性 [J]. 财经研究, 2020, 46 (11): 93 – 107.

[29] 段德忠，杜德斌，刘承良．上海和北京城市创新空间结构的时空演化模式［J］．地理学报，2016，70（12）：1911－1925．

[30] 段杰．粤港澳大湾区创新生态系统演进路径及创新能力：基于与旧金山湾区比较的视角［J］．深圳大学学报（人文社会科学版），2020，37（2）：91－99．

[31] 方煜，石爱华，孙文勇，赵迎雪．粤港澳大湾区多维空间特征与融合发展策略［J］．城市规划学刊，2022（4）：78－86．

[32] 冯朝阳．环渤海地区区域经济空间网络关联结构研究［J］．西部论坛，2017，27（1）：43－52．

[33] 冯舒，唐正宇，俞露，郭晨，汤沫熙，杨志鹏．城市群生态网络协同构建场景要素与路径分析——以粤港澳大湾区为例［J］．生态学报，2022，42（20）：8223－8237．

[34] 冯晓华，邱思远．长三角城市经济高质量发展水平测度及收敛性研究［J］．华东经济管理，2022，36（11）：28－43．

[35] 冯琰玮，张衔春，徐元朔．粤港澳大湾区区域合作与产业一体化的演化特征及耦合关系研究［J］．地理科学进展，2022，41（9）：1647－1661．

[36] 符正平．粤港澳大湾区一体化发展的理论与推进策略［J］．上海交通大学学报（哲学社会科学版），2022，30（2）：13－21．

[37] 傅勇，张晏．中国式分权与财政支出结构偏向：为增长而竞争的代价［J］，管理世界，2007（3）：4－12，22．

[38] 甘星，甘伟．环渤海、长三角、珠三角三大经济圈科技金融效率差异实证研究［J］．宏观经济研究，2017（11）：103－114．

[39] 高达，李格．政府合作与城市群能源效率——基于长三角城市经济协调会的准自然实验［J］．软科学，2022，36（2）：78－85．

[40] 郭佳良．应对"棘手问题"：公共价值管理范式的源起及其方法论特征［J］．中国行政管理，2017（11）：111－117．

[41] 郭磊贤，彭琳婧，李启军，郭晨，司马晓．行政管理与空间治理单元的尺度协调与优化——基于粤港澳大湾区的实践与探索［J］．国际城市规划，2022，37（5）：71－79．

[42] 郭文伟，王文启．粤港澳大湾区金融集聚对科技创新的空间溢出效应及行业异质性［J］．广东财经大学学报，2018，33（2）：12－21．

[43] 郭璇瑄，粤港澳大湾区旅游经济发展路径［J］．税务与经济，2018（3）．

[44] 何舜辉，杜德斌，焦美琪，林宇. 中国地级以上城市创新能力的时空格局演变及影响因素分析 [J]. 地理科学，2017，37 (7)：1014 - 1022.

[45] 何文举，李丽丽，夏漫莉. 粤港澳大湾区与长三角城市群一体化水平和城市群交易效率的比较分析 [J]. 华东理工大学学报（社会科学版），2022，37 (4)：118 - 131.

[46] 侯纯光，程钰，任建兰，陈延斌. 中国创新能力时空格局演变及其影响因素 [J]. 地理科学进展，2016，35 (10)：1206 - 1217.

[47] 胡洪曙，李捷. 财政竞争、预算软约束与企业税负 [J]. 经济管理，2022，44 (6)：153 - 171.

[48] 胡小立，杜德斌，林宇，王倩倩，刘承良. 区域内高校国际科技合作开放度与科研绩效相关性分析 [J]. 资源开发与市场，2015，31 (9)：1036 - 1039.

[49] 黄炳超，陈先哲. 粤港澳大湾区高等教育治理的时空格局、形态嬗变及未来路向 [J]. 国家教育行政学院学报，2021 (11)：36 - 45.

[50] 黄丽华. 建设枢纽型网络城市引领珠三角湾区向世界级城市群发展 [J]. 探求，2017 (1)：39 - 44.

[51] 黄晓慧，邹开敏. "一带一路" 战略背景下的粤港澳大湾区文商旅融合发展 [J]. 华南师范大学学报（社会科学版），2016 (4)：106 - 110.

[52] 黄洋漫，陈晓宏. 粤港澳大湾区水生态状态演变及驱动机制研究 [J]. 中山大学学报（自然科学版）（中英文）：1 - 11 [2022 - 12 - 07].

[53] 黄英. 助推粤港澳大湾区打造人才高地的税收政策研究 [J]. 税务研究，2019 (12)：106 - 107.

[54] 霍祎黎，宋玉祥，刘亭杉. 促进粤港澳大湾区经济协调发展的路径探究 [J]. 经济纵横，2021 (11)：90 - 96.

[55] 霍祎黎，宋玉祥. 粤港澳大湾区经济协调发展的影响因素探究——基于空间溢出视角的分析 [J]. 当代经济研究，2022 (11)：109 - 116.

[56] 江国华，谢海生. 粤港澳大湾区法治深度协同的构想与进路 [J]. 地方立法研究，2022，7 (4)：77 - 87.

[57] 蒋雯静，陈建新，彭祥佑. 粤港澳大湾区创新创业政策分析——基于广深两地的实践与展望 [J]. 青年探索，2021 (6)：100 - 110.

［58］焦敬娟，王姣娥，程珂．中国区域创新能力空间演化及其空间溢出效应［J］．经济地理，2017，37（9）：11 - 18.

［59］康慧强，王长宏，郭润绿．基于公共价值视角的高端人才"双创"平台体制机制研究——以粤港澳大湾区为研究对象［J］．科技和产业，2022，22（11）：237 - 244.

［60］孔令丞，王悦，谢家平．长三角区域一体化扩容、协调集聚与区域创新［J］．财经研究，2022，48（12）：34 - 47.

［61］孔祥利．京津冀协同发展亟需加快公共服务一体化进程［J］．前线，2016（3）：18 - 20.

［62］黎智枫，姚丹燕，黄永贤，刘嘉丽．城市—区域视角下的粤港澳大湾区都市圈空间组织模式［J］．规划师，2022，38（5）：128 - 133.

［63］李爱民．基于新经济地理学的区域发展总体格局研究：理论与实践［M］．北京：经济管理出版社，2017：15 - 16.

［64］李波．税收政策促进产业结构优化的思考［J］．税务研究，2015（4）：17 - 21.

［65］李博，田闯，史钊源．环渤海地区海洋经济增长质量时空分异与类型划分［J］．资源科学，2017，39（11）：2052 - 2061.

［66］李春根．我国经济发展新常态下的财税政策选择［J］．税务研究，2015（4）：13 - 16.

［67］李春生．大数据驱动社区公共服务精准化：问题面向、运行机制及其技术逻辑［J］．湖北社会科学，2021（6）：41 - 48.

［68］李光武，张文铖．地方政府合作提供外溢性公共品的机制分析——基于决策权分配的视角［J］．财政科学，2022（8）：43 - 56.

［69］李林威，刘帮成．区域协同发展政策能否提升城市创新水平？——基于粤港澳大湾区的准自然实验［J］．经济问题探索，2022（10）：77 - 93.

［70］李南，刘恩梅．港城脱钩的可能性机理与实际估测——以环渤海港口城市为例［J］．地理科学，2022，42（11）：1879 - 1888.

［71］李蓬实，马光威，张雯娴．粤港澳大湾区全要素生产率测算与分析［J］．统计与决策，2021，37（12）：95 - 98.

［72］李青，何珽鋆，韩永辉．以机制联通推动粤港澳大湾区科创合作——兼论对建设全国统一大市场的启示［J］．治理现代化研究，2022，38（6）：23 - 30.

［73］李琼，李松林，白杏，夏涛，陈修岭．粤港澳大湾区基本公共

服务与经济发展耦合协调的时空特征 [J]. 地理科学进展, 2022, 41 (9): 1688 - 1701.

[74] 李响, 陈斌. "聚集信任" 还是 "扩散桥接"? ——基于长三角城际公共服务供给合作网络动态演进影响因素的实证研究 [J]. 公共行政评论, 2020, 13 (4): 69 - 89, 206.

[75] 李晓莉, 申明浩. 新一轮对外开放背景下粤港澳大湾区发展战略和建设路径探讨 [J]. 国际经贸探索, 2017, 33 (9): 4 - 13.

[76] 李晓梅. 中国战略性新兴产业企业投入产出效率测度研究——基于 2008 ~ 2016 年环渤海、长三角和珠三角 30 家上市企业的样本数据 [J]. 当代经济管理, 2019, 41 (2): 23 - 30.

[77] 李永友. 转移支付与地方政府间财政竞争 [J]. 中国社会科学, 2015 (10): 114 - 133, 206.

[78] 梁玉芳. 大数据驱动下公共服务供给网络变革的四个维度 [J]. 理论探索, 2022 (1): 107 - 113.

[79] 梁育民, 邱雪情, 发挥 "一国两制" 竞争优势、提升粤港澳大湾区在全球价值链的地位 [J], 广东经济, 2017 (7).

[80] 林家宜, 陈日光. 粤港澳大湾区低碳经济发展的制约因素分析——基于改进的集成 DEMATEL - ISM 法 [J]. 经营与管理, 2022 (11): 166 - 171.

[81] 林江. 粤港澳大湾区建设与三地共建开放型经济新体制 [J], 中国财政, 2017 (7).

[82] 林玉妹, 林善浪. 区域一体化背景下跨区域产业协同发展研究——以长三角地区为例 [J]. 中州学刊, 2022 (11): 34 - 40.

[83] 刘钒, 易晓波, 李光. 基于区域创新能力的长江中游城市群科技合作研究 [J]. 湖北社会科学, 2013 (2): 47 - 51.

[84] 刘寒波, 宋美喆, 王贞. 财政竞争中地方政府非税收入的空间经济效应分析 [J]. 经济地理, 2017, 37 (10): 37 - 42, 115.

[85] 刘江会, 王功宇. 地方政府财政竞争对财政支出效率的影响——来自长三角地级市城市群的证据 [J]. 财政研究, 2017 (8): 56 - 68, 111.

[86] 刘金山, 刘倩倩, 朱宁. 粤港澳大湾区绿色经济合作效率研究 [J]. 南方经济, 2022 (10): 1 - 18.

[87] 刘璟. 粤港澳大湾区治理与合作模式探索 [J]. 开放导报, 2017 (5): 96 - 99.

[88] 刘丽杭，徐俊．公共服务合作生产如何创造公共价值——以 C 市帮乐帮互助养老服务项目为例 [J]．求实，2021（6）：54 - 70，109.

[89] 刘乃全，胡羽琦．区域一体化可以缩小城市间收入差距吗？——来自长三角地区的经验证据 [J]．浙江社会科学，2022（10）：12 - 24，155.

[90] 刘向耘．从粤港澳大湾区建设看金融如何支持经济转型升级 [J]．金融经济学研究，2018，33（1）：3 - 8.

[91] 刘艳霞．国内外湾区经济发展研究与启示 [J]．城市观察，2014（3）：155 - 163.

[92] 刘毅，任亚文，马丽，王云．粤港澳大湾区创新发展的进展、问题与战略思考 [J]．地理科学进展，2022，41（9）：1555 - 1565.

[93] 刘志涛，王少剑，方创琳．粤港澳大湾区生态系统服务价值的时空演化及其影响机制 [J]．地理学报，2021，76（11）：2797 - 2813.

[94] 龙晓君，洪秋鑫，李小建．粤港澳大湾区、长三角、京津冀城市群科技创新辐射空间格局及效应测算 [J]．统计与决策，2021，37（24）：62 - 66.

[95] 娄伟，李萌，潘家华．新发展格局下的要素流动与区域合作——以粤港澳大湾区及贵州省为例 [J]．中国流通经济，2021，35（8）：40 - 48.

[96] 卢晓中，陈先哲．粤港澳大湾区高等教育集群发展：理论审思与实践策略 [J]．大学教育科学，2021（4）：12 - 19.

[97] 卢晓中，武一婷．粤港澳大湾区高等教育集群发展的战略选择与基本路向 [J]．兰州大学学报（社会科学版），2021，49（5）：9 - 15.

[98] 卢晓中，卓泽林．湾区高等教育的形成与发展——基于粤港澳大湾区与旧金山湾区比较的视角 [J]．高等教育研究，2020，41（2）：90 - 98.

[99] 鲁志国，潘凤，闫振坤．全球湾区经济比较与综合评价研究 [J]．科技进步与对策，2015，32（11）：112 - 116.

[100] 逯新红，粤港澳大湾区金融合作背景和战略意义 [J]，金融与经济，2017（7）.

[101] 吕拉昌，梁政骥，黄茹．中国主要城市间的创新联系研究 [J]．地理科学，2015，35（1）：30 - 37.

[102] 罗守贵．协同治理视角下长三角一体化的理论与实践 [J]．上海交通大学学报（哲学社会科学版），2022，30（2）：36 - 45.

[103] 马海龙．京津冀区域协调发展的制约因素及利益协调机制构建 [J]．中共天津市委党校学报．2013（3）：90 – 96.

[104] 马佳羽，韩兆洲，蒋青嬗．粤港澳大湾区经济发展：空间格局、影响因素与启示——基于两级行政区分层数据 [J]．数量经济技术经济研究，2021，38（11）：43 – 61.

[105] 马丽，龚忠杰，许堞．粤港澳大湾区产业创新与产业优势融合的时空演化格局 [J]．地理科学进展，2022，41（9）：1579 – 1591.

[106] 马早明．协同创新30年：粤港澳教师教育合作的回顾与前瞻 [J]．华南师范大学学报（社会科学版），2014（6）：62 – 67，162.

[107] 毛艳华，信超辉，荣健欣．粤港澳大湾区中心城市空间结构与集聚扩散特征 [J]．华南师范大学学报（社会科学版），2021（6）：26 – 37，205.

[108] 毛艳华，杨思维．粤港澳大湾区建设的理论基础与制度创新 [J]．中山大学学报（社会科学版），2019（2）：168 – 177.

[109] 牟娟，齐英．政府协调合作与宏观经济振兴的内在关系分析 [J]，贵州财经大学学报，2019（4）：13 – 22.

[110] 聂永有，姚清宇，周子博．产业协同集聚与长三角地区经济高质量发展 [J]．华东经济管理，2022，36（10）：16 – 30.

[111] 潘春苗，母爱英，翟文．中国三大城市群协同创新网络结构与空间特征——基于京津冀、长三角城市群和粤港澳大湾区的对比分析 [J]．经济体制改革，2022（2）：50 – 58.

[112] 潘泽清．资本流动与财政竞争——来自中国30个省、市、自治区的平衡面板数据 [J]．郑州大学学报（哲学社会科学版），2019，52（6）：35 – 40，126.

[113] 彭新育，王晓衡．京、沪、粤港澳大湾区的独角兽企业比较研究 [J]．特区经济，2022（9）：32 – 36.

[114] 钱文静．东京和纽约都市圈经济发展的比较研究 [J]．商，2015（31）：103.

[115] 丘杉．粤港澳大湾区城市群发展路向选择的维度分析 [J]．广东社会科学，2017（4）：15 – 20.

[116] 曲衍波，王霞，王世磊，朱伟亚，平宗莉，王森．环渤海地区城市规模扩张与质量增长的时空演变及耦合特征 [J]．地理研究，2021，40（3）：762 – 778.

[117] 任思儒，李郇，陈婷婷．改革开放以来粤港澳经济关系的回顾

与展望［J］. 国际城市规划, 2017, 32（3）: 21 - 27.

　　［118］沈子奕, 郝睿, 周墨. 粤港澳大湾区与旧金山及东京湾区发展特征的比较研究［J］. 国际经济合作, 2019（2）: 32 - 42.

　　［119］史海霞, 申嫦娥. 有效市场、有为政府与粤港澳大湾区资本流动［J］. 城市观察, 2022（5）: 20 - 31, 159 - 160.

　　［120］束磊, 梁倩. 转移支付分配如何影响地方基本公共服务供给——基于政府间财政竞争的视角［J］. 当代财经, 2021（12）: 28 - 40.

　　［121］司艳丽. 粤港澳大湾区法律规则衔接疑难问题研究——以多元化纠纷解决机制为切入点［J］. 中国法律评论, 2022（1）: 215 - 226.

　　［122］宋美喆, 徐鸣鹤. 财政竞争视角下的地方政府债务研究［J］. 财经理论与实践, 2017, 38（3）: 91 - 96.

　　［123］孙九霞, 黄秀波. 粤港澳大湾区城市族群"跨地方共同体"构建研究［J］. 学术研究, 2021（8）: 59 - 66.

　　［124］孙久文, 殷赏. "双循环"新发展格局下粤港澳大湾区高质量发展的战略构想［J］. 广东社会科学, 2022（4）: 17 - 25, 286 - 287.

　　［125］孙启明, 方和远, 李垚. 湾区城市群空间经济网络与核心—边缘结构研究——粤港澳大湾区与北部湾比较分析［J］. 学习与探索, 2021（9）: 113 - 122.

　　［126］孙瑜康, 李国平, 袁薇薇, 孙铁山. 创新活动空间集聚及其影响机制研究评述与展望［J］. 人文地理, 2017, 32（5）: 17 - 24.

　　［127］孙瑜康, 孙铁山, 席强敏. 北京市创新集聚的影响因素及其空间溢出效应［J］. 地理研究, 2017, 36（12）: 2419 - 2431.

　　［128］锁利铭, 陈斌. 地方政府合作中的意愿分配: 概念、逻辑与测量——以泛珠三角为例［J］. 学术研究, 2021（4）: 58 - 67.

　　［129］锁利铭, 阚艳秋. 战略赋能、多重嵌套与区域合作网络结构变迁——以"泛珠三角"和"粤港澳大湾区"为例［J］. 上海行政学院学报, 2021, 22（5）: 78 - 90.

　　［130］覃成林, 刘丽玲. 粤港澳大湾区多极网络空间发展格局研究［J］. 广东社会科学, 2022（4）: 38 - 46.

　　［131］覃柳婷, 曾刚. 长三角地区不同空间尺度创新合作对城市创新绩效的影响研究［J］. 地理科学, 2022, 42（10）: 1747 - 1756.

　　［132］谭俊涛, 张平宇, 李静. 中国区域创新绩效时空演变特征及其影响因素研究［J］. 地理科学, 2016, 36（1）: 39 - 46.

　　［133］唐承辉, 张衔春. 全球城市区域合作网络结构演变——以粤港

澳大湾区为例［J］. 经济地理，2022，42（2）：25 - 34.

［134］唐飞鹏. 省际财政竞争、政府治理能力与企业迁移［J］. 世界经济，2016，39（10）：53 - 77.

［135］唐秋伟，訾大丽. 公共服务合作供给网络建构［J］. 北方工业大学学报，2018，30（1）：121 - 127.

［136］唐沿源. 非对称地方财政竞争——对资本的争夺使地方财政支出更具有生产性吗?［J］. 云南财经大学学报，2016，32（5）：3 - 16.

［137］陶希东. 美国旧金山湾区跨界规划治理的经验与启示［J］. 行政管理改革，2020（10）：83 - 91.

［138］田新朝，跨境养老服务：粤港澳大湾区的协同合作［J］，开放导报，2017（9）.

［139］拓晓瑞，商惠敏，陈相. 粤港科技合作的发展历程与成效研究［J］. 科技管理研究，2016，36（12）：77 - 82.

［140］万伦来，刘翠，郑睿. 地方政府财政竞争的生态效率空间溢出效应［J］. 经济与管理评论，2020，36（1）：148 - 160.

［141］汪冲. 政治晋升、财政竞争与耕地政策"口子"：耕地保护地区外部性机制及效应分析［J］. 经济学（季刊），2019，18（2）：441 - 460.

［142］汪伟全. 论我国地方应急合作的现状及其完善［J］. 理论探讨，2016（4）：150 - 154.

［143］汪云兴. 粤港澳大湾区协同创新的着力点［J］. 开放导报，2018（2）：55 - 56.

［144］王春业. 论粤港澳大湾区立法协调的示范法方法［J］. 法学杂志，2022，43（5）：80 - 90.

［145］王春业，徐珮程. 论粤港澳大湾区合作中政府间协议及其法律效力［J］. 港澳研究，2022（1）：25 - 34，94.

［146］王方方，杨智晨，李香桃，李雄英. 粤港澳大湾区创新系统耦合协调空间结构与联系研究［J］. 科技进步与对策，2021，38（21）：34 - 43.

［147］王建平，刘彬. 国际产业转移的模式与效应分析［J］. 管理现代化. 2013（3）：24 - 26.

［148］王丽，刘京焕. 区域协同发展中地方财政合作诉求的逻辑机理探究［J］. 学术论坛，2015，38（2）：48 - 51.

［149］王丽. 区域协同的财政路径选择——从财政竞争走向财政合作

[J]. 学术论坛，2018，41（3）：69-74.

[150] 王丽艳，戴毓辰，宋顺锋. 区域协调发展战略下推进环渤海大湾区建设的逻辑与时序探讨 [J]. 城市发展研究，2020，27（8）：44-50.

[151] 王敏，胡汉宁. 财政竞争对中国环境质量的影响机理及对策研究 [J]. 中国人口·资源与环境，2015，25（10）：164-169.

[152] 王鹏，钟敏. 粤港澳大湾区创新网络与城市经济韧性 [J]. 华南师范大学学报（社会科学版），2021（6）：38-55，205-206.

[153] 王文彬，廖恒. 新型基础设施如何影响粤港澳大湾区经济一体化发展——基于空间溢出效应的视角 [J]. 财经科学，2022（8）：93-105.

[154] 王晓红. 关于建设粤港澳大湾区创新设计圈的建议 [J]，开放导报，2017（8）.

[155] 王学军. 合作生产中的公共价值失败及其治理 [J]. 西北师大学报（社会科学版），2020，57（4）：78-86.

[156] 王洋，张虹鸥，岳晓丽. 粤港澳大湾区科技基础设施的空间集聚与区域发展效应 [J]. 地理科学进展，2022，41（9）：1702-1715.

[157] 王莹莹，彭荣. 人口老龄化对经济增长阶段的异质性影响及其作用机制——基于粤港澳大湾区的分析 [J/OL]. 广东财经大学学报，2022（6）：25-35.

[158] 王玉明. 粤港澳大湾区环境治理合作的回顾与展望 [J]. 哈尔滨工业大学学报（社会科学版），2018，20（1）：117-126.

[159] 毋文文. 区域合作治理的组织法构造——以粤港澳大湾区为例 [J]. 深圳社会科学，2022，5（6）：28-38.

[160] 吴俊培，艾莹莹，龚旻. 地方财政竞争无效率的实证分析 [J]. 财政研究，2017（7）：89-101.

[161] 吴康敏，张虹鸥，叶玉瑶，陈奕嘉，岳晓丽. 粤港澳大湾区协同创新的综合测度与演化特征 [J]. 地理科学进展，2022，41（9）：1662-1676.

[162] 吴蕾. 地方政府间税收合作的博弈分析 [J]. 华南师范大学学报（社会科学版），2007（2）：48-51，157.

[163] 吴玟. 粤港澳大湾区教育科研合作：特点、问题与前瞻 [J]. 华南师范大学学报（社会科学版），2021（5）：91-98，206.

[164] 吴巧瑜，黄颖. 第三方治理：粤港澳大湾区社会组织跨区域协

作治理研究——以 Y 青年总会为例 [J]. 学术研究, 2022 (3): 57 – 63.

[165] 吴思, 卢晓中. 国际一流湾区高等教育集群发展的结构优化及对粤港澳大湾区的启示 [J]. 北京教育（高教）, 2022 (11): 6 – 12.

[166] 吴泱, 廖乾. 欧盟税收合作经验对粤港澳大湾区建设的启示 [J]. 西南金融, 2018 (9): 14 – 19.

[167] 吴月, 冯静芹. 超大城市群环境治理合作网络: 结构、特征与演进——以粤港澳大湾区为例 [J]. 经济体制改革, 2021 (4): 80 – 87.

[168] 吴志强, 陆天赞. 引力和网络: 长三角创新城市群落的空间组织特征分析 [J]. 城市规划学刊, 2015 (2): 31 – 39.

[169] 吴遵杰, 巫南杰. 工业集聚对城市绿色创新效率的影响——基于粤港澳大湾区 9 个城市的实证检验 [J]. 科技管理研究, 2021, 41 (15): 215 – 226.

[170] 伍文中, 陈琼, 周阿立. 共同富裕目标下政府间财政合作的区域协调发展效应 [J]. 江苏社会科学, 2022 (5): 162 – 171, 243.

[171] 伍文中, 唐霏, 李勤. 从竞争走向合作: 粤港澳大湾区财政行为的推进路径分析 [J]. 贵州财经大学学报, 2021 (4): 24 – 32.

[172] 席强敏, 李国平, 孙瑜康, 吕爽. 京津冀科技合作网络的演变特征及影响因素 [J]. 地理学报, 2022, 77 (6): 1359 – 1373.

[173] 席小瑾, 梁劲锐, 杨建飞. 地方财政竞争是否提高了公共基础设施投资效率? [J]. 华东经济管理, 2017, 31 (12): 114 – 123.

[174] 向晓梅, 杨娟. 粤港澳大湾区产业协同发展的机制和模式 [J]. 华南师范大学学报（社会科学版）, 2018 (2): 17 – 20.

[175] 肖泽磊, 朱威鹏, 范斐, 魏伟. 城市群创新投入的空间格局与创新绩效研究——以长江经济带所辖城市群为例 [J]. 人文地理, 2017, 32 (3): 61 – 67.

[176] 谢德新, 王雅卓. 粤港澳大湾区职业教育协同发展: 现实基础、主要困境与未来展望 [J]. 教育与职业, 2022 (20): 30 – 37.

[177] 谢晶, 李迪. 贸易便利化视角下我国口岸通关协同绩效区域差异研究——基于长三角、珠三角和环渤海三大经济圈的实证分析 [J]. 上海对外经贸大学学报, 2020, 27 (2): 26 – 40.

[178] 辛冲冲, 陈志勇. 财政分权、政府竞争与地方政府财政汲取能力——基于动态空间面板模型的实证分析 [J]. 山西财经大学学报, 2019, 41 (8): 1 – 16.

[179] 徐达松. 促进京津冀产业协同发展的财税政策研究 [J]. 财政

研究. 2015（2）：12 - 14.

　　［180］徐圆，施永莉. 城市群规划引导下的政府合作与区域创新能力
［J］. 科研管理，2021，42（3）：131 - 138.

　　［181］许长青，岳经纶. 新发展理念下粤港澳大湾区世界一流大学建
设：国际经验与路径选择［J］. 高教探索，2021（12）：5 - 13.

　　［182］许亥隆. 粤港澳大湾区税收合作与协调［J］. 税收经济研究，
2020（5）：53 -58.

　　［183］许吉黎，叶玉瑶，罗子昕，张虹鸥，王长建，吴康敏. 新发展
格局下粤港澳大湾区高科技产业多尺度空间联系与政策启示［J］. 地理科
学进展，2022，41（9）：1592 - 1605.

　　［184］许鲁光. 在粤港澳大湾区建设中深化深港合作创新［J］，开放
导报，2017（8）：32 - 36.

　　［185］薛新龙，史薇，霍鹏. 创新高地的高等教育组织结构变革研
究——以美国旧金山湾区为例［J］. 中国高教研究，2021（9）：91 - 97.

　　［186］颜佳华，王张华. 人工智能与公共管理者角色的重新定位
［J］. 北京大学学报（哲学社会科学版），2019，56（6）：76 - 82.

　　［187］颜子明，杜德斌，刘承良等. 西方创新地理研究的知识图谱可
视化分析［J］. 地理学报，2018，73（2）：362 - 379.

　　［188］杨爱平. 粤港澳大湾区跨境治理中的包容性府际关系［J］. 学
术研究，2022（10）：59 - 66.

　　［189］杨爱平. 粤港澳大湾区世界级城市群治理体系创新的路径选择
［J］. 华南师范大学学报（社会科学版），2021（6）：15 - 25，205.

　　［190］杨爱平，郑晓云. 粤港澳大湾区建设中的非实体性治理单元及
其运行机制［J］. 理论探讨，2022（4）：75 - 82.

　　［191］杨东亮，郑鸽. 粤港澳大湾区人口集聚表现与对策研究［J］.
经济体制改革，2022（4）：66 - 72.

　　［192］杨解君，詹鹏玮. 粤港澳大湾区"双碳"合作立法机制研究
［J］. 南京工业大学学报（社会科学版），2022，21（4）：1 - 13，115.

　　［193］杨静銮，王姣娥，刘卫东. 粤港澳大湾区技术创新特征及其演
化路径［J］. 地理科学进展，2022，41（9）：1566 - 1578.

　　［194］杨卫华. 加强税收协调　营造粤港澳大湾区良好营商税收环境
［J］. 国际税收. 2020（9）：39 - 42.

　　［195］杨晓婷，张博，安宁. 跨境教育基础设施与中国城市空间的重
构——基于粤港澳大湾区的案例分析［J］. 地理科学进展，2022，41（9）：

1731 - 1742.

[196] 杨英. 基于市场路径的粤港澳区域经济一体化研究 [J]. 华南师范大学学报（社会科学版），2014（5）：101 - 107，163.

[197] 杨英. 基于粤港澳大湾区视角的澳门经济建设思路 [J]. 华南师范大学学报（社会科学版），2019（5）：24 - 31.

[198] 杨志安，邱国庆. 区域环境协同治理中财政合作逻辑机理、制约因素及实现路径 [J]. 财经论丛，2016（6）：29 - 37.

[199] 叶振宇. 京津冀产业对接协作的市场化机制与实践模式 [J]. 河北示范大学学报（哲学社会科学版），2014（11）：129 - 134.

[200] 殷阿娜，王厚双. 京津冀产业梯度转移中的政府合作博弈演化 [J]. 技术经济，2016，35（1）：78 - 82，109.

[201] 尹宏玲，吴志强. 极化 & 扁平：美国湾区与长三角创新活动空间格局比较研究 [J]. 城市规划学刊，2015（5）：50 - 56.

[202] 于潇，谢伟. 基于空间联系的粤港澳大湾区城际关系分析 [J]. 暨南学报（哲学社会科学版），2022，44（5）：46 - 55.

[203] 余璐，戴祥玉. 经济协调发展、区域合作共治与地方政府协同治理 [J]. 湖北社会科学，2018（7）：38 - 45.

[204] 俞少奇. 国内外发展湾区经济的经验与启示 [J]. 福建金融，2016（6）：42 - 45.

[205] 袁宏舟. 浅析香港在粤港澳大湾区建设中的作用 [J]. 宏观经济管理，2018（2）：56 - 60.

[206] 袁胜超，吕翠翠. 地方政府合作与地区资源配置效率 [J]. 当代财经，2022（9）：3 - 14.

[207] 臧秀清. 京津冀协同发展中的利益分配问题研究 [J]. 河北学刊，2015（1）：192 - 196.

[208] 曾刚等. 长江经济带协同创新研究：创新·合作·空间·治理 [M]. 北京：经济科学出版社，2016：51 - 52.

[209] 张寒旭，刘沁欣. 粤港澳大湾区科技服务业协同发展研究——基于产业链的视角 [J]. 科技管理研究，2021，41（21）：176 - 185.

[210] 张虹鸥，吴康敏，王洋，叶玉瑶，黄耿志. 粤港澳大湾区创新驱动发展的科学问题与重点研究方向 [J]. 经济地理，2021，41（10）：135 - 142.

[211] 张惠璇，刘青，李贵才. 广东省城市创新联系的空间格局演变及优化策略 [J]. 地理科学进展，2016，35（8）：952 - 962.

［212］张嘉颖，王红扬．旧金山湾区规划隐含的整体主义逻辑转型——兼议对我国都市圈规划的启示［J］．国际城市规划，2022，37（3）：114－121．

［213］张建林．纵向压力、资源依赖和交易成本：地方政府合作政策制定过程的一个分析框架［J］．广州大学学报（社会科学版），2016，15（5）：43－49．

［214］张军，高远，傅勇等．中国为什么拥有了良好的基础设施［J］．经济研究，2007（3）：4－19．

［215］张梁梁，杨俊．地方政府财政竞争行为如何影响省际资本流动［J］．当代财经，2017（5）：24－33．

［216］张凌，江志坚，黄小平．粤港澳大湾区大气、水环境及滨海湿地的保护研究［J］．环境科学与管理，2022，47（11）：160－165．

［217］张骞文，刘延海．基于SNA的公共服务供给中群团组织合作新模式［J］．长安大学学报（社会科学版），2017，19（3）：64－71．

［218］张日新，谷卓桐．粤港澳大湾区的来龙去脉与下一步［J］，改革，2017（5）．

［219］张锐．世界湾区经济的建设经验与启示［J］．中国国情国力，2017（5）：31－34．

［220］张绍阳，刘琼，欧名豪．财政竞争、引资竞争与土地约束性指标管控政策执行偏差［J］．中国人口·资源与环境，2018，28（5）：123－131．

［221］张衔春，夏洋辉，单卓然，许顺才．粤港澳大湾区府际合作网络特征及演变机制研究［J］．城市发展研究，2022，29（1）：7－14．

［222］张晓兰．东京和纽约都市圈演化机制与发展模式分析［D］．长春：吉林大学，2010．

［223］张学良，李培鑫，李丽霞．政府合作、市场整合与城市群经济绩效——基于长三角城市经济协调会的实证检验［J］．经济学（季刊），2017，16（4）：1563－1582．

［224］张雪．跨行政区生态治理中地方政府合作动力机制探析［J］．山东社会科学，2016（8）：165－169．

［225］张燕．成长中的粤港澳大湾区［J］．中国经济周刊，2022（19）：40－42．

［226］张艺．粤港澳大湾区与世界其他湾区高校群基础科学研究比较分析［J］．比较教育研究，2022，44（11）：3－14．

[227] 张颖莉, 周会祥. 粤港澳大湾区科技创新驱动力及内部协调发展研究——以珠三角九城市为例 [J]. 沿海企业与科技, 2022 (5): 10 - 17.

[228] 张玉臣, 朱铭祺, 廖凯诚. 粤港澳大湾区创新生态系统内部耦合时空演化及空间收敛分析 [J]. 科技进步与对策, 2021, 38 (24): 38 - 47.

[229] 张玉阁. 深港合作: 粤港澳大湾区建设的关键 [J]. 开放导报, 2017 (4): 3 - 10.

[230] 张跃. 政府合作与城市群全要素生产率——基于长三角城市经济协调会的准自然实验 [J]. 财政研究, 2020 (4): 83 - 98.

[231] 张云翔. 公共服务的共同生产: 文献综述及其启示 [J]. 甘肃行政学院学报, 2018 (5): 31 - 45, 126.

[232] 张振刚, 尚希磊. 旧金山湾区创新生态系统构建对粤港澳大湾区建设的启示 [J]. 科技管理研究, 2020, 40 (5): 1 - 5.

[233] 张志明, 李健敏, 尹卉, 周彦霞. 粤港澳大湾区城市群功能分工格局及其影响因素研究 [J]. 城市问题, 2022 (3): 43 - 55.

[234] 赵海峰, 张颖. 区域一体化对产业结构升级的影响——来自长三角扩容的经验证据 [J]. 软科学, 2020 (12): 81 - 86.

[235] 赵培阳, 鲁志国. 粤港澳大湾区信息基础设施对经济增长的空间溢出效应——基于空间计量和门槛效应的实证分析 [J]. 经济问题探索, 2021 (8): 65 - 81.

[236] 赵培阳, 吴海燕, 鲁志国, 孟霏. 粤港澳大湾区 FDI 与区域创新能力的空间特征分析——基于空间相关性和空间异质性的实证研究 [J]. 经济问题探索, 2022 (3): 139 - 157.

[237] 赵卿. 粤港澳大湾区城市创新驱动能力测度 [J]. 统计与决策, 2021, 37 (22): 59 - 63.

[238] 赵星, 王林辉. 中国城市创新集聚空间演化特征及影响因素研究 [J]. 经济学家, 2020 (9): 75 - 84.

[239] 郑剑辉. 数字经济背景下粤港澳大湾区企业所得税协调机制研究 [J]. 财政科学, 2021 (9): 29 - 41.

[240] 郑瑞坤, 杨璐瑶, 汪纯. 长三角高质量发展水平测度与空间集聚效应 [J]. 统计与决策, 2022, 38 (20): 102 - 107.

[241] 钟坚, 王锋波. 粤港澳大湾区产业结构优化升级的实证研究——基于准自然实验分析法 [J]. 经济问题探索, 2022 (11): 143 - 161.

［242］钟利红，邓之宏，夏镇鸿．新时代粤港澳大湾区青年价值观比较研究［J］．青年探索，2022（5）：100-112．

［243］钟晓敏，鲁建坤．地方利益、纵向财政关系与治理风险防范［J］．财经论丛，2016（12）：17-27．

［244］钟学进，张一帆．交通基础设施建设与旅游经济高质量发展耦合协调的特征与效应——以粤港澳大湾区为例［J］．南宁师范大学学报（自然科学版），2022，39（3）：76-84．

［245］钟韵，胡晓华．粤港澳大湾区的构建与制度创新：理论基础与实施机制［J］．经济学家，2017（12）：50-57．

［246］钟韵，秦嫣然．粤港澳大湾区产业协同集聚对区域创新的溢出效应研究［J］．暨南学报（哲学社会科学版），2022，44（5）：34-45．

［247］周国平．粤港澳大湾区内地与港澳合作办学的法治进路［J］．高教探索，2022（2）：82-88．

［248］周任重．论粤港澳大湾区的创新生态系统［J］，开放导报，2017（6）．

［249］周运源．创新发展、深化粤港澳科技合作的再思考［J］．华南师范大学学报（社会科学版），2017（3）：5-10，189．

［250］朱春奎，易雯．公共服务合作生产研究进展与展望［J］．公共行政评论，2017，10（5）：188-201，220．

［251］朱嘉琳．税收视角下推进粤港澳大湾区人才建设［J］．商业经济，2022（11）：107-109．

［252］竺乾威．新公共治理：新的治理模式？［J］．中国行政管理，2016（7）：132-139．

［253］卓泽林，罗萍．日本东京湾区高校联盟建设的动力、运行机制及其启示［J］．大学教育科学，2021（4）：32-38，96．

［254］卓泽林．美国旧金山湾区高等教育整合动因及路径［J］．苏州大学学报（教育科学版），2019，7（2）：29-36．

［255］邹国良，刘娜娜．科技创新对经济高质量发展影响的空间效应：以粤港澳大湾区为例［J］．统计与决策，2022，38（21）：122-126．

［256］邹平学．粤港澳大湾区法治合作和规则衔接的路径探讨［J］．青年探索，2022（4）：5-14．

［257］左连村．新形势下深化粤港澳合作的三大战略机遇［J］．华南师范大学学报（社会科学版），2016（4）：102-105，191．

［258］Alford John. Co-Production, Interdependence and Publicness,

Extending Public Service Dominant Logic [J]. Public Management Review, 2015 (5): 673 – 691.

[259] Alfred, Mary, V. Social Capital Theory: Implications for Womens's Networking and Learning [J]. New Directions for Adult and Continuing Education, 2009 (122): 3 – 12.

[260] Andrew Leigh, Christine Neill. Can National Infrastructure Spending Reduce Local Unemployment? Evidence from an Australian Roads Program [J]. Economics Letters, 2011, 113 (2): 150 – 153.

[261] Becerra, Manuel, Lunnan, Randi, & Huemer, Lars. Trustworthiness, risk, and the Transfer of Tacit Knowledge Between Alliance Partners [J]. Journal of Management Studies, 2008, 45 (4): 691 – 713.

[262] Brandsen, T. , Honingh, M. Distinguishing Different Types of Coproduction: A Conceptual Analysis Based on the Classical Definitions [J]. Public Administration Review, 2016 (3): 427 – 435.

[263] Brewster, Chris, Mayrhofer, Wolfgang, & Cooke, Fang Lee. (2015) . Convergence, divergence and diffusion of HRM in emerging markets. in Frank Horwitz and Pawan Budhwar (eds.) . Handbook of Human Resource Management in Emerging Markets [M]. Edward Elgar Publishing Limited, 2015.

[264] Brewster, Chris. , Wood, Geoffrey, & Brookes, Michael. Similarity, isomorphism or duality? Recent survey evidence on the human resource management policies of multinational corporations [J]. British Journal of Management, 2008, 19 (4), 320 – 342.

[265] Collings, David, G. , & Mellahi, Kamel. Strategic talent management: a review and research agenda [J]. Human Resource Management Review, 2009 (19): 304 – 313.

[266] Crescenzi, R. , Rodríguezpose, A. , Storper, M. The Territorial Dynamics of Innovation in China and India [J]. Journal of Economic Geography, 2012, 12 (05): 1055 – 1085.

[267] Dancygier, Rafaela, M. Immigration and Conflict in Europe [M]. New York: Cambridge University Press, 2010.

[268] Emerson, K. , Nabatchi, T. Evaluating the Productivity of Collaborative Governance Regimes: A Performance Matrix [J]. Public Performance & Management Review, 2015 (4): 717 – 747.

[269] Federico Revelli. Testing the Taxmimicking Versus Expenditure Spill – over Hypotheses Using English Data [J]. Applied Economics, 2013, 45 (14): 1723 –1731.

[270] Gordon Tullock. No Public Choice in State Education [J]. Economic Affairs, 1986 (4): 18 –22.

[271] Guess, G., M., & LeLoup, L., T. Comparative Public Budgeting: Global Perspectives on Taxing and Spending [M]. New York: State University of New York Press, 2010.

[272] Huggins, R., Prokop, D. Network Structure and Regional Innovation: A Study of University – Industry Ties [J]. Urban Studies, 2017, 54 (4): 931 –952.

[273] Jalles, J., T. How to Measure Innovation? New Evidence of the Technology – Growth Linkage [J]. Research in Economics, 2010, 64 (2): 81 –96.

[274] Joan, M., Gibran and Alex Sekwat. Continuing the Search for a Theory of Public Budgeting [J]. Journal of Public Budgeting, Accounting and Financial Management, 2009, 21 (4): 617 –644.

[275] Johannes Rincke. Yardstick Competition and Public Sector Innovation [J]. International Tax and Public Finance, 2009, 16 (3): 337 –361.

[276] José Antonio Alonso. Two Major Gaps in Global Governance: International Tax Cooperation and Sovereign Debt Crisis Resolution [J]. Journal of Globalization and Development, 2017, 9 (2): 141 –152.

[277] Karkatsoultis, P. The Crisis Effect On Performance Based Budgeting [J]. Public Administration Quarterly, 2010, 34 (4): 449 –478.

[278] Kelly, J., & Wanna, J. New Public Management and the Politics of Government Budgeting [J]. International Public Management Review, 2010, 1 (1): 34 –35.

[279] Kogler, D., F., Rigby, D., L., Tucker, I. Mapping Knowledge Space and Technological Relatedness in the US Cities [J]. European Planning Studies, 2013, 21 (9): 1374 –1391.

[280] Leonzio Rizzo. Local Government Responsiveness to Federal Transfers: Theory and Evidence [J]. International Tax and Public Finance, 2008, 15 (3): 316 –337.

[281] Mitchell, D., & Thurmaier, K. Currents and Undercurrents in

Budgeting Theory [J]. ABFM Annual Conference Omaha, NE, 2010 (2).

[282] Moore, M. Public Value Accounting: Establishing the Philosophical Basis [J]. Public Administration Review, 2014 (4): 465 –477.

[283] Peter Hall, Kathy Pain (eds) . The polycentric metropolis: learning from mega – city regions in Europe [M]. London: Earthscan Publications, 2006.

[284] Xu, Xinpeng, Have the Chinese Provinces Become Integrated under Reform? [J]. China Economic Review, 2002 (13): 116 –133.

[285] Zhang, J. , D. , Chow, C. , Y. GeoSoCa: Exploiting Geographical, Social and Categorical Correlations for Point – of – Interest Recommendations [A]. International ACM SIGIR Confe – rence on Research and Development in Information Retrieval [C]. ACM, 2015: 443 –452.

[286] Zhang Qian, Hu Yunfeng, Liu Jiyuan et al. Identification of Urban Clusters in China Based on Assessment of Transportation Accessibility and Socio – economic Indicators [J]. Acta Geographica Sinica, 2011, 66 (6): 761 –770.

图书在版编目（CIP）数据

竞争与合作：粤港澳大湾区财政行为的协调性研究 /
伍文中著 . -- 北京：经济科学出版社，2023.8
国家社科基金后期资助项目
ISBN 978 - 7 - 5218 - 5060 - 4

Ⅰ. ①竞… Ⅱ. ①伍… Ⅲ. ①区域经济合作 - 研究 -
广东、香港、澳门 Ⅳ. ①F127.65

中国国家版本馆 CIP 数据核字 （2023） 第 161217 号

责任编辑：白留杰 凌 敏
责任校对：刘 娅
责任印制：张佳裕

竞争与合作：粤港澳大湾区财政行为的协调性研究
伍文中 著
经济科学出版社出版、发行 新华书店经销
社址：北京市海淀区阜成路甲 28 号 邮编：100142
教材分社电话：010 - 88191309 发行部电话：010 - 88191522
网址：www. esp. com. cn
电子邮箱：lingmin@ esp. com. cn
天猫网店：经济科学出版社旗舰店
网址：http：//jjkxcbs. tmall. com
北京季蜂印刷有限公司印装
710 × 1000 16 开 14.5 印张 250000 字
2023 年 8 月第 1 版 2023 年 8 月第 1 次印刷
ISBN 978 - 7 - 5218 - 5060 - 4 定价：58.00 元